Drache, Einhorn, Phönix
Über altchinesisches Denken

Harald Borges

Drache, Einhorn, Phönix

Über altchinesisches Denken

Verlag J.B. Metzler
Stuttgart · Weimar

Die Deutsche Bibliothek – CIP – Einheitsaufnahme

Borges, Harald:
Drache, Einhorn, Phönix : Über altchinesisches Denken /
Harald Borges. – Stuttgart; Weimar : Metzler, 1993
ISBN 3–476–00841–X

ISBN 3–476–00841–X

Einbandgestaltung: Willy Löffelhardt
Satz: Cornelius Wittke, Kusterdingen
Druck: Gulde-Druck, Tübingen
Printed in Germany

Verlag J.B. Metzler Stuttgart · Weimar

EIN VERLAG DER SPEKTRUM FACHVERLAGE GMBH

Inhalt

VORBEMERKUNG

Drachen, Einhörner und Phönixe wecken heitere Vorstellungen eines bunten, üppig bevölkerten Märchenzoos, und, wenn man die im altchinesischen Denken ebenfalls oft bemühten Schildkröten hinzunimmt, vielleicht auch verpönte kulinarische Gelüste. Doch das durch diese Fabelwesen heraufbeschworene Bild eines friedlichen menschlichen Daseins in Harmonie mit einer freigiebigen Natur täuscht gewaltig. Von Menschen, die in inniger, bedachter Verbindung mit ihrer natürlichen wie gesellschaftlichen Umgebung ein ausgeglichenes Leben geführt und ein geradezu biblisches Alter erreicht hätten, ist auch im alten China ebenso oft die Rede wie nicht die geringste Spur zu finden. Unsere antiken Artgenossen waren weder besser noch weiser oder gar glücklicher als wir, so gern man sich auch in die Traumbilder eines Goldenen Zeitalters vor aller politischen Geschichte hineinphantasieren möchte.

Statt dessen steht in den erhaltenen Texten seit etwa 3000 Jahren der wenig poetische Kampf mit Hunger und Elend im Mittelpunkt. Bilder der menschlichen Gesellschaft wie des gesamten Kosmos trugen eher Züge einer universalen Verschwörung gegen den Menschen als eines traulichen Obdachs für eine gelassene Existenz - was nicht weiter verwundert, wenn man bedenkt, daß die Mehrheit unter erbärmlichsten, dem Sklaventum nicht unähnlichen Verhältnissen ihr Leben zu fristen hatte. Hungerjahre, Kriege, Naturkatastrophen und der alltägliche Terror ließen Angehörige fast aller Schichten in nicht wenigen Zeugnissen die Utopie einer fernen, glückseligen Vergangenheit heraufbeschwören und den Tod herbeisehnen. Wieviel literarische Koketterie sich darin allerdings verbirgt, ist heute nicht mehr zu beurteilen.

Altchinesisches Denken ist, aus der Nähe betrachtet, weder weltabgewandte Verinnerlichung noch esoterische Verklärung des Wahrgenommenen, sondern ein ganz normaler Meilenstein der Geschichte der Menschheit in ihrem Bemühen um Verstehen, Niederzwingen und Aneignen der Natur sowie um humanere politische Verhältnisse.

Mißverständnissen sei hiermit vorgebeugt: Dieses Buch, für unvorbelastete Leser geschrieben, handelt nicht nur vom gemeinhin als »klassisch« bezeichneten chinesischen Denken in jener Epoche, die von den ersten schriftlichen Dokumenten bis zur Einigung des Reiches -221 angesetzt zu werden pflegt. Es greift vielmehr darüber hinaus bis ins +1. Jahrhundert, um die Veränderung klassischen Denkens, als es eine politische Einrichtung wurde, darzustellen, denn nur so sind die späte, geradezu märchenhafte Wirkung des Konfuzius, der von einem Wanderlehrer unter vielen zum »ungekrönten Kaiser Chinas« aufstieg, und die seltsame Position der gelehrten Beamten verständlich zu machen. Diese posthume Karriere eines Denkers etwa drei Jahrhunderte nach seinem Tod ist derart verblüffend verlaufen und auch für das westliche Chinabild von so entscheidender Bedeutung, daß sie auf keinen Fall vom Verständnis des klassischen Denkens zu trennen ist.

Es soll mit diesem Überblick nicht versucht werden, einen vollständigen oder gar »gerechten« Abriß altchinesischen Denkens zu geben im Sinne um Objektivität bemühter Ideengeschichtsschreibung, die nie jemanden ausläßt, sondern höchstens verschweigt. Im Mittelpunkt stehen vielmehr einzelne Denker, die Richtungen tatsächlich begründeten oder als deren Ahnherren betrachtet wurden, Gestalten, die auf jeden Fall als beispielhaft für verbreitete Muster der Auseinandersetzung mit Lebenswirklichkeit gelten können. Andererseits »fehlen« Autoren wie Xun Zi oder Zhuang Zi, die vielleicht unterhaltsamer oder philosophisch fruchtbarer sein mögen, aber im allgemeinen Bewußtsein nie die Bedeutung eines Konfuzius oder eines Lao Zi erlangten. »Und ... in der Tat gälte es nur«, wie Heimito von Doderer vermerkt, »den Faden an einer beliebigen Stelle aus dem Geweb' des Lebens zu ziehen, und er liefe durchs Ganze, und in der nun breiteren offenen Bahn würden auch die anderen, sich ablösend, einzelweis sichtbar.«[1]

Dieses Buch handelt, wie es sich gehört, von nichts anderem als anderen Büchern (die wesentliche Traditionen chinesischen Denkens begründet haben), von einigen Männern, die sich beim erbarmungslosen Kampf für oder gegen das Fortschreiten menschlicher Erkenntnis besonders beispielhaft hervorgetan haben, und etlichen mehr oder weniger vielsagenden Legenden, glückverheißenden Fabelwesen und schicksalsmächtigen Omen nebst dem üblichen Inventar menschlicher Geschichte und Leidenschaften.

Aus dieser Perspektive vor allem auf die grundlegenden Denker ihrer Zeit, deren Ruf nicht unbedingt ihrer tatsächlichen philosophischen Leistung entsprechen muß, und vor allem aus persönlicher Vorliebe für ihn steht Wang Chong (+1. Jahrhundert) am Ende des Buches, der ebenso scharfzüngige und respektlose wie geschwätzige Kritiker fast allen traditionellen Aberglaubens - und nicht etwa deshalb, weil er in Europa trotz seiner aufklärerischen Tendenzen und umfassenden Gelehrsamkeit noch immer stiefmütterlich behandelt wird; es geht wie gesagt nicht um posthume Gerechtigkeit. Wang Chong lebte nach dem Aufstieg des Konfuzianismus zur Staatsdoktrin und seiner gleichzeitigen Verbindung mit allen möglichen anderen, zum Teil äußerst obskuren Theorien, die den Jüngern des Konfuzius ihren Einfluß am Hofe und in den Bildungseinrichtungen sicherten. Er schaute aus gebührendem Abstand auf die klassische Epoche und ihre Folgen zurück und machte sich daran, sie durchaus parteilich zu sichten und ihr als alleinstehende, herausragende und äußerst originelle Figur einige ihrer Inkonsequenzen höhnisch um die

Ohren zu hauen. So eignet er sich als Leitstern für eine etwas weniger gravitätische Sicht auf das eigentlich so ehrwürdige Altertum.

Und wie steht es nun mit Drachen, Einhörnern und Phönixen?

»Ein Weiser wie Konfuzius kümmerte sich nicht ... [darum]. Wie wollen dann gewöhnliche, für das Wunderbare voreingenommene Menschen etwas darüber wissen, deren Kenntnisse mangelhaft sind und die nicht zu entscheiden vermögen, was möglich ist und was nicht?«[2]

EINLEITUNG

I.

Vierhundert Gelehrte, bei eher mehr als minder lebendigem Leibe mit den von ihnen so außerordentlich verehrten eigenen Schriften oder solchen aus der Vergangenheit beerdigt, stehen am Ende der klassischen Epoche chinesischen Denkens. Aber ihre Grablegung - sofern diese Beerdigung überhaupt stattgefunden hat, was nicht ganz unumstritten ist - war nicht nur eine historisch lange nachwirkende Mißhelligkeit, sondern markiert vor allem einen der wichtigen Schnittpunkte chinesischer Geistesgeschichte: die gewaltsame Einigung der heterogenen chinesischen Einzelstaaten unter dem Herrscher der Qin. Teile dessen, was heute als »China« bezeichnet wird, waren um -221 zum ersten Mal seit legendärer Vorzeit ein nicht nur nominell einheitlich beherrschtes Gebiet geworden.

Im Jahre -213 veranstaltete dieser Kaiser der Einigung, der legendäre Qin Shi Huang Di, der sich jene berühmte, vieltausendköpfige Terracotta-Armee in seine Grabanlage folgen ließ (ein Nachklang der schon damals wenigstens in China anders als etwa in einigen Gegenden des Westens längst aus der Mode gekommenen Sitte der Menschenopfer), ein Bankett anläßlich seines Geburtstages. Er, der als erster ganz China nach jahrhundertelangen Kämpfen zwischen einer Vielzahl von Kleinstaaten unter das Joch eines einzigen Herrschers gezwungen hatte und sich also mit einem gewissen Recht als »Erster Kaiser« bezeichnete, war mit Unterstützung seines Kanzlers und wichtigsten Beraters Li Si zu einer bis dato unbekannten Machtfülle gelangt. Aber er hatte dabei auch bewußt von der teilweise traditionell-konfuzianischen Beamten- und Gelehrtenschaft hochgehaltene Normen des gesellschaftlichen Umgangs und der Regierungsführung verletzt - er trat nicht als Fortsetzer und Bewahrer der ruhmreichen Vergangenheit, sondern als radikaler Neuerer auf, der das Herrschaftsmodell seines siegreichen Staates auf ganz China ausdehnen wollte. Neben der uns heute erstaunlich modern und weitsichtig anmutenden Regierungspraxis, welche die Vereinheitlichung der Maße, Gewichte, Schriftzeichen und anderer technischer Normen unter dem Druck der Erfordernisse einer zentralen Verwaltung dieses Riesenreiches einschloß, steht das Bild des impulsiv grausamen Kaisers, das besonders durch die jenem Festakt folgenden Vorfälle geprägt wurde. Daß Qin Shi Huang Di darüber hinaus abergläubisch wie ein Waschweib war und wie eine ganze Reihe anderer Herrscher einer Vielzahl von Scharlatanen Unsummen hinterherwarf, macht ihn aus unserer Retrospektive zwar zu einer schillernden Persönlichkeit, war aber für die damalige Zeit nicht ungewöhnlich. Übrigens nicht nur in China, sondern auch in Europa, man denke nur an die Wahrsagepraktiken beispielsweise in Rom, wo sich Heerscharen von Eingeweideschauern und Vogelflugdeutern tummelten oder an die griechischen Orakel mit ihren bis heute im Schulunterricht strapazierten Folgen.

Das erwähnte Festessen gab dem Kanzler Li Si Anlaß zu einer Grundsatzlaudatio vor Kaiser und Festgesellschaft, in der er die Prinzipien der neuen Regierung gegen die Angriffe und mehr oder weniger mythischen ethisch-politischen Vorbilder der Gelehrtenschaft verteidigte: »Die Fünf [legendären Ur-] Kaiser haben einander nicht wiederholt und die Drei Dynastien einander nicht kopiert. Jeder von ihnen hatte seine eigene Art zu regieren, nicht weil sie einander entgegengesetzt waren, sondern weil die Zeitumstände sich gewandelt hatten. Nun haben Eure Majestät das große Werk geschaffen [die Einigung Chinas] und Ruhm für ungezählte Geschlechter erworben, die törichten Anhänger des Konfuzius aber wollen das nicht begreifen. ... Jetzt ist das Reich befriedet, Gesetze und Verordnungen gehen von einem [Herrscher] aus, die Familienvorstände im Volk wenden ihre Kraft dem Ackerbau und anderen Arbeiten zu, die Vornehmeren studieren Gesetze und Verordnungen, Regeln und Verbote. Aber die Literaten nehmen nicht die Gegenwart zur Leitung, sondern studieren das Altertum, um so die heutige Zeit herabzusetzen und Zweifel und Unruhe in den Massen zu erzeugen. ... Jetzt, da Eure Majestät das Reich vereinigt, das Schwarze vom Weißen geschieden und die Einheit gesichert haben, folgen die Literaten ihrem privaten Lehrsystem, tuscheln miteinander, handeln gegen die Gesetze und lehren andere, dasselbe zu tun. ... Wenn sie im Palast sind, ist ihr Herz voller Widerspruch, und wenn sie sich draußen bewegen, reden sie auf den Gassen. Den Herrscher zu rühmen gilt ihnen als Streberei, absonderliche Ideen zu verfolgen aber für Erhabenheit, und so leiten sie die große Masse an, gehässige Gerüchte in die Welt zu setzen. Wenn man unter solchen Umständen nicht für Abhilfe sorgt, muß oben die Autorität des Herrschers sinken und sich unten die Bildung von Cliquen vollziehen. Das zu verhindern, verlangt die Lage.«[1] Daß es dabei weniger um das Herz der Massen als um eine Hofkabale gegangen sein dürfte, sei am Rande erwähnt; die Mehrheit der des Schreibens wie Lesens weitgehend unkundigen Bevölkerung trieb Ackerbau, Viehzucht und Handwerk und spielte im damaligen Weltbild herrschender Klassen und auch der Gelehrten, von Lippenbekenntnissen abgesehen, einen untergeordneten Part.

Das Mittel, das, wie oben erwähnt, (angeblich) gewählt wurde, um diese konfuzianisch inspirierte Propaganda gegen die neue Regierung zu verhindern, erscheint als sehr rigoros: neben der Beerdigung der Gelehrten führte man im ganzen Land eine Vernichtung von Schriften in Privatbesitz durch, von der allerdings etliche Gruppen von Werken wie jene über Ackerbau und natürlich Magie ausgenommen wurden. Abgesehen von der historisch eher strittigen physischen Auslöschung etlicher Gelehrter konfuzianischer Gesinnung ging es dieser Regierung mit der Vernichtung der Bücher jedenfalls um eine Warnung an die gesamte Gelehrten- und Beamtenschaft, sich öffentlich mit jeder Art von Kritik zurückzuhalten. Der neue Herrscher hatte nicht nur seine territorialen Gelüste durchgesetzt, sondern stand für eine relativ neue Ideologie und Regierungspraxis, die ihm zu dieser Machtfülle verholfen hatten, und die er auf jeden Fall gegen alle Widerstände durchsetzen mußte, wollte er an der Regierung und damit am Leben bleiben.

In den Jahrhunderten zuvor bestand China aus einer in gegenseitigen Kriegszügen schrumpfenden Zahl kleinerer Staaten mit lokalen Herrschern, die zum Teil eine relative liberale Politik gegenüber der ihnen nützlich erscheinenden Intelligenz betrieben hatten und gelehrte Beamte und Verwaltungsfachleute auch aus anderen Staaten an ihren Hof holten oder sie dort zumindest duldeten, sofern sie nicht zu sehr gegen den Stachel löckten. Als Gebildeter konnte man als Wanderlehrer, Berater oder im aktiven Staatsdienst ein halbwegs geruhsames Auskommen finden und mußte nicht mehr als andere Menschen auch um sein Leben fürchten. Jetzt aber ging es um politische und ideologische Alleinherrschaft über ganz China und die Errichtung eines neuen Herrschaftssystems, das dieser Situation Rechnung trug - mit der Epoche der Streitenden Reiche war auch die Zeit der Hundert Schulen, die gegeneinander debattierten, vorbei. In dieser Zeit waren seit etwa -500 die bedeutenden Richtungen chinesischer Gelehrsamkeit entstanden, die Probleme bekommen sollten, sich in einem einheitlichen Staatswesen zu behaupten.

Immerhin aber blieben alle Werke in der Kaiserlichen Bibliothek von dieser großen Säuberung ausdrücklich verschont und standen Hofbeamten zur Verfügung. Eines wird bei diesem Vorgehen deutlich: die große Bedeutung, welche die Gelehrten für die Politik auch aus der Sicht eines äußerst mächtigen Kaisers hatten - und ihre Nähe zu den Schaltstellen der Macht. Europäische Parallelen aus alter und neuer Zeit von der Verurteilung des Sokrates bis zur Verbrennung Giordano Brunos erscheinen dagegen wie vereinzelte Episoden, in denen sich eine religiöse und/oder politische Elite ihre Macht bewies. Diese in China weit entwickelte, denkbar enge Verquickung von Philosophie und (auch praktischer) Politik begegnet beim Studium altchinesischer Philosophie immer wieder, wenn auch glücklicherweise meist unter angenehmeren Vorzeichen. Doch die Prämisse bleibt für viele chinesische Philosophen festzuhalten: sie hatten oftmals politische Ämter inne oder strebten zumindest danach, und dementsprechend wichtig sind für sie Reflektionen über das gebotene gesellschaftliche Verhalten nicht nur ihrer jeweiligen Klasse. Überlegungen z.B. zur Erkenntnistheorie oder Logik treten für sie im Vergleich mit der europäischen Tradition in den Hintergrund. Dagegen ist das moderne europäische Bild des Philosophen weniger das eines Gebildeten, der ein möglichst hohes politisches Amt anstrebt, um seine Ideen in die Tat umzusetzen, als vielmehr das eines Weltverächters, der eine beschauliche Lebensweise pflegt und über, keinesfalls aber in der Welt steht - es sei denn, er ist Professor und von Kürzung der Mittel bedroht: dann mag er sich schon mal eine Sonntagsrede abringen, ehe er zu seiner eigentlichen Arbeit zurückkehrt.

So groß, wie die wenig später nach dem Fall dieser Dynastie Qin bestimmend werdenden Konfuzianer glauben machen wollten, war der Schaden dieser Vernichtungsaktion für die Kenntnis der klassischen Schriften bis auf unsere Tage übrigens nicht - vieles mehr ging beim Sturz der Qin und in den Wirren des folgenden Bürgerkrieges, vor allem beim Brand eben dieser Kaiserlichen Bibliothek um -200 verloren. Und exzeptionell grausam erscheint diese Strafaktion auch kaum, denkt man nicht nur an traditionell-christliche, sondern auch an gegenwärtige Umgangsformen gegenüber Schriftstellern in vielen Teilen der Welt oder gar an deutsche Praktiken noch des im Vergleich mit früheren Zeiten angeblich so humanen und aufgeklärten +20. Jahrhunderts. Da erscheint es nur als geradezu possierliche Episode, daß ein guter Katholik noch zu Beginn dieses Jahrhunderts per vatikanischen Index von der Lektüre aller Werke Humes befreit und auf die Gefährdung des Seelenheils durch Herrn Kant hingewiesen wurde.

II.

Das geistesgeschichtlich Wichtige an dieser Auseinandersetzung des Jahres -213 war der Zusammenprall zweier philosophischer Richtungen, die sich bereits seit über einhundert Jahren diametral entgegenstanden und zwei der einflußreichsten Strömungen chinesischen Denkens der Zeit zwischen etwa dem -5. Jahrhundert und der Wende zu unserer Zeitrechnung repräsentieren: des Konfuzianismus und des in Europa wenig bekannten Legalismus - des (zum Teil nur vorgeblichen) Traditionalismus also mit einer sich höchst pragmatisch gebärdenden Art des Denkens, das die erfolgreiche Machterhaltung des jeweils Herrschenden als letztes Ziel begriff. Der durchgängig gegen den Legalismus und seine politische Praxis erhobene Vorwurf besonderer Grausamkeit erscheint angesichts der Strafpraktiken nicht nur des alten China sowieso hinfällig und diente den später an Einfluß gewinnenden Konfuzianern eher als vorgeschobene Rechtfertigung. Doch dazu viel weiter unten.

Der Konfuzianismus, nicht nur als Theorie, sondern auch als eine Lebensform, deren erste Vertreter schon vor zweieinhalbtausend Jahren für sich beanspruchten, das traditionelle, eigentliche, ehrwürdige und in gewissem Sinne ewige China zu repräsentieren, ist eines der eigenartigsten Phänomene der politischen und der Geistesgeschichte aller Länder und Zeiten. Seine Wurzeln reichen aber weit vor die Zeiten des Konfuzius zurück, denn schon dieser berief sich auf alte Zeugnisse rechten und erfolgreichen Lebens im privaten wie kollektiven Bereich. Und in der Tat galt es bis zu Beginn des +20. Jahrhunderts für die sich meist konfuzianisch verstehende Beamten- und Gelehrtenschaft, die Intelligenz also, als selbstverständlich, das Studium der Klassiker, weitgehend vorkonfuzianischer Schriften, als einzige Qualifikation für den Zugang zum Staatsdienst zu erachten, der damit zumindest der Idee nach jedem unabhängig von seiner Herkunft offenstehen sollte. Und auch andere Schulen beriefen sich immer wieder auf mythische Urkaiser (kulturstiftende, moralische Heroen) und die Klassiker zur Rechtfertigung ihrer Ansichten, auch wenn die Konfuzianer den Alleinvertretungsanspruch für diese Traditionen für sich reklamierten.

Das Bild, das man sich in Europa vielfach seit den ersten Kontakten mit China zu Beginn der Neuzeit gemacht hat, ist denn auch stark von einer einzigen Schule chinesischen Denkens, dem Konfuzianismus, geprägt, für das breite Verständnis werden beide bis heute sogar mehr oder weniger gleichgesetzt. Konfuzius verkörpert danach China, eine seit seiner Zeit bis zu den mit dem Namen Mao Zedongs verbundenen Umwälzungen unseres Jahrhunderts unveränderte Gesellschaft. Und hier ist die europäische Sichtweise in vielem der sich als statisch an den ehernen Prinzipien des Meisters festhaltenden Selbstdarstellung vieler Konfuzianer aufgesessen. Der Konfuzianismus hat sich in Wirklichkeit ständig verändert, allein schon, um seinen politischen Einfluß unter verschiedenen Regierungen und Dynastien sichern zu können. Denn selbstverständlich folgten auch im alten China nicht die Herrscher den Intellektuellen, sondern die Intellektuellen gingen nach Brot, zumindest bis zu einer gewissen Grenze. Eine Ideologie, die sich auf die strikte Bewahrung tradierter Werte beruft und behauptet, es gebe nur *eine* von allen Umständen der jeweiligen Zeitläufte unabhängige Art, richtig zu regieren, ist gezwungen, sich selbst als statisch darzustellen, welche Wendungen auch immer sie unternehmen mag, um nicht an Einfluß und Posten zu verlieren. Von daher liegt das europäische Vorurteil vom statischen und weitgehend einheitlichen chinesischen Denken nahe.

Verständlich wie beschämend ist auch die Wandlung im europäischen China-Bild: galt China seit der Jesuitenmission des 16. Jahrhunderts bis zur Aufklärung als insgesamt hochzivilisierter Landstrich, wurde es mit dem europäischen Imperialismus des letzten Jahrhunderts zu einer von schlitzäugigen Teufeln bewohnten Gegend voller Mindermenschen, die sich hartnäckig und hinterhältig den von Europa ausgehenden »Zivilisierungsversuchen« widersetzten. Ein drastisches Beispiel dafür, wie Imperialismus auch zur weiteren

Degeneration des Imperialisten beiträgt und wie willig intellektuelle Vorstellungen im Westen politischen Vorgaben folgten. Man denke nur als besonders krasses Beispiel an eine Rede Wilhelms II.: »Russen, Engländer, Franzosen, wer es auch sei, sie fechten alle für die eine Sache, für die Zivilisation. Wir denken auch noch an etwas Höheres, an unsere Religion und die Verteidigung und den Schutz unserer Brüder da draußen, die zum Teil mit ihrem Leben für ihren Heiland eingetreten sind.«[2] Ein Zerrbild, das früher Mongolen zu geben hatten, das im Laufe kolonialer Auseinandersetzungen aber auf China und dann die Bolschewiki überging. Im Augenblick ist man offensichtlich mal wieder daran, diese Rolle blutdürstiger Feinde jeglicher Zivilisation mit Moslems zu besetzen.

Beide China-Bilder (jenes der meisten Missionare bis hin zur Aufklärung einerseits, das des Imperialismus andererseits) sind so absurd wie die heutige Meinung, die Beschäftigung mit altchinesischer Philosophie sei eine Angelegenheit von Hippies, die unter Denkfaulheit litten. Nicht besser steht es übrigens mit der Ansicht, im chinesischen Altertum habe perfekte Harmonie zwischen Menschen und der Menschen mit der Natur geherrscht - vielmehr trat die Natur den Menschen auch bedrohlich entgegen, und sie versuchten mit allen zur Verfügung stehenden Mitteln, sich ihrer zu erwehren. Und doch hat in neuerer Zeit eigentlich erst Jaspers in seinen »Großen Philosophen« und mit seiner Theorie der »Achsenzeit«, jener Zeit von Buddha, Konfuzius und Sokrates, die beinahe Zeitgenossen bei der Herausbildung Zivilisationen reflektierender und mitbestimmender Denksysteme waren, eine dezidierte Gleichstellung außereuropäischen Denkens mit westlichem unternommen, die ebenso sympathisch wie aufgrund ihres vor allem auf den Begriff der »Größe« verengten Blickwinkels mißlungen ist. Und immerhin war es Schopenhauer, der neben platonischer und kantischer Philosophie auch Züge des Buddhismus unter seine philosophischen Hausgötter erhoben hat - vielleicht der bisher ernsthafteste Versuch einer tatsächlichen Vermittlung zwischen außereuropäischem und westlichem Denken, entstanden aus einer existentiellen Gleichgestimmtheit.

III.

Daß gesellschaftliche Wirklichkeit und Philosophie im alten China keineswegs statisch waren, zeigen die oben dargestellten Ereignisse, die den heftigen Charakter der politischen und philosophischen Auseinandersetzungen illustrieren. Für die Vertreter einer konfuzianischen, tradierenden Weltsicht ist ein Kaiser wie Qin Shi Huang Di, der sich aus eigener Machtvollkommenheit als Neuerer versteht und es ablehnt, sich den klassischen Vorbildern, so nebulös sie auch sein mögen, unterzuordnen, ein Schlag ins Gesicht. Hier prallten zwei denkbar entgegengesetzte Selbstverständnisse aufeinander, die später zu einer seltsamen Synthese gebracht wurden: die Bedürfnisse harter Machtpolitik nach innen und außen und der verklärte Blick in die angeblich goldenen Zeiten einer damals schon nicht mehr faßbaren Vergangenheit, die durch die Person des Konfuzius verkörpert wurde, als Säulenheiliger über rund zwei Jahrtausende einer Schicht gebildeter Beamter präsidierend. Denn Bildung war, nicht anders als in Europa auch, nur wenigen zugänglich, diente aber in China fast immer dazu, sich einen Platz im öffentlichen Dienst zu sichern.

Womit ein weiterer Charakterzug vieler chinesischer Philosophien bestimmt ist, der ihr Denken von dem europäischer Provenienzen oftmals unterscheidet: Keinesfalls herrschten im klassischen China eitel Freude und Harmonie, noch zogen weise Meditationslehrer über das Land, um die Kultivierung eines privaten Ich zu lehren. Hier sind gerade durch den in Europa immer wieder einmal grassierenden Exotismus und die Seuche der Esoterik falsche Leitbilder entlang des angeblichen Gegensatzes zwischen westlicher Vernunft und östlicher »Weisheit« entwickelt worden. Gewiß, es gab magische und meditative Praktiken, sie haben aber zumindest in der klassischen Periode keinen prägenden Eingang in das philosophische Denken gefunden, so weit es uns heute noch zugänglich ist. Es gab zwar auch weltabgewandte Daoisten, die in den Wäldern hausten, aber insgesamt ist dieses europäische Vorurteil einer gewaltfreien, naturverbundenen »Weisheit« eher aus der Verallgemeinerung einiger Ansätze aus dem Buddhismus entstanden, der erst Jahrhunderte später nach China kam - ein europäisches Vorurteil, das den Kampfsportmeister oder Yogi als Prototypen asiatischer Denker sieht und oftmals (nicht zuletzt um der besseren finanziellen Verwertbarkeit willen) jüngere Traditionen bis in die graue Vorzeit eines angeblich »ewigen« Asien verlängert. Viele Philosophen, allen voran Konfuzianer und Legalisten, strebten nach realer politischer Macht an Fürstenhöfen oder zumindest nach einträglichen Posten in der Verwaltung, und ihr Denken kreiste deshalb auch bevorzugt um praktisch-politische Probleme, pauschal gesagt um die Frage einer mehr oder weniger praktikablen (klein-)staatlichen Ordnung und Individualmoral in einer strikt hierarchischen, absoluten Monarchie. Metaphysische Spekulationen dienten eher als wichtiger Unterbau und hatten anders als Naturspekulationen nicht immer einen sehr hohen Eigenwert. Hierin unterscheiden sich die meisten Philosophen des alten China deutlich von ihren Kollegen im Griechenland derselben Zeit, auch wenn sie, ähnlich wie jene, als Wanderlehrer umherzogen und daher auf den ersten Blick eine ähnliche Rolle zu spielen scheinen. Diskurse, wie sie Platon überliefert, wären in China wahrscheinlich als ebenso seltsam empfunden worden wie Positionen des Lao Zi in Griechenland. Unterricht für den Führungsnachwuchs, wie ihn z.B. Konfuzius erteilte, beschäftigte sich weniger mit diskursiver Ausbildung als mit dem Studium des Verhaltens vorbildlicher oder verabscheuungswürdiger Exempel aus der Geschichte und mit Fragen der sehr strengen Etikette. Von daher besteht ein gewisser Unterschied zu Rhetoren und Sophisten. Beredsamkeit war ein Punkt, der etwa in einem Staat wie Athen mit seiner Versammlung stimmberechtigter Bürger bedeutungsvoll war gegenüber einem chinesischen Herrscherhof, an dem formal sowieso nur der Herrscher das Sagen und der Rest zu kriechen hatte, zumindest nach außen hin. Was nichts daran änderte, daß einige wenige Philosophen beträchtlichen politischen Einfluß und damit auch Wohlstand erwarben, nicht zuletzt wegen ihrer wohlformulierten Denkschriften an den Hof. Wobei der Begriff »Philosoph« fließend zu verwenden ist, denn oftmals waren es eher politische oder Verwaltungsbeamte (in spe), die ihre Gedanken auf Bambusstreifen oder Seide brachten oder bringen ließen und sich einen Teufel um irgendetwas wie »Philosophie« im westlichen Sinne geschert hätten, zumindest wenn es um Debatten darüber ginge, was denn nun Philosophie sei, könne, dürfe.

Auch wenn der Vergleich in vieler Hinsicht hinkt: Es läßt sich leicht vorstellen, daß z.B. Konfuzius seinem Selbstverständnis nach gern eine Position ähnlich der Ciceros eingenommen hätte: philosophisch wenig eigenschöpferisch (was Konfuzius als Wiederbeleber verlorener Traditionen von sich stolz behauptete), aber politisch einflußreich und dabei noch das gute Gewissen seiner Zeit. Rhetorische Glanztaten vor einem in Parteiungen entzweiten Publikum waren allerdings an einem chinesischen Hof, an dem es selbstverständlich auch Intrigen und Diadochenkämpfe gab, aber im wesentlich das Ohr einer einzigen Person, des Alleinherrschers, und seiner engsten Clique zu gewinnen war, nicht so wesentlich wie wohlüberlegte Darlegungen, wie der Herrscher seine Macht sichern könnte und warum andere Herrscher ihre Macht (und damit auch ihr Leben) verloren hätten - da gab es im anscheinend nicht wenig korrupten römischen Senat des -1. Jahrhunderts ebenso wie in altgriechischen und späteren Demokratien glanzvollere Wirkungsmöglichkeiten für große Redner als im klassischen China der absoluten Monarchen und Kriegsherren. Aber es ging hier wie dort um Macht, Eitelkeit und geldwerte Vorteile, von Menschen abgesehen, die es sich leisten konnten oder einfach leisteten, davon zumindest in ihrem öffentlich geäußerten Denken Abstand zu nehmen. Aber auch Cicero, der als homo novus, Emporkömmling oder Neureicher, letztlich an eigenen und fremden Machenschaften bis zum Selbstmord scheiterte, pries auf einem Landsitz das kontemplative Leben, vermutlich beim Blick über von Sklaven bewirtschaftete liebliche Weinberge. Worüber Konfuzius nur gelacht hätte, auch wenn er behauptete, nur einem wirklich tugendhaften Herrscher dienen zu können, selbst wenn ihm sonst das Nagen am Hungertuch drohe: sein höchstes persönliches wie philosophisches Lebensziel war die aktive Teilnahme an der Politik.

IV.

Daß im alten China eine der nicht mehr völlig dem Schamanentum verhafteten Gesellschaften mit halbwegs entwickelten Wirtschaftsformen existierte, ermöglicht ihr Verständnis auch uns - es geht der unter diesen gesellschaftlichen Umständen entstandenen Philosophie nicht um geheime, »tiefe«, trans-, pan- oder irrationale Weisheiten, die man nur mühsam erahnen könnte, sondern um verschiedene Arten der Auseinandersetzung mit handfesten Problemen, die zum größeren Teil auch die europäische Philosophie kennt, gerade, wenn es sich um die gedankliche Auseinandersetzung mit absolutistischen Herrschaftsformen handelt. Manche Probleme von Hobbes bis Beccaria waren schon im ersten Jahrtausend vor unserer westlichen Zeitrechnung auch in China bekannt und erfuhren dort eine erstaunlich ähnliche oder auch erstaunlich andere Antwort, es waren aber, allerdings in einer in ihrer Ausformung, nicht dem Prinzip nach anderen gesellschaftlichen und kulturellen Umgebung, ähnliche Fragestellungen. Viele Fragen, die die europäische Philosophie (um einmal hilfsweise ihre Einheit wie die »der« chinesischen auch im folgenden zu fingieren) stellte, konnten sich in China nicht entwickeln - ernsthafte Zweifel an dem, was wir als absolute Monarchie asiatischen Zuschnitts bezeichnen, wurden zumindest nicht überliefert, es gab aber auch kein einziges republikanisches oder demokratisches Staatswesen etwa im Sinne der europäischen Antike. Selbstverständlich aber kam es auch zu Aufständen außer den unvermeidlichen höfischen Rangeleien, auch zu solchen der Bauern, wenn der Hunger unerträglich wurde, aber sie waren in alten Zeiten in China ohne überragende politische Wirksamkeit. Sie haben in der überlieferten Philosophie der des Schreibens Mächtigen nur indirekten, aber unübersehbaren Eingang gefunden, denn trotz seines zumindest offiziell unumschränkten Machtumfanges versuchten viele Denker, den Herrscher (auch im Sinne der Erhaltung seiner Macht) auf das Wohl der Beherrschten zu verpflichten. Und genauso gab es andererseits Fragestellungen, die gerade aus dem Bereich der Naturspekulation heraus zu erstaunlichen technischen Entwicklungen führten, Fragen, die in Europa damals nicht gestellt werden konnten, weil ihnen hier keine praktischen und gedanklichen Erfahrungen zugrundelagen. Man vergesse nie, daß China in seiner technologischen Entwicklung den entwickelsten Teilen Europas noch vor etwa 500 Jahren weit überlegen war - von Zeitmessung und Seismologie über Verkehrs- und Nachrichtenwesen bis vor allem zur Metallverarbeitung. Hierzu seien eurozentrische Zweifler auf Joseph Needhams monumentales Lebenswerk »Science and Civilisation in China« verwiesen.

V.

Große Teile altchinesischen Denkens (mit dieser Epoche ist die Zeit bis -221 gemeint) sind also durchaus mit den unvermeidlichen Abstrichen, wie sie etwa für Philosophien des alten Griechenlands gelten, auch für uns heute als Europäer zugänglich. Schwierig wird es mit extrem alten vorkonfuzianischen Werken aufgrund des starken impliziten Unterbaus nicht weiter erklärten, weil selbstverständlichen archaischen Denkens oder manchen Teilen daoistischer Literatur - Schwierigkeiten, die oftmals aber auch ganz einfach auf die Dunkelheit der Texte selbst zurückzuführen sind, nicht nur auf unseren historischen Abstand zu ihnen, wie etwa die traditionellen Schwierigkeiten der chinesischen Philologie selbst mit diesen Texten beweisen. Und natürlich liegen viele Texte nur in verstümmelter und viel später redigierter Form vor, was sie zum Teil in sich widersprüchlich erscheinen läßt. Solche Probleme sind aber nicht unüberwindlicher als jene mit europäischen antiken Texten auch (man denke etwa an Aristoteles). - Es wird gegen alle hinterweltlerischen Strömungen Zeit, selbst in Europa zu akzeptieren, daß altchinesisches Denken wie alles Denken auf Erfahrungen zurückging, und daß »chinesisches Denken« ein genauso verallgemeinernder Hilfsbegriff für eine Unsumme überlieferter Lehrmeinungen ist wie »europäisches Denken« - ein Terminus also, den man als geographische Abgrenzung sehen sollte und nicht etwa als Bezeichnung für angeborene kollektive Denkmuster, die bei allen Chinesen zu einem fundamental anderen Denken führten als bei allen Europäern. Die tatsächliche Einheitlichkeit etwa »des« chinesischen Denkens zu behaupten, heißt, die Vielfalt dieser Kultur zu leugnen, zumeist aus eurozentrischer Sicht heraus. Als Hilfsterminus ist dieser Begriff aber durchaus brauchbar und mag dementsprechend verwendet werden. China hatte eine lange, vielfältige, widerstreitende Tradition wie andere Gegenden auch und war, was hier gern seit dem europäischen Kolonialismus des 19. Jahrhunderts vergessen wird, Europa in vielen Belangen überlegen. Daß chinesisches Denken (immer als Hilfsbegriff zu verstehen) für uns von geringerem Interesse ist als etwa das altgriechische, hat nur einen Grund: daß es aufgrund der geographischen Entfernung auf unsere Kultur ohne nennenswerten Einfluß blieb. Es hat nicht mehr Schleierhaftes oder Geheimnisvolles an sich als alles andere, von dem wir keine Ahnung haben, ohne daß es anderen Entwicklungen über- oder unterlegen oder prinzipiell andersartig wäre. Sozialdarwinistisch beeinflußte Vorstellungen von verschiedenen Kulturhöhen, deren angeblich höhere sich auch noch zur Herrschaft über oder Missionierung angeblich niedrigerer bemüßigt fühlt, die lediglich das Sendungsbewußtsein europäischer Kolonialisten widerspiegeln, sollten obsolet sein. Was Kulturen unterscheidet, sind andersartige Erfahrungen ganz praktischer gesellschaftlicher Art zum Beispiel bei der

Aneignung der natürlichen Ressourcen, keineswegs »Nationalcharaktere« oder sonstige metaphysische Kollektive. Oftmals kommen bei der Betrachtung derart alter Kulturen natürlich noch religiöse Vorstellungen hinzu, die sich heute nur noch in ihren Auswirkungen, nicht mehr aber in ihrer Herkunft aus der Erfahrung beschreiben lassen.

FRÜHE SCHRIFTEN

Die vorkonfuzianischen Klassiker

I.

Wohl Hesiod hatte den brillanten, als »Sukzessionsmythos« bekannten Einfall, die Zeitalter je nach seiner Hochschätzung für sie gemäß dem Metallwert einzuteilen - man denke nur an das angeblich goldene, das natürlich denkbar weit in die Vergangenheit verlegt wurde. Die Idee einer von zunehmendem Verfall geprägten Geschichte, die vielen noch religiös oder mythisch geprägten Betrachtungen der Menschheitsvergangenheit von Zeit zu Zeit so ganz zu eigen zu sein scheint und noch heute Anhänger besitzt, findet sich in manchen chinesischen Vorstellungen ganz unverblümt.

Chinesisches Denken ist für uns natürlich nicht bis in eine archaische, im Nebel der Mythen konturlos sich verlierende Vergangenheit hinein nachzuvollziehen. Ob am Anfang chinesischer Geschichte nun tatsächlich jene großen drei oder fünf Herrscher gestanden haben, die immer wieder gern als Vorbilder einer weisen, unwiederbringlich humanen Regierungsführung und als Stifter aller Zivilisation gerühmt wurden, ist daher ohne Belang. In vielen Argumentationen spuken sie jedenfalls über Jahrtausende als Vertreter einer versunkenen, besseren Welt allumfassender Harmonie, als Fabelwesen, die ihren Lebensdaten und Altersangaben nach geradezu biblische Qualitäten gehabt haben müssen: von unglaublicher Zähigkeit, unvorstellbarem Edelmut, nur dem Gemeinwohl der (selbstverständlich chinesischen) Völker verpflichtet. Ihre Namen: Shen Nong, der Göttliche Bauer, Huang Di, der Gelbe Kaiser, Yao, Shun (der Yao nicht per Erbschaft, sondern aufgrund seiner Verdienste statt dessen unwürdigen Sohnes auf den Thron gefolgt sein soll) und Yu.[1] Vor allem werden ihnen in der chinesischen Tradition Einrichtungen wie Flußregulierungen und die Erfindung von lebenswichtigen Landwirtschafts- und Handwerkstechniken zugeschrieben. Wie sie allerdings ihre Herrschaft im einzelnen gestaltet haben sollen, ist natürlich (von wenigen durchgehenden Grundzügen abgesehen) der jeweiligen argumentativen Absicht der sich auf sie Berufenden anheimgestellt. Sie waren so legendär, daß mancher Klassiker, wenn er nur behauptet hatte, dieser oder jener Vorschlag zur Herrschaftsausübung folge bis ins Detail ihrer erhabenen Regierungspraxis, das stärkste Geschütz aufgefahren hatte, das ihm zur Begründung seiner Ansichten überhaupt zur Verfügung stand. Wie außerordentlich lebendig diese Herrscher als Kulturschöpfer bis heute geblieben sind, zeigt ein Gedicht von Mao Zedong aus dem Jahr 1958 zur Institutionalisierung der Volkskommunen, in denen jeder in der Arbeit an der produktiven Umgestaltung der Natur zu einem Shun und Yao werden soll:

> Frühling; im Wind die Weiden, Weiden, zahllose Zweige;
> sechshundert Millionen in China - allesamt Shun und Yao.
> Roter Regen, nach Herzenslust flatternd als Blütengewoge,
> blaue Berge, nach Plänen umgewandelt zu Brücken.
> Himmelnahe fünf Firne - Silberhacken drauf fallen,
> erdbewegend drei Ströme - Eisenarme rütteln daran.[2]

Als äußerst vorteilhaft erwies sich für die klassischen chinesischen Denker bei diesem Verfahren des Rekurses aufs Altertum natürlich, daß über die historische Wirklichkeit praktisch nichts bekannt war und diese Letztbegründung folglich allen gleichermaßen zur Verfügung stand. Einige der angeblich von diesen Überkaisern vollbrachten Taten wie die Flußregulierung deuten allerdings auf drängende Nöte einer bis in die Neuzeit von Hochwasserkatastrophen bedrohten Bevölkerung hin, die von den Produkten ihrer Landwirtschaft lebte und sich ständig der Vernichtung durch eine unbarmherzige Natur ausgesetzt sah.

II.

China war, jedenfalls zu historisch noch halbwegs belegbaren Zeiten, kleiner als das heutige Staatsgebiet unter diesem Namen, es umfaßte vor allem Gebiete um den Yangzi und Huanghe (Gelber Fluß). Wie einheitlich das Staatswesen allerdings tatsächlich organisiert war, sei dahingestellt.[3] Die erste, historisch mittlerweile nicht mehr völlig unwahrscheinliche Dynastie war die der Xia, die traditionell auf das -21. bis -16. Jahrhundert datiert wird. Ihr folgten bis etwa -1050 die Shang (in ihrer letzten Periode auch als Yin bezeichnet) nach. Diese Dynastie ist durch eine Vielzahl archäologischer Funde in unserem Jahrhundert in Umrissen bekannt, und ihr Untergang wurde zu einem in China lange diskutierten und analysierten Ereignis, das denkbar weitreichende Folgen für chinesische Geschichtsverständnisse der klassischen Zeit hatte. Es wurde nicht so sehr als Bruch einer kontinuierlichen Geschichte oder gar historische Katastrophe begriffen, sondern als ein höchst erklärungsbedürftiges Exempel für den plötzlichen Sturz einer allgewaltigen Macht, das Grundzüge geschichtlicher Entwicklungen überhaupt aufdeckte. Der Untergang einer über Jahrhunderte erfolgreichen Herrschaft mußte natürlich sämtliche Regierenden schrecken und außer nach den Ursachen der Katastrophe vor allem nach Möglichkeiten suchen lassen, selbst diesem Schicksal zu entgehen, das selbstverständlich für einen betroffenen Herrscher neben dem Verlust der Regierungsgewalt auch jenen seines Lebens mit sich brachte, im allgemeinen zumindest.

Die Shang entwickelten eine durch etliche, zum Teil aufgrund ihrer Kunstfertigkeit noch heute äußerst beeindruckende Zeugnisse belegte Bronzekultur, wobei man bei ihren berühmten Bronzekesseln davon ausgeht, daß sie aufgrund der kostspieligen Herstellung rituellen Zwecken dienten, während im Alltag Tongefäße und Werkzeuge aus einfacheren Materialien vorherrschten. Die Last der wirtschaftlichen Erhaltung dieses schon sehr pompösen Staatswesens lag auf den Schultern der Bauern, deren Leben als Leibeigene, ständig bedrückt von Fronarbeiten und Abgaben man sich vermutlich kaum kümmerlich genug vorstellen kann. Welche Rolle Sklavenhaltung, die es wohl nur in deutlich geringerem Umfang als etwa in Ägypten oder Griechenland gab, für die Produktion tatsächlich spielte, ist umstritten.

Die Macht war unter dieser Dynastie bereits anders als im Goldenen Zeitalter erblich, und die verästelte Herrscherfamilie hatte ein ausgeklügeltes Heiratssystem zur Erhaltung ihrer Stellung entwickelt. Der Shang-Staat zentrierte sich um einen Herrscher und seinen Palast mit zumindest in der zweiten Hälfte der Dynastie üppigen Grabanlagen für dahingegangene Kaiser, in denen sich auch Menschenopfer finden, die aber über kaiserliche Leichenbegängnisse hinaus ohnehin bei besonderen Anlässen üblich waren. Politisch wurde die Shang-Regierung durch Lehens-, Vasallen- und Tributwesen und Clanorganisationen zusammengehalten, wobei es so scheint, als habe es vom Herrscher abwärts eine gegliederte Hierarchie über ihre Gebiete mehr oder weniger autokratisch regierender Lokalherren gegeben.

Die Shang-Dynastie war gekennzeichnet durch die enge Verbindung politischer und religiöser Funktionen - und eine dementsprechend große, sehr einflußreiche Priesterschaft, die einen bis nach der Zeitenwende von primär religiösen Würdenträgern in China nie wieder eingenommenen politischen Einfluß genoß .[4] Offensichtlich hatten besonders die Herrscher der Shang über die Machterhaltung und Verwaltung ihrer Gebiete hinaus auch eine führende religiöse Funktion inne: Sie nahmen in Kulthandlungen eine zentrale Position gegenüber dem höchsten Gott Di ein, zu dem sie sich in einem besonders engen Verhältnis sahen. Nach Hsu trat dieser Gott, eher eine übernatürliche Kraft als ein strafender und belohnender Übervater mit persönlichen Zügen, erst in der zweiten Periode der Shang auf; während man vorher noch Kulturheroen, Himmelskörper und natürliche Gegenstände verehrt hatte, sei jetzt eine himmlische Regierung parallel zu den äußerst irdischen Strukturen einer immer stärker werdenden monarchischen Regierung entwickelt worden; andere hingegen sehen Di als eine sehr personale Projektion.[5] Neben diesem Oberherrscher, wie auch immer er gegen Ende des zweiten Jahrtausends vor unserer Zeitrechnung betrachtet worden sein mag, dürfte es eine große Zahl lokaler religiöser Traditionen mit Unmengen an verschiedenen Göttern, Dämonen und anderen Fabelwesen gegeben haben, zumal das damalige Gebiet von Menschen verschiedener ethnischer Herkunft und damit wohl auch religiöser Traditionen bewohnt war.

Bedeutend für diese Zeit und unsere Kenntnis von ihr war das ausgedehnte Wahrsagewesen mit dem Herrscher als zentraler Figur und einem Heer höfischer Spezialisten, die ihn umgaben und bei der Durchführung und Auslegung der Orakel berieten. Religion umfaßte bis zur Zeitenwende und darüber hinaus in China zumindest folgende Elemente: einen ausgedehnten, manchmal wirtschaftlich ruinös werdenden Ahnenkult; die Verehrung von Himmel, Erde und Naturgöttern; umfangreiche Opfer, die zu den diversesten Anlässen wahre Heerscharen von Tieren und Gegenständen verschlangen; und ein ausgefeiltes Orakelwesen.[6] Insbesondere letzteres ist durch Ausgrabungen ausgezeichnet dokumentiert, denn anders als die im Mittelmeerraum beliebte Eingeweideschau, die aufgrund der Vergänglichkeit der Gegenstände, aus denen gelesen wurde, heute eher schriftlich dokumentiert ist, verwendeten die Shang neben Schafgarbenstengeln bevorzugt bestens erhaltene Orakelknochen und Schildkrötenpanzer für ihre Erforschung übernatürlicher Willensbekundungen. Etliche tausend dieser Dokumente wurden bis heute gefunden und ausgewertet.

Das Verfahren der Entscheidungsfindung in religiösen und praktischen Fragen vom Ahnenkult bis zur Kriegsführung, von der Götterverehrung bis zur Landwirtschaft bestand etwa darin, z.T. mit Schriftzeichen versehene und bearbeitete Knochen oder Schildkrötenpanzer mit einem spitzen, heißen Gegenstand einzubrennen und die dabei entstehenden Risse auszudeuten. Getreu der sorgfältigen Auslegung war dann zu handeln. Inwieweit hinter der Herausbildung dieser Wahrsagepraxis mit Tierknochen auch noch verschiedene animistische, totemistische oder ähnliche Vorstellungen stehen, ist wohl ebensowenig genau zu beurteilen wie die tatsächliche Aussagekraft des Verfahrens und die Frage, wie sehr die Auslegung außer durch die Risse im Material durch die praktischen politischen Interessen der herrschenden Schichten oder der mit der Auslegung Betrauten beeinflußt wurde. Die wichtige Funktion der Schildkröten für kultische Zwecke ist darauf zurückzuführen, daß der Schildkrötenpanzer das Universum symbolisieren soll: unten die flache Erde und darüber der sich wölbende Himmel. Auf diese Praxis spielt übrigens jene großartige Abfuhr an, die der Daoist Zhuang Zi viele Jahrhunderte später zwei Beamten, die ihn aufforderten, ein hohes Staatsamt zu übernehmen, erteilt haben soll: »Meister Chuang [Zhuang Zi] behielt aber seine Angelrute in der Hand und sprach, ohne die beiden eines Blickes zu würdigen: ›Ich habe gehört, daß es in Eurem Land eine wundersame Schildkröte gab, die bereits vor 3000 Jahren starb. Der König bewahrt ihren Panzer, in Stoff eingehüllt, in einer Schatulle im Ahnentempel auf. Nun, was wäre dieser Schildkröte lieber gewesen? Sich töten zu lassen, um wegen des hinterlassenen Schildpatts geehrt zu werden, oder am Leben zu bleiben und im Morast ihren Schwanz hinter sich herzuziehen?‹ Die beiden Würdenträger antworteten: ›Ihr wäre es sicher lieber gewesen, am Leben zu bleiben und im Morast ihren Schwanz hinter sich herzuziehen.‹ Meister Chuang sprach: ›So geht schon! Ich werde [auch lieber wie eine Schildkröte] im Morast den Schwanz hinter mir herziehen‹.«[7]

III.

Das Erstaunliche und offensichtlich Denkgewohnheiten des chinesischen Kulturkreises zutiefst Erschütternde wurde um -1050 Wirklichkeit: die prächtige, machtvolle, scheinbar mit dem Himmel und allen Gottheiten verbündete, hochzivilisierte Shang-Dynastie, die in ständigen Beutezügen ihr Herrschaftsgebiet noch immer auszudehnen trachtete, unterlag einem aus allen möglichen Völkerschaften zusammengewürfelten Heerhaufen ehemals von ihr abhängiger und als militärisch wie kulturell unterlegen betrachteter Stämme unter der Führung der kleinen Zhou, die das Shang-Gebiet von Westen her eroberten und schließlich den letzten Shang-Herrscher in seiner Hauptstadt, wohin er sich mit den Resten seiner geschlagenen Armee zurückgezogen hatte, vom Leben zum Tode beförderten.[8] Dies war der Beginn der Zhou-Dynastie, die (wenn auch schließlich nur noch nominell) von etwa -1050 bis -246 regierte. Spätestens seit dem -6. Jahrhundert mußte sie aber Fürsten einzelner Staaten immer mehr Autonomie zugestehen, ihre Macht verfiel zusehends, und die Einzelstaaten rieben sich in gegenseitigen Eroberungsfeldzügen auf, bis schließlich nach Jahrhunderten wie erwähnt Qin Shi Huang Di durch Ausdehnung seines Staatswesens über ganz China für Einheit und kurzfristige Ruhe sorgte.

Geistesgeschichtlich interessant an diesem scheinbar ganz normalen, blutigen Übergang der Macht von einem Herrscherhaus auf ein anderes ist die Erklärungs- und Rechtfertigungsstrategie der Zhou-Ideologen für dieses Ereignis: sie blieb für das gesamte klassische China von immensem Einfluß und diente nicht zuletzt dazu, autokratische Herrschaftsformen und bestimmte religiöse Praktiken für lange Zeit zu zementieren, ja, als einzig mögliche erscheinen zu lassen. Diese Erklärungsstrategie ist die des Himmlischen Mandates (tian ming), die in einer Rede des Herzogs von Zhou, des Premierministers der siegreichen Zhou, an die unterlegenen Shang anklingt: »Euer letzter Shang-König gab sich der Trägheit hin, verschmähte es, sich den Regierungsgeschäften zu widmen, und brachte keine reinen Opfer dar. Der Himmel sandte daraufhin seinen Untergang herab. ... Der Himmel wartete fünf Jahre, so daß seine Söhne und Enkel doch noch Herren über ihre Völker werden möchten, aber er konnte nicht weise werden. Der Himmel suchte dann in euren zahlreichen Gebieten, rüttelte euch [durch Naturkatastrophen] mit seinen Schrecken auf, um diejenigen anzustacheln, die den Himmel vielleicht achteten, aber in all euren vielen Gebieten gab es keinen, der es [vermutlich den Sturz des Shang-Königs] zu tun vermochte. Doch unser König Zhou behandelte die Masse des Volkes gut, vermochte es, die Tugend zu pflegen und erfüllte seine Pflichten gegenüber den Geistern und dem Himmel. Der Himmel lehrte uns, begünstigte uns, erwählte uns und gab uns das Mandat von Yin [= Shang], über eure zahlreichen Gebiete zu herrschen«.[9]

An dieser Sicht des Überganges politischer Macht von einem Herrscherhaus auf ein anderes sind mehrere Punkte auffällig. Die Zhou rühmen nicht etwa die Macht ihrer Waffen oder die Geschicklichkeit ihrer Kriegsführung, sondern verstehen sich (wenn man dieser Rechtfertigungsrede denn Glauben schenken kann) als Vollstrecker eines höheren Willens und nicht etwa als Eroberer der Macht aus eigenen Herrschaftsgelüsten heraus. Dieser Krieg wurde als eine hochmoralische Angelegenheit im Interesse der Harmonie zwischen Mensch und Himmel gedeutet (daher der Hinweis auf Naturkatastrophen, die zur Warnung geschickt worden seien). Die Zhou stellen sich nicht als Kriegsherren, die den Kosmos (Gott, den Himmel oder was auch immer) auf ihrer Seite haben, dar, sondern als Diener des Übernatürlichen und damit auch als Bewahrer der Sache aller Menschen dem Himmel gegenüber. Eine Sitte, die bis heute in den verschiedensten Variationen geübt wird, vom Einsegnen der Waffen bis zur Behauptung der moralischen, kulturellen usw. Überlegenheit über den Feind, die dessen Vernichtung im Namen Gottes oder wessen auch immer rechtfertige. Wobei die Zhou eher nüchtern und zumindest nach außen hin demütig den Übergang des Himmlischen Mandates an sich registrieren und ihren eigenen Anteil daran deutlich herunterspielen.

Diese Sicht von Herrschaft als Ernennung durch eine höhere Instanz, die mit der Macht nur auf Zeit belehnt, wird an einen ganz bestimmten, als tugendhaft verstandenen Verhaltenskodex gebunden. Macht wird somit moralisch begründet: ein Herrscherhaus, das vom Himmel (tian) - einer nur noch teilweise und mit der Zeit immer weniger als Person gedachten höchsten Instanz, die an die Stelle des Gottes der Shang tritt - mit dem Mandat belehnt wird, behält das Recht zu herrschen genau so lange, wie es sich den Normen dieses Himmels unterwirft. Und sich selbstverständlich mit geradezu panischer Genauigkeit an das rituelle Reglement hält. Anders gesagt: Regierung ist demnach kein menschliches Geschäft, die Gestaltung eines Staatswesens ist (der Idee nach) nicht in menschliche Hände gelegt, sondern hat unabhängig von den Zeitumständen einem unwandelbaren Muster zu folgen, andernfalls droht den Herrschenden alsbaldige Vernichtung. Hiermit wird Geschichte im wesentlichen nicht als zumindest weitgehend von Menschen abhängiger gesellschaftlicher Prozess, sondern als eine von einer menschlichem Einfluß überlegenen Macht am Menschen vollzogene (moralische) Veranstaltung dargestellt, in der die Menschen nur durch strikten Gehorsam überleben können. Übrigens eine Theorie, die eventuell auch schon die Shang vertraten.[10] Damit ist andererseits auch eine Versöhnung zwischen den faktisch Herrschenden und dem Übernatürlichen hergestellt: wer die Macht hat, hat sie aufgrund des himmlischen Willens. Umgekehrt kann man ihn natürlich aufs Vortrefflichste ängstigen, indem man ihm Naturkatastrophen, Mißernten, das Erscheinen irgendwelcher Fabelwesen usw. als Zeichen himmlischen Zornes und als letzte Warnung vor seiner drohenden Auslöschung vorhält. Damit sind die Grundlagen für ein finsteres Gesellschaftsspiel zwischen Hofberatern, Astronomen, Scharlatenen, Zauberern, Alchemisten und Regierenden gelegt. Der Bevölkerung bleibt dabei nur die Rolle des Mediums, an dem der Himmel seine Exempel statuiert, um mit dem Herrscher in mahnendem Kontakt zu bleiben. Somit ist aber auch die Rolle der ernsthafteren Denker der klassischen Epoche vorgegeben: Sie werden sich mit der Frage zu beschäftigen haben, welche Art der Regierungsführung dem Willen des Himmels denn nun wirklich entspreche, denn: »Auf den Himmel kann man sich nicht ohne weiteres verlassen;/ es ist nicht einfach, König zu sein./ Yins [=Shangs] rechtmäßigem Anwärter auf den Himmelsthron/ war es nicht erlaubt, das Königreich zu besitzen.«[11]

Debatten über Regierungsformen kamen anders als im antiken Griechenland gar nicht erst auf - es war klar, daß der Himmel jeweils eine einzige Person mit der Herrschaft beauftragen würde, den Himmelssohn nämlich, und daß sich der Rest in die von ihm angeführte Hierarchie zu fügen hätte. Der Spielraum der Philosophen sollte sich nicht auf Debatten über die Vorzüge von Aristokratie, Monarchie, Demokratie usw. erstrecken; er blieb aber im Rahmen der absoluten Monarchie relativ groß, denn man hatte es ja bei allem Respekt mit einem ständig von seinem Sturz bedrohten Herrscher zu tun, dem man seinen Rat anbot. Und der Wille des Himmels war unklar genug, um mit einer Menge einander widerstreitender Vorschläge ans Licht des Hofes treten zu können.

Mit der Machtübernahme der Zhou wurde die Mandatstheorie zur dominierenden Form politischer Herrschaftslegitimation. Wobei zu beachten ist, daß der Himmel verkommene Herrscher zuerst warnt, und zwar nach allgemeiner Überzeugung durch Störungen natürlicher Vorgänge (etwa Verschiebung der Jahreszeiten), durch Erdbeben und andere Katastrophen oder Omen und schlechthinnigliche Wunder. Welche Blüten diese Theorie trieb, läßt sich an Dong Zhongshu noch viele Jahrhunderte später studieren, einem wahren Fan von Katastrophen und Anomalien. Der Fall der Shang hinterließ jedenfalls bei den jeweils Herrschenden ein Gefühl grundlegender Verunsicherung gegenüber der Dauerhaftigkeit ihrer Machtstellung, das sich insbesondere bei außergewöhnlichen Ereignissen wie Aufständen oder eben Naturkatastrophen Bahn brach und einer Kaste von Beratern und Priestern, die diese Erscheinungen interpretierten und Abhilfe vorschlugen, auf lange Zeit ihren Lebensunterhalt sicherte. Diese Theorie stellte aber auch eines klar: Politik, Gesellschaftsstruktur, Hierarchien, Wirtschaftsformen usw. waren der Theorie nach eine Sache, die der Herrscher, der Sohn des Himmels mit dem Himmel selbst auszumachen hatte. Einen politischen Pakt gab es allein zwischen Herrschenden und Himmel, wobei der Herrscher lediglich versuchen konnte, sich durch äußerste persönliche Anstrengung einem Himmel genehm zu machen, dessen Machenschaften er, der den Weg des Himmels in der Praxis letztlich doch nur bruchstückhaft erkennen und befolgen konnte, trotz all seiner beinahe unumschränkten Macht hilflos ausgeliefert war. Denn das Tückische an dieser Theorie ist, daß der Übergang des Mandates und damit die eigenen Verfehlungen bei allem Bemühen nach einer tugendhaften Regierungsführung für einen Herrscher erst dann sicher zu erkennen sind, wenn der Feind bereits vor dem Palast steht und nach seinem Blut lechzt. Wer gewinnt, besitzt eben das himmlische Mandat. Natürlich nur aufgrund seiner bisher gezeigten Tugend.

IV.

Die Bücher, die u.a. diese Vorgänge überliefern und wichtigste Quellen für das Denken der frühen Zhou-Dynastie sind, wurden später unter die konfuzianischen Klassiker, deren Studium für jeden chinesischen Gebildeten noch bis in unsere Zeit hinein größte Wichtigkeit zukam, aufgenommen. Es gibt verschiedenste Zusammenstellungen mehr oder weniger kompletter oder authentischer älterer Werke, die irgendwann durch die Aufnahme in irgendeinen Kanon geadelt wurden. Die Werke, die zu den ältesten erhaltenen Zeugnissen zählen, sind das Shujing (Buch der Urkunden) das Shijing (Buch der Lieder) und das Yijing (in alter Transkription: I Ging), das »Buch der Wandlungen«, ein Wahrsagebuch. Die Textgeschichte aller drei Bücher ist äußerst komplex und die Echtheit und Entstehungszeit ihrer einzelnen Teile höchst umstritten, zumal spätere Kompilatoren und Restauratoren hier ganze Arbeit geleistet haben, die man unwohlwollend auch als Fälschungen bezeichnen könnte. Auf jeden Fall aber enthalten diese Bücher Teile, die bis in die Zeit der frühen Zhou-Dynastie zwischen dem -11. und -6. Jahrhundert zurückreichen.

Angeblich wurde das berühmte Shijing, das »Buch der Lieder«, von Konfuzius bearbeitet, indem er von insgesamt dreitausend überlieferten Liedern die sittlich wertvollsten dreihundert zusammenstellte. Zum Glück ist in der Edition, die auf uns gekommen ist, und die etwa aus dem -2. Jahrhundert stammen dürfte, von dieser Redaktion durch den Meister (die wohl reine Erfindung ist) nicht allzuviel zu bemerken, denn sie bleibt bis auf einige Stellen äußerst lebenshaltig und liefert ein so plastisches Bild der Vorstellungswelt der Alten, wie es für kaum eine andere Kultur dieser Zeit belegt ist. »Später [allerdings] machte die allegorisierende Interpretation der konfuzianischen Tradition aus den Liedern eine Art Handbuch der politischen Moral.«[12] Es gibt gewiß im Shijing Stellen, die dazu geeignet waren, Konfuzius selbst zu inspirieren (oder die später so redigiert wurden, daß sie bestens in den konfuzianischen Kanon paßten); das Werk enthält aber vor allem Passagen erstaunlich persönlich gefärbter Aussagen, die - weit jenseits der Machenschaften aller Deutebolde - individuelles Erleben widerspiegeln und voller Anklagen von einer Heftigkeit stecken, die ein gesitteter konfuzianischer Gelehrter kaum öffentlich aufgebracht hätte. Das Shijing hat ein anderes Spektrum als das Shujing, denn es nimmt neben höfischer auch volkstümliche Lyrik und Lieder mit auf, wie sie insbesondere bei bäuerlichen Jahreszeitenfesten gesungen worden sein dürften. Es gibt ein noch heute faszinierendes, überraschend lebendiges Bild antiken Lebens wieder, das seit Friedrich Rückert auch in Deutschland immer wieder zu Übersetzungen gereizt hat. Diese Sammlung umfaßt sowohl Opferlieder (die also bei kultischen (Staats-) Akten gesungen wurden) als auch historische Lieder mit Lob und Tadel für verschiedene Herrscher und entsprechenden Überlieferungen der »großen« Geschichte und dazu diverse Kunstlieder und solche aus dem bäuerlichen und Soldatenleben. Es gibt diffizile rhythmische Kunstgriffe und Reimschemata, die eine direkte Übersetzung in europäische Sprachen mehr oder weniger unmöglich machen. Trotzdem bieten Übersetzungen einen imposanten Eindruck von der Ausdruckskraft der Dichtung dieser Zeit. Und, als wäre das noch nicht genug, viele Themen der mit Konfuzius (-551 - -479) beginnenden überlieferten philosophischen Reflektion finden sich hier schon ausformuliert und lassen die Behauptung des Konfuzius, er habe nichts Neues geschaffen, sondern versuche, die Vergangenheit wiederzubeleben, in einem etwas verständlicheren Licht erscheinen. Viele dieser über mehrere Jahrhunderte hinweg entstandenen Texte haben so allgemeingültige Züge, daß es nicht unbedingt nötig ist, ihren exakten Entstehungszeitpunkt zu kennen, um sie zu verstehen. Ausnahmen sind natürlich jene, die bestimmte historische Ereignisse kommentieren, wobei hier die erzählte Zeit nicht unbedingt mit der Zeit der Entstehung des Textes identisch sein muß.

Der bäuerliche Lebenszyklus war natürlich von den Jahreszeiten bestimmt;

es ist dabei zu beachten, daß der Kalender ein etwas anderer war als unser heutiger und regional und je nach Herrscherhaus verschiedene Einteilungen des Jahres üblich waren:

Im siebten Monat passiert der Feuerstern den Meridian;/ im neunten Monat werden Kleider ausgegeben./ Im ersten Monat weht der Wind kalt;/ im zweiten ist die Luft kalt; -/ Ohne Kleider und Felldecken - / wie kämen wir bis zum Ende des Jahres durch?/ Im dritten Monat nehmen sie den Pflug in die Hand;/ im vierten gehen sie auf die Felder./ Zusammen mit meiner Frau und den Kindern/ trage ich ihnen das Essen auf die südlichen Äcker./ Der Aufseher über die Felder kommt und ist zufrieden.// Im siebten Monat passiert der Feuerstern den Meridian;/ im neunten Monat werden Kleider ausgegeben./ Mit den Frühlingstagen beginnt die Wärme,/ und der Pirol singt./ Die jungen Frauen nehmen ihre tiefen Körbe/ und gehen die schmalen Pfade entlang;/ sie suchen die zarten Blätter der Maulbeer-Bäume./ Wenn die Frühlingstage länger werden,/ sammeln sie in Gruppen das weiße Südholz./ Das Herz dieser jungen Dame ist traurig,/ denn sie wird bald mit einem unserer Prinzen als seine Frau fortgehen.// Im siebten Monat passiert der Feuerstern den Meridian;/ im achten Monat stehen Riedgras und Schilf./ Im Seidenraupen-Monat streifen sie die Blätter von den Maulbeer-Zweigen/ und nehmen ihre Äxte und Beile,/ um die ausladenden und hohen Bäume zu stutzen;/ sie streifen nur von jungen Bäumen die Blätter./ Im siebten Monat ist der Würger zu hören;/ im achten Monat beginnen sie zu spinnen; -/ sie machen dunkle Gewebe und gelbe./ Unser roter Stoff ist ganz ausgezeichnet,/ er ist für die Unterrobe unserer jungen Prinzen bestimmt.// Im vierten Monat keimt das Gras./ Im fünften zirpt die Zikade./ Im achten reift es./ Im zehnten fallen die Blätter./ Im ersten Monat gehen sie auf Dachse,/ Füchse und Wildkatzen,/ für die Kleidung unserer jungen Prinzen./ Im zweiten Monat halten sie eine große Jagd ab/ und führen die Kriegsübungen fort./ Die einjährigen Eber sind für sie selbst,/ die dreijährigen für unseren Prinzen.// Im fünften Monat bewegt die Heuschrecke ihre Beine;/ [...] Im zehnten Monat ... werden die Ritzen verstopft und Ratten ausgeräuchert;/ die Fenster nach Norden werden verstopft,/ und die Türen werden abgedichtet.// Im sechsten Monat essen sie Spatzenpflaumen und Trauben,/ im siebten kochen sie Pimpernelle und Hülsenfrüchte,/ im achten schlagen sie die Datteln herunter;/ im zehnten ernten sie den Reis/ und machen den Schnaps für das Frühjahr/ für das Wohl der buschigen Augenbrauen [= für die Alten]./ Im siebten Monat essen sie die Melonen;/ im achten schneiden sie die Flaschenkürbisse;/ im neunten sammeln sie Hanfsamen;/ sie sammeln Saudisteln und machen Feuerholz aus dem Stinkbaum;/ [...]// Im neunten Monat machen sie die Gemüsegärten zu Lagerplätzen,/ und im zehnten Monat tragen sie die Garben dorthin,/ die

Hirse, frühe wie spät gesäte,/ mit anderem Getreide, dem Hanf, den Hülsenfrüchten und dem Weizen./ »Mein Mann,/ unsere Ernte ist eingebracht./ Laß' uns in die Stadt gehen und an unserem Haus arbeiten,/ am Tage das Gras sammeln/ und es in der Nacht zu Seilen winden./ Dann schnell auf den Dachboden; -/ wir müssen wieder mit der Aussaat beginnen.«// Im zweiten Monat hauen sie das Eis mit gleichmäßigen Schlägen;/ und im dritten bringen sie es in die Eishäuser,/ die sie im vierten früh am Morgen öffnen,/ nachdem sie ein Lamm mit Schalotten geopfert haben./ Im neunten Monat ist es kalt und friert;/ im zehnten reinigen sie die Lagerplätze./ Die zwei Flaschen Schnaps werden genossen,/ und sie sagen »laßt uns die Lämmer und Schafe schlachten/ und zur Halle unseres Prinzen gehen,/ dort die Schale aus Rhinozeros-Horn erheben/ und ihm ein langes Leben wünschen, - auf daß er ewig lebe.«[13]

Dieses Bild des Landlebens ist sehr harmonisch und vor allem üppig gezeichnet. Es dürfte sich um eine etwas spätere Projektion des Jahresablaufes auf einer königlichen Domäne in der zweiten Hälfte des -2. Jahrtausends handeln. Auffällig ist das Fehlen von Hunger und Bedrückung als Themen dieses Textes und das ausgesprochene Wohlwollen der Beherrschten für ihre Herrscher, das nicht unbedingt gang und gäbe war, vor allem nicht, wenn Bauern zum Kriegsdienst herangezogen wurden. Kriegsdienst wird als eine der Hauptursachen für die Not ganzer Landstriche gesehen - für die Familien, die die Alten selbstverständlich mitversorgten, bedeutete dies den (vielleicht sogar mehrjährigen Verlust) einer wichtigen Arbeitskraft und oftmals Hunger. Wobei in diesen Liedern keine direkten Angriffe auf den Herrscher zu finden sind, sondern die Grausamkeit der Offiziere und die Härte des Dienstes beklagt werden. Angst vor dem eigenen Tod oder die Beschreibung fremden Todes spielen darin keine Rolle - im Mittelpunkt stehen neben den Strapazen des Dienstes die Unmöglichkeit, sein Land zu bestellen, und die Trennung von der Frau. Bezeichnend ist aber, daß sich in den Liedern aus der Sicht der Soldaten keine Kriegsverherrlichung findet.

> Wie frei sind die wilden Gänse auf ihren Schwingen,
> sie finden Rast auf den buschigen Yu-Bäumen!
> Aber wir, unaufhörlich im harten Dienst des Königs,
> können nicht einmal unsere Hirse und unseren Reis anbauen.
> Wovon sollen unsere Eltern leben?
> Oh, ferner, azurner Himmel!
> Wann wird dies alles enden?[14]

Oder:

Welche Blätter sind nicht gelb?
An welchem Tag marschieren wir nicht?
Wer ist nicht auf Wanderschaft -
in irgendeiner Ecke des Königreichs dienend!

Welche Blätter sind nicht purpurn?
Welcher Mann nicht von seiner Frau getrennt!
Gnade uns Soldaten -
Sind nicht auch wir Menschen?[15]

Besonders heftig werden natürlich Herrscher kritisiert, die untergegangen sind und damit der allgemeinen Verachtung anheimfielen, da Untergang ja ausschließlich auf Mißregierung und damit eigenes Verschulden zurückzuführen war. Posthum fallen direkte Angriffe, die mit der Position der augenblicklichen Regierung übereinstimmen, erfahrungsgemäß leichter. Immer wieder aber werden für die Kritik poetische Umwege eingeschlagen: sei es, daß des Herrschers direkte Untergebene an seiner Statt getadelt werden, sei es, daß das Verhalten von Tieren, denen bestimmte Charaktereigenschaften unterstellt werden, dafür herhalten muß: in diesem Beispiel der Klage (die sich nach traditioneller Ansicht auf einen Herrscher des -7. Jahrhunderts beziehen soll, der sein Land durch die Ernennung dreihundert verkommener Subjekte zu Offizieren ruiniert habe) illustriert der Pelikan, der nicht arbeitet und sich nicht schmutzig macht, als Parallele aus der Fauna das Verhalten von Offizieren; anders als in den Fabeln des La Fontaine (der unter dem Tisch seinen Äsop liegen hatte) oder im Reineke Fuchs, die die Menschenwelt als Welt der Tiere rekonstruieren, werden Tiere in altchinesischer Literatur eher als symbolische Evokationen verwendet: Ihr moralischer und mythologischer Wert war wohl jedem Leser und vor allem Hörer klar, sie werden als Bild aufgerufen, um eine Geschichte kurz auf den Punkt zu bringen oder zu verstärken:

Diese Offiziere der Eskorte
haben ihre Lanzen- und Hellebarden-Träger.
Aber diese Kreaturen
mit ihren dreihundert roten Knieschützern!

Der Pelikan sitzt auf dem Damm
und macht seine Flügel nicht naß.
Diese Kreaturen sind
ihrer [ehrenvollen] Kleidung nicht würdig.

Der Pelikan sitzt auf dem Damm
und macht seinen Schnabel nicht naß.
Diese Kreaturen
verdienen die Gunst, die sie genießen, nicht!

Üppig und reich ist die Vegetation,
und am Südhügel steigt am Morgen Dunst auf.
Zart ist sie und entzückend,
aber die junge Frau leidet Hunger.[16]

In einer mittelhochdeutschen Fassung des »Physiologus«, eines sich durch die gesamte Spätantike und das Mittelalter im Abend- und vorderen Morgenland in zahlreichen Versionen verbreitenden frühen literarischen Welterfolges (die Welt war damals - aus europäischer Sicht - natürlich noch wesentlich kleiner als heutzutage), wird eine andere Geschichte über den Pelikan überliefert und ins Moralischste umgebogen: die Pelikaneltern beißen danach ihre Jungen so heftig, daß diese sterben. Nach drei Tagen reißt sich die Mutter aus Trauer mit dem Schnabel die Seite auf, läßt das Blut über die Kinder laufen, die daraufhin wieder zum Leben erwachen. Genau wie unser Herr Jesus Christus sein Blut gab, das ihm nach dem Lanzenstich aus der Seite rann, um uns Menschen zu heilen usw..[17] Offenkundig sind die moralischen Qualitäten, die Tieren beigelegt werden, weder durch ihr Verhalten noch durch ihr Äußeres kulturunabhängig begründet. Noch etwas deutlicher droht ein anderer Text den damaligen Ministern (Ratten) eines Staates mit Massenauswanderung in einen anderen Staat:

Große Ratten! Große Ratten!
Freßt nicht unseren Weizen.
Drei Jahre hatten wir mit euch zu tun,
und ihr wart nicht Willens, uns irgendeine Freundlichkeit zu bezeigen.
Wir werden euch verlassen
und in einen glücklichen Staat wandern.
Einen glücklichen Staat, einen glücklichen Staat.
Dort wird es uns gutgehen.[18]

Die Verschwendung mancher Kreise im Kontrast zur Armut, zum Hunger der meisten Menschen und als Ursache für das Elend der breiten Mehrheit wird klar angesprochen - ein Thema, das später insbesondere für Mo Di zentral werden sollte:

Die Blüten des Trompetenbaumes sind verblüht;
er trägt nur noch seine immergrünen Blätter.
Hätte ich gewußt, daß es mir so erginge,
wäre ich lieber nicht geboren worden.

Die Mutterschafe haben große Köpfe;
die Drei Sterne spiegeln sich in der [leeren] Fischfalle.
Wenn manche Menschen genug zu essen bekommen können,
haben wenige genug zu essen.[19]

Angesichts der Allmacht des Himmels ist es nicht verwunderlich, daß immer wieder vor seinen Strafen gewarnt wird, die auf irdische Mißregierung antworten; mit der Schwächung der Macht der Zhou im -8. Jahrhundert, die ihre Hauptstadt vor den Einfällen nichtchinesischer Völker nach Osten verlegen mußten und immer mehr von selbständiger werdenden Lehensherren faktisch entmachtet wurden, kam neue Krisenstimmung auf. Krisen innerhalb einzelner Staaten gelten als himmlische Mahnungen vor Falschheit, Verletzung der Tugend, kurzum: Korruptheiten jeder Art, an denen selbstverständlich der jeweils Sprechende als letzter Staatsdiener, der noch seine Pflicht erfüllt, keinen Anteil hat:

Großer und weiter Himmel,
wieso hast Du Dein Wohlwollen von uns abgewandt,
warum sendest Du Tod und Hunger herunter,
vernichtest alle im Königreich?
[...]
Mitleidiger Himmel, gewappnet mit Schrecken,
warum kümmerst Du Dich nicht um uns?
Achte nicht auf die Kriminellen:
sie haben für ihre Vergehen gelitten;
aber die, die unschuldig sind,
werden gleichermaßen zugrunde gerichtet.

Das verehrte Haus der Zhou ist beinahe verschwunden,
und es gibt keine Abhilfe für die Sorgen.
Die hohen Beamten haben ihre Plätze verlassen,
und niemand kennt meine Mühen.[20]

Oder:

Großer und ferner Himmel,
den man als unsere Abstammung bezeichnet -
daß ich, ohne eines Vergehens schuldig zu sein,
unter dieser Unordnung leiden muß!
Die Schrecken des großen Himmels sind fürchterlich,
aber ich habe doch kein Verbrechen begangen.
[...]

Unordnung entsteht,
wenn zum ersten Mal einer Unwahrheit Glauben geschenkt wird.
Sie steigerte sich,
als unser Herrscher den Verleumdern glaubte.
Hätte er ihnen gezürnt,
wäre die Unordnung wohl schnell verschwunden
[...]

Großartig ist der Ahnentempel,
ein aufrechter Herrscher erbaute ihn.
Wohl eingerichtet sind die Prinzipien der Regierung,
Weise haben sie festgelegt.
Was andere Menschen denken,
kann ich durch Überlegung beurteilen.
Der schlaue Hase läuft schnell,
und doch fängt ihn der Hund.[21]

Dies zu einigen Haupt- und Staatsthemen des Shijing. Die für das menschliche Wohlbefinden schon damals nicht weniger wichtigen Zweierbeziehungen zwischen den Geschlechtern gestalteten sich offenkundig, von wenigen Ausnahmen abgesehen, nicht erquicklicher als heute: durch Kriegsdienst des Mannes zerrissene Ehen, Frauen, die durch jüngere Nebenfrauen verdrängt werden (in Kreisen, die es sich leisten konnten, war Vielweiberei durchaus nicht unüblich), gebrochene Eheversprechen, Frauen, die ihre Männer verlassen müssen, um nicht mit ihnen zusammen zu verhungern - das ganze vertraute Kaleidoskop menschlicher Leidenschaften, menschlichen Elends findet sich hier. Und auch die Muster der Verführung scheinen um -1000 nicht viel anders gewesen zu sein:

Auf dem Ödland liegt eine tote Antilope
und ist überwachsen von weißem Gras.
Dort ist eine junge Frau mit Frühlingsgefühlen,
und ein feiner Mann will sie verführen.

Im Forst stehen die Krüppeleichen,
im Ödland liegt ein toter Hirsch
und ist umwachsen von weißem Gras.
Die junge Frau ist wie ein Juwel.

[Sie sagt:] Langsam; sanft, sanft;
laß' mein Gürteltuch,
mach' meinen Hund nicht wild.[22]

Oder:

Auf dem Moor liegt das Gras,
wie schwer ist es vom Tau!
Da war ein schöner Mann,
reizend, mit klaren Augen und feiner Stirn!
Wir trafen uns zufällig,
und so wurde mein Begehren gestillt.[23]

Anderes wird im Yijing (I Ging) verhandelt, das seine heutige Form wohl in mehreren Überarbeitungen zwischen dem -8. und +1. Jahrhundert erhalten hat, die durch eine unüberschaubare Flut an Kommentaren ergänzt wurden.[24] Dieses Werk ist, gelinde ausgedrückt, äußerst dunkel, erfreut sich aber anscheinend trotzdem oder vielleicht auch deshalb einer außerordentlichen Beliebtheit - immerhin dürfte die deutsche Ausgabe der Übersetzung durch Richard Wilhelm, den bis heute für den deutschsprachigen Raum bestimmenden Vermittler klassischer chinesischer Texte, in rund 70 Jahren etwa 250000 Exemplare erreicht haben.

Das Yijing steht mehr als jedes andere chinesische Werk im Ruch, ein universelles Weisheitsbuch zu sein und greift auf alte Praktiken der Schafgarbenorakel zurück. Gerade an diesem Buch wird gern der Gegensatz zwischen platter europäischer »Vernunft« und erschöpfender östlicher »Weisheit« hervorgehoben, der sich auch so ausdrücken ließe: Je weniger man und vor allem auch frau versteht, desto tiefer und allgemeingültiger ist die gewonnene Einsicht, zumal, wenn sich auch noch ein wenig Wahrsagerei oder Selbsterforschung damit betreiben läßt.

Das Yijing arbeitet mit Zusammenstellungen aus übereinander angeordneten waagerechten Linien, die zwei Typen angehören: entweder sind sie durchgezogen oder durchbrochen. Die möglichen Kombinationen dieser aus bis zu sechs Linien bestehenden Figuren, der Hexagramme, betragen 64, die jeweils eine ganz bestimmte abstrakte Bedeutung haben. Durch Auszählen sind Weissagungen möglich, die nicht fatalistisch interpretierte, von vornherein durch ein unabänderliches Schicksal festgelegte Ereignisse offenbaren, sondern die Entwicklungen aller Dinge im Universum symbolisieren und Handlungsanleitungen offerieren sollen, immer mit dem Ziel eines Ratschlages für zukünftiges heilbringendes Verhalten in der sich ständig im Fluß befindenden Wirklichkeit. Dieses Buch wurde in China seit den frühesten Zeiten seiner Entstehung ebenso wie andere, nicht mehr erhaltene Orakelwerke außerordentlich geschätzt.

Bezüglich des Yijing ist einmal Hegel recht zu geben, der es treffend charakterisierte: »Den Vorteil haben alle Symbole, Gedanken anzudeuten und die Meinung zu erwecken, sie seien also auch dagewesen. So fängt man mit Gedanken an, hernach geht's in die Berge ... .«[25] Es bleibt wohl individueller Disposition anheimgestellt, sich vermittels der Auxiliarien der modernen Orakelindustrie in diese archaische, von Aberglauben geprägte Welt, deren Grundlagen für uns weitgehend nicht mehr faßbar sind, hineinzuleben.

KONFUZIUS

Ein Wanderlehrer unter anderen

(Confucius, Kong Fu Zi, Kung Fu Tse,
Kong Qiu, Zhong Ni)
Geboren -551 im Staate Lu (Nordostchina)
Gestorben -479 eben dort

I.

»Zi-lu verbrachte einmal die Nacht am Steintor. Als er am nächsten Morgen das Tor passierte, fragte ihn der Torwächter: ›Woher kommst Du?‹ ›Vom Meister Kong‹, war Zi-lus Antwort. Darauf fragte der Torwächter: ›Ist das nicht jener Mann, der weiß, daß seine Ideen nicht zu verwirklichen sind, der aber dennoch nicht von ihnen abläßt?‹ «[1]

Angesichts der ungeheuren intellektuellen, ethischen und vor allem auch politischen Wirkung, die dieser Denker mehr als zweieinhalbtausend Jahre lang in größeren Teilen Ostasien gehabt hat und manchenorts weiterhin hat, erscheint diese Äußerung eines einfachen Torhüters gegenüber einem Schüler des Meisters als völlige Verkennung der Lage. Zumal, wenn man bedenkt, daß die Auswirkungen des aristotelischen oder platonischen Denkens auf das mittelalterliche und neuzeitliche europäische Weltbild auf dem Umweg über die (verändernde) christliche Rezeption im Vergleich zur Wirkung dieser einen Person auf ihre Kultur geradezu marginal sind; vergessen wir die abendländische Perspektive - es gab keine Personen der Weltgeschichte außer vielleicht den »großen« Religionsstiftern, -gründern oder wie auch immer man sie zu bezeichnen gedenkt, die bisher auch nur einen ähnlich großen oder gar derart hartnäckig andauernden Einfluß auf Denken wie Handeln eines so bedeutenden Anteils der Menschheit ausübten wie Konfuzius. Er oder vielmehr das Bild, das man sich von ihm je nach seinen Bedürfnissen machte, ist eine der einflußreichsten Einzelerscheinungen der bisherigen geistigen und politischen Geschichte der Menschheit. Das zu ihrer Zeit gerade aktuelle Bild dieses Mannes prägte das Selbstverständnis ungezählter Generationen von Beamten und Gelehrten und, noch wichtiger, das Bildungsideal und die praktische Erziehung in Schulen und Universitäten.

Liest man allerdings das Lunyu, das seine Lehren wiedergibt, prallt man erstaunt zurück: sonderlich viel außer der Aufforderung, die vorkonfuzianischen Klassiker mit lebenslänglicher Hingabe zu studieren und sich ihrem

Vorbild gemäß bescheiden und gesittet zu verhalten, findet man dort nicht.

Konfuzius markiert für uns Heutige zugleich den Beginn eigentlich philosophischen Denkens in China. Aber was ist das eigentlich: ein/e Philosoph/in oder gar Philosophie? Vor allem, und das ist wohl das am wenigsten an eine bestimmte Kultur gebundene Merkmal, eine sprachliche Tätigkeit - viel Palaver (»Diskurs«) also, nehme es nun die Form eines Monologes oder Dialoges an. Als Faustregel für den täglichen Umgang mit Philosophen jedenfalls kann gelten: je mehr sie vom Dialog schwärmen, desto weniger kommen die anderen zu Wort; ein Zustand, der tagelang und bis zur völligen Zermürbung der als »Dialogteilnehmer« oder, falls sie sich nicht zu wehren verstehen und ihnen die Flucht aus irgendwelchen Gründen verwehrt ist, umgangssprachlich auch als »Opfer« Bezeichneten anhalten kann. Was in der antiken griechischen Dialogpraxis allerdings dadurch ein wenig gemildert wurde, daß einige nicht nur nach ihrer Bildung, sondern vor allem auch nach ihrer Schönheit ausgewählte Jünglinge zugegen waren und nicht unbeträchtlich getrunken wurde; während gewöhnliche Menschen durch alle möglichen niederen Verrichtungen für Nachschub sorgten, verhandelten hier einige mutige Männer die Sache aller. Philosophisches Sprechen (mündlich oder schriftlich) unterscheidet sich allerdings von unserer gewöhnlichen Art zu reden im Idealfall dadurch, daß es begründet geschieht: Sätze wie »eigentlich finde ich so irgendwie ...« werden hier nicht ernst genommen, auch wird körperliche Gewalt als Überzeugungsmittel einmütig abgelehnt. Es geht vielmehr darum, Gründe für seine Äußerungen anzugeben und Gegenargumente nach Kräften zu widerlegen. Wobei natürlich ziemlich schnell das Nachdenken darüber begann, welche Begründungsstrategien nun ziehen, wann sich ein Dialogpartner geschlagen zu geben hat (was im allgemeinen durch Verstummen der Fall ist, weil ihm die Gründe ausgehen), was eine »vernünftige«, stichhaltige Begründung überhaupt auszeichne usw.. Kurzum, es geht darum, wahre Aussagen zu finden und gelegentlich auch um diese nebulöse Sache Wahrheit selbst.

Sprechen konnte man bei solchen antiken meetings über so ziemlich alles und jeden, von den Göttern da droben über die Vorzüge diverser Regierungsformen hier unten, das richtige Verhalten, das moralisch gute Leben, den Aufbau des Weltalls, die Frage, ob man Schatten hinter einer Mauer sehen könne oder was auch immer. Was zur Herausbildung einiger Schulen führte: die einen hielten so ziemlich alle Sätze von Sokrates für wahr, die anderen für dummes Geschwätz - und die Obrigkeit für gotteslästerliches, staatsgefährdendes Gerede, weshalb sie ihn zum Tode verurteilte. Der Ausdruck »Schule«, der für Denkrichtungen benutzt wird, hat allerdings einen lebensnahen Hintergrund, denn diese Menschen wirkten oft als Lehrer, die die zukünftige Führungselite ausbildeten, nicht nur in den Themen, über die sie sprachen, sondern vor allem auch rednerisch.

In einer äußerlich ähnlichen Situation befand sich Konfuzius, der lehrend unterwegs war, sich selbst aber auch ständig mit geringem Erfolg um politische Posten bemühte. Er erscheint als ein ernster, einigermaßen deprimierter Mann von hoher Selbstzucht und Bildung, der davon träumte, Ordnung in die politischen Wirren seiner Zeit zu bringen, indem er die Einhaltung jahrhundertealter Benimmregeln anmahnte. Fragen nach einer »vernünftigen« Begründung für sein Unterfangen spielten für ihn keine nennenswerte Rolle. Er lehrte einfach nach seiner Ansicht richtiges, sittliches Verhalten, und die Schüler lernten es bei ihm. - Was manchen Europäer berechtigt daran zweifeln lassen kann, ob er es hier mit einem veritablen Philosophen zu tun habe oder mit einem schlichten, reichlich altertümlichen Lehrer für gute Umgangsformen. Im Hintergrund dieser Frage steht, ob »chinesisches Denken« auch im nicht-naturwissenschaftlichen Bereich Anspruch auf Wissenschaftlichkeit, also begründetes, argumentatives Vorgehen, erheben kann und damit die »Höhe« des »westlichen Denkens« erreicht habe, wofür als Kriterien gern die Entwicklung systematischer Logik, Sprach- und Erkenntnistheorie herangezogen werden. Die Antwort wird, was Konfuzius anbelangt, so ausfallen, daß er keine expliziten Bestrebungen in dieser Richtung unternommen hat und für nötig hielt. Er vertraute der direkten Aussagefähigkeit der auch in gehobenen Alltagssituationen verwendbaren Sprache und nahm die Dinge als das, als was sie ihm erschienen. Seine Probleme waren Probleme des Alltags, die im wesentlichen jedermann aus seiner Lebenspraxis zugänglich und vertraut sind - anders als etwa Fragen der Erkenntnistheorie, die sich uns, die wir mit unserem naiven Realismus ganz gut durch die Welt kommen, in unserer praktischen Erfahrungswelt nicht oder nur in extremen Ausnahmesituationen stellen.

Fraglich bleibt allerdings, ob die westlichen Kriterien der Wissenschaftlichkeit, Begründetheit usw. als universales Kriterium zur Beurteilung von Denken überhaupt geeignet sind. Der Eindruck ist manchmal nicht von der Hand zu weisen, daß hier neuzeitliche Philosophen auf den Karren der durch ihre technischen Erfolge in den Augen der Öffentlichkeit legitimierten Naturwissenschaften gesprungen sind, um sich selbst als Wissenschaftler auszuweisen und von Essayisten, Dichtern und Literaten abzugrenzen, die gefälligst ihr beim normalen Publikum durchaus beliebtes, eher schöngeistiges Handwerk zu Hause und vor allem auf eigenes finanzielles Risiko betreiben sollen. Auf welche Seite dieses völlig unfruchtbaren Widerstreits man sich auch stellen mag, ob man Konfuzius nun als »echten« Philosophen im europäischen Sinne oder nur als Sitten- und Benimmlehrer vom Typus eines Knigge ansieht - er strebte ernsthaft nach einer praktizierbaren, moralischen Ordnung und Besserung der Welt und das mit einer Überzeugungskraft, die bedeutende Minderheiten der Menschheit über Jahrtausende hinweg beeindruckte, beeinflußte und vielleicht auch lähmte. Wie er es da mit seinen Begründungsverpflichtungen hielt, ob er also ein »wissenschaftlicher« Philosoph und damit überhaupt ein Philosoph im modernen, akademischen, westlichen Sinne war, ist eine denkbar müßige Frage. Ich werde ihn einfach als solchen bezeichnen, um ihn von Religionsstiftern und ähnlich sinistren Gestalten abzugrenzen.

In den gut fünfhundert Jahren zwischen dem Sturz der Shang-Dynastie und dem traditionellen Geburtsdatum des Konfuzius haben sich in China wesentliche Wandlungen vollzogen, die auch den Beginn der Zhou-Herrschaft um die Wende zum -1. Jahrtausend schon wieder in einem verklärten Licht erscheinen ließen: das im wesentlichen auf einem ausgefeilten Lehenswesen basierende Regiment der Zhou befand sich seit etwa zwei Jahrhunderten in einer permanenten, tiefgreifenden Krise, die bald nach des Konfuzius' Tod in einen zweihundertfünfzigjährigen Kampf zwischen einer Vielzahl von Kleinstaaten überging. Das Lehenssystem der Zhou hatte eine Vielzahl in ihrem jeweiligen Bereich zunehmend unabhängiger Familienterritorien geschaffen, deren Inhaber natürlich auch stärkeren politischen Einfluß gegenüber der Zentralgewalt zu erlangen suchten. Dieses Streben nach immer ausgeprägterer Autonomie wurde dadurch erleichtert, daß die Zhou schon von ihrer Anzahl her kaum in der Lage waren, ein derartiges Riesenreich in ihrer Botmäßigkeit zu halten: sie büßten ständig an Einfluß ein. -771 wurde der damalige Zhou-Herrscher von einer Koalition von Lehensherren getötet. Der Zhou-Nachfolger mußte seine Hauptstadt in sicheres Gebiet verlegen, wurde aber faktisch entmachtet, wenn er auch formell oberster Herrscher blieb. Seine Marionettenfunktion als Sohn des Himmels beschränkte sich abgesehen von rituellen Aufgaben darauf, in den Machtkämpfen zwischen verschiedenen Lehensherren sein und seiner Dynastie Überleben zu sichern; tatsächlich regierten die jeweils stärksten Lehensherren fern aller verwandtschaftlichen und religiösen Bindungen mit Gewaltmitteln, die sie auch untereinander in gutnachbarschaftlichen Rivalitäten und Koalitionen zur Anwendung brachten.[2]

II.

Hinter dem Bild, das spätere Zeiten von Konfuzius errichteten, ging die Person bald verloren - sie löste sich auf in ein Geflecht sich auf sie berufender Lehren, so daß es unwichtig und auch unbekannt bleiben wird, was Konfuzius selbst vielleicht einmal gelehrt haben mag. Es ist unmöglich, diesen Denker auf seine Lehre oder seine Biographie hin endgültig und detailliert zu überprüfen, aber es macht trotzdem Sinn, aus verschiedenen Perspektiven und praktischen Gründen von ihm als historischer Person, die er zweifellos war, zu sprechen, so sehr sie sich auch als nicht mehr rekonstruierbar und chimärenhaft erweisen mag. Konfuzius sei einfach der Konfuzius der Schrift Lunyu, der Sammlung seiner mehr oder weniger authentischen Lehrgespräche mit seinen Schülern, was er nun zu seiner Zeit historisch auch immer gelehrt haben mag.[3]

Zu seinen Lebzeiten verkörperte dieser Denker auf keinen Fall die überragende Philosophenpersönlichkeit, als die er später gern dargestellt wurde, sondern nichts mehr als einen mäßig erfolgreichen Wanderlehrer und zeitweisen Provinzpolitiker unter vielen anderen, die sich als Folge des wirtschaftlichen Niedergangs des niederen Adels, dem er wohl angehörte, ihrer Bildung zum Zwecke des Broterwerbs und nicht ganz uneigennütziger politischer Einflußnahme zu bedienen trachteten. Um die Herkunft des Konfuzius rankt sich eine Vielzahl von Legenden, die ihm eine königliche Herkunft aus dem Herrscherhaus der Shang zuschreiben, außerdem sollen gute Omen schon seiner Geburt vorhergegangen sein: »Während ihrer [seiner Mutter] Schwangerschaft fiel sie eines Tages in einen Zustand von Schläfrigkeit oder in einen Wachtraum. Da hatte sie die Erscheinung von fünf Greisen, die sich als die Wesenheiten der fünf Planeten ausgaben. Sie führten mit sich ein Tier, das aussah wie ein Kalb, aber ein Horn hatte und mit Schuppen bedeckt war wie ein Drache. Das Tier kniete vor ihr nieder und spie ein Stück Jade aus, auf dem geschrieben stand: ›Ein Kind, das aus der Wesenheit des Wassers geboren ist, wird der verfallenden Dschou- [Zhou-] Dynastie als ungekrönter Kaiser folgen.‹ Dscheng-dsai knüpfte ein gesticktes Seidenband um das Horn des Tieres. Danach verschwand die Erscheinung. Als sie das seltsame Erlebnis erzählte, erklärte ihr Gatte: ›Das muß das Einhorn ... gewesen sein‹.«[4] Auffällig an dieser Legende ist der geradezu verschwenderische Umgang mit glückverheißenden Omen und Fabelwesen wie ein dem Drachen ähnliches Einhorn, das Jade überreicht: der Drache als mächtigstes mythologisches Lebewesen stand zwischen Mensch und Himmel, er machte gemäß den Befehlen des Himmels das Wetter und umgab überall in Darstellungen die Person des Kaisers. Auf diese Legende geht auch die Sicht des Konfuzius als des »ungekrönten Kaisers« Chinas zurück, was ihre Herkunft aus einer Zeit lange nach seinem Tode belegt.

Der Tradition nach wurde Konfuzius etwa mit zwanzig Jahren Verwalter der öffentlichen Getreidespeicher seines Heimatstaates Lu und begann daneben, gegen Bezahlung zu unterrichten. Nach einer Reise nach Zhou, wo er, ganz der Vergangenheit zugewandt, die alten Rituale studiert haben soll, folgte er -516 dem von den mächtigen Familien Lus gestürzten Herrscher ins Exil, wie es sich seinem Pflichtverständnis nach für einen treuen Untertan gehörte. Einige Jahre nach der Rückkehr in seine Heimat habe er, so will es wiederum die fama wissen, -501 so erfolgreich auf einem führenden Posten in der Regierung gewirkt, daß sich der Nachbarstaat Qi einer äußerst wirkungsvollen List bediente, um das Wiedererstarken Lus unter des Kong Ägide gründlich zu verhindern: Qi schickte dem Fürsten von Lu eine Schar auserlesener Tänzerinnen als Geschenk, die den Fürsten so von der Erfüllung seiner Pflichten abgelenkt haben soll, daß der Meister aus Protest gegen die Vernachlässigung der unerläßlichen Zeremonien -497/496 mit seinen Schülern eine vierzehnjährige Wanderschaft durch China begann - es gibt Hunderte ähnlicher Erzähltraditionen, die die Prinzipientreue Kongs fern jeder historischen Authentizität zu illustrieren suchen. Er soll ca. -483 als alter Mann nach Lu in der trügerischen Hoffnung auf ein Amt zurückgekehrt sein, wo er in seinen Erwartungen enttäuscht wurde. Als er -479, womöglich noch nach der Redaktion oder gar dem Verfassen aller irgendwie und -wann als klassisch betrachteten Bücher, starb, hätten seine Schüler, so wird berichtet, nach den für den Tod des Vaters vorgeschriebenen Zeremonien um ihn getrauert.

III.

All diese schon auf den ersten Blick auch eines unvorbereiteten europäischen Betrachters des +20. Jahrhunderts überreich ausschmückenden Anekdoten entstammen späteren Zeiten, in Wirklichkeit dürfte das Leben Kongs weniger ereignisreich und erfolgreich verlaufen sein, obwohl auch hier nur Mutmaßungen möglich sind, denn Konfuzius hat, hierin Jesus oder z.B. Sokrates ähnlich, nichts Schriftliches hinterlassen, sondern ausschließlich durch seine Schüler und Enkelschüler gewirkt. Über seine Lehren, falls sie denn von ihm stammen, sind wir durch das Lunyu, die Lehrgespräche, unterrichtet, eine Sammlung von Aussprüchen des Meisters und seiner Schüler, die allerdings erst lange nach seinem Tod entstanden ist und in ihrer heutigen Fassung etwa auf das -2. Jahrhundert zurückgeht.

Einen Zug der Philosophie Kongs hat jener eingangs erwähnte Torwächter richtig erkannt: sie steht konsequent gegen ihre Zeit, indem sie unnachgiebig auf der Einhaltung historisch längst erledigter Formen gesellschaftlichen Umgangs beharrt. Konfuzius sah seine Aufgabe darin, die nach seiner Meinung überlegene Sittlichkeit der Vergangenheit, vor allem der Früheren Zhou-Dynastie, als einziges Mittel zur Hebung der Moral seiner in seinen Augen verkommenen Zeit zu propagieren. Ihm war die Welt ein vor allem ethisches Phänomen - und sie befand sich aus seiner Sicht nach dem sowieso unerreichbaren Zeitalter der legendären Herrscher seit einigen Jahrhunderten auf einer bedauerlichen, abschüssigen Bahn. »Ich übermittle, aber ich schaffe nichts Neues. Ich glaube an das Alte und liebe es«[5], ist einer seiner Kernsätze, der leicht darüber hinwegtäuschen kann, wie wenig gesichertes historisches Wissen ihm damals bei der Erforschung des Altertums zur Verfügung stand, abgesehen vielleicht von historischen Annalen etwa seiner Heimat. Die Betonung, nichts Neues zu schaffen, ist ein durchgehender Zug konfuzianischer Gelehrter, der später zu einer geradezu unvermeidlichen Phrase über das eigene Tun degenerierte und uns äußerst befremdlich anmutet, die wir es gewohnt sind, des öfteren abgestandenes Denken als originäre Leistung präsentiert zu bekommen. Aber ein dem Altertum verpflichteter Mann mußte um seiner Glaubwürdigkeit willen als Konservator und Mittler ohne eigene Interessen auftreten. Trotz der schlechten Quellenlage war sich Konfuzius übrigens seiner Sicht der Vergangenheit völlig sicher, »es gibt nur unzureichende Belege. ... Sonst könnte ich sie als Beweise anführen«[6] - ein perfides Argument. Das von Kong beschworene Altertum ist letztlich eine zum Teil an seinen eigenen moralischen Vorstellungen orientierte Fiktion, die die politischen Ansprüche seiner Schicht, der Gelehrten aus der verarmten Nobilität, begründen soll, einer Nobilität, die aus ihrer Herkunft keine Ansprüche mehr herleiten konnte, aber aufgrund ihrer Ausbildung und Einstellung eine gesellschaftliche Position einforderte, die ihr vor längerem einmal per Geburt zuteil geworden war.

Kong empfand seine Zeit als die eines rapiden Verfalls, da die Welt für ihn den richtigen, vom Altertum vorgezeichneten Weg verlassen hatte, auf den er sie zurückzuführen gedachte. Wichtigste Maßnahme dazu war ihm die »Richtigstellung der Begriffe«, die allerdings keine Reform der Sprache meinte, sondern die strikte Wiederherstellung der gesellschaftlichen Hierarchien der beginnenden Zhou-Dynastie, als Sippen wie die seine noch mit einem Amt oder Lehen rechnen konnten. »Der Herrscher muß Herrscher sein, der Untertan Untertan, der Vater Vater, der Sohn Sohn.«[7] Darauf baute er eine den familiären Unterordnungsbeziehungen analoge patriarchalische Gesellschaftsordnung auf. Die höchste Verhaltensform, das Urbild jeder Pflicht sozusagen, ist jene des Sohnes gegenüber seinem Vater - selbst wenn der Vater ein Verbrecher ist, hat der Sohn ihn zu decken. Die Erfüllung der Kindespflichten, vor allem des vorgeschriebenen Begräbnisrituals und der Trauerzeremonien, ist Grundlage konfuzianischer Sittlichkeit (hier klingen die schon unter den Shang exzessiven Beerdigungen nach). »Zeng-zi [ein Schüler] sprach: ›Verhalten sich die Menschen beim Tode ihrer Eltern korrekt, wie es das Ritual vorschreibt, und folgen sie dem Weg der Ahnen, dann festigt sich die Moral des Volkes wieder‹.«[8] Wobei die Moral des Volkes ein etwas zu allgemeiner Ausdruck sein dürfte, denn vor allem waren die alten Ordnungen innerhalb der Hierarchie der herrschenden Klassen durcheinander geraten, während die Bauernschaft wohl kaum Gelegenheit hatte, moralisch über die Stränge zu schlagen und angesichts ihrer ökonomischen Lage nicht anzunehmen ist, daß sich ihre Begräbniszeremonien recht schlicht gestalteten.

Konfuzius hatte vielleicht bei seiner Vorstellung von der sittlichen Kraft von Opfern eine Veranstaltung vor Augen, wie sie sich im Shijing findet:

Dicht wuchsen die Dornenbüsche,
doch sie schlugen sie ab.
Warum taten sie dies seit alters her?
Damit wir unsere Hirse und Opfergetreide pflanzen können.
Damit unsere Hirse reichlich sei
und unsere Opfer üppig.
Wenn unsere Scheunen voll sind,
und unsere Garben nach zehn Myriaden gezählt werden können,
brennen wir den Schnaps und bereiten die Lebensmittel zu
für die Opfer;
Wir lassen die Stellvertreter der Toten Platz nehmen und fordern sie
auf zu essen.
So hoffen wir unser Glück zu mehren.

Mit korrektem und ehrfürchtigem Verhalten,
Ochse und Schaf ganz rein,
schreiten wir zu den Winter- und Herbstopfern.
Einige zerlegen die Opfertiere, einige kochen ihr Fleisch;
einige sortieren das Fleisch; einige richten es an.
Der Priester opfert innerhalb des Tempeltores,
die Zeremonie ist vollständig und prächtig.
Eindrucksvoll kommen unsere Ahnen;
ihre Geister genießen freudig das Dargebotene;
ihr Nachkomme empfängt Segen:
Sie werden ihn mit großem Glück belohnen,
mit Myriaden von Jahren, mit Leben ohne Ende.

[...]
Sie richten die großen Ständer her;
einige für das gebratene Fleisch, einige für das geschmorte.
Die vornsitzenden Frauen sind ruhig und ehrfürchtig
und bereiten die zahlreichen [kleineren] Gerichte vor.
Gäste und Besucher
heben die Schale und trinken in der Runde.
Alles geschieht treu nach der Regel,
jedes Lächeln und jedes Wort ist, wie es sein soll.
Die Geister kommen still
und antworten mit großem Segen:
Myriaden von Jahren als Belohnung.

Wir sind sehr erschöpft
und haben alle Zeremonien ohne Fehler ausgeführt.
Der erfahrene Priester verkündet [den Willen der Geister]
und geht zum Nachkommen, um ihn ihm zu übermitteln.
Großzügig war Dein kindliches Opfer,
und die Geister haben Deine Spirituosen und Speisen genossen.
Sie senden Dir hundert Segnungen; ...

Die Zeremonien sind damit abgeschlossen,
und die Glocken und Trommeln haben ein Zeichen gegeben.
Der Nachkomme geht an seinen Platz,
und der Priester verkündet:
»Die Geister haben sich satt getrunken.«
Der Hauptstellvertreter der Toten erhebt sich daraufhin,
und Glocken und Trommeln begleiten ihn, während er sich zurückzieht.
Die Geister entfernen sich still.
Die Diener und die vorsitzenden Frauen
entfernen die Tabletts und Speisen ohne Verzug.
Des Nachkommen Onkel und Cousins
begeben sich zur privaten Feier.

Die Musiker gehen mit hinein, um zu spielen,
[...] alle sind glücklich.
Sie trinken und essen sich satt;
Groß und Klein neigen den Kopf und sagen:
»Die Geister genossen Deinen Schnaps und Deine Speisen
und werden Dich lange leben lassen.
Deine Opfer, alle zur rechten Jahreszeit,
hast Du vollständig ausgeführt.
Mögen Deine Söhne und Enkelkinder
niemals verfehlen, diese Opfer fortzusetzen.«[9]

Interessant ist der auf die Lebenden bezogene Aspekt dieses Opfers - es scheint weniger um das Wohl der Verstorbenen, die als in irgendeiner Weise weiterlebend gedacht sind, zu gehen als vielmehr um einen mühsam kaschierten Versuch, die Ahnengeister durch materielle Wohltaten für sich einzunehmen, um sich selbst irdische Segnungen zu sichern, vor allem ein langes Leben. Es fehlt dabei bei allem gesitteten Benehmen ein wenig an dem metaphysischen Schauer, den man eigentlich erwartet hätte. Was Konfuzius an der seinerzeitigen Opferpraxis kritisierte, war der Verlust der nötigen sittlichen Haltung bei den Opfern, die wahrscheinlich zunehmend den Charakter banaler Familientreffen annahmen. Gelegentlich allerdings arteten diese Feiern, wie ein Text (wahrscheinlich aus dem -8. Jahrhundert) zeigt, schon früher in simple Besäufnisse aus, bei denen es die Gäste offensichtlich an Ehrfurcht vor Toten wie Lebenden fehlen ließen:

> Wenn die Gäste zum ersten Mal die Matten betreten,
> sind sie ganz harmonisch und ehrfürchtig.
> Bevor sie zu viel getrunken haben,
> achten sie auf angemessenes Benehmen;
> aber wenn sie zu viel getrunken haben,
> wird ihr Benehmen locker und frivol.
> Sie verlassen ihre Sitze und laufen umher,
> sie tanzen und hecken dumme Streiche aus.
> Bevor sie zu viel getrunken haben,
> benehmen sie sich zurückhaltend und ernst.
> Aber wenn sie zu viel getrunken haben,
> wird ihr Verhalten anstößig und unverschämt.
> Wenn sie zu viel haben,
> verlieren sie allen Sinn für Schicklichkeit.
>
> [...]
> Gingen sie, wenn sie zu viel getrunken haben, weg,
> wären beide, sie und ihr Gastgeber glücklich;
> aber betrunken dazubleiben
> ist, was man die Tugend verletzen nennt.
> Trinken ist eine gute Einrichtung,
> aber nur, wenn es mit gutem Benehmen geschieht.
>
> Bei jeder Gelegenheit zum Trinken
> werden einige betrunken und einige nicht.
> Ein Aufseher wird ernannt,
> und ein Berichterstatter hilft ihm.
> Die Trunkenbolde in ihrer Schändlichkeit
> schämen sich derer, die nicht betrunken werden.
> Diese aber haben keine Gelegenheit zu sprechen
> und die anderen von der großen Selbstaufgabe abzuhalten.
> (Sie mahnen): »Sage nicht, was Du nicht sagen solltest.
> Sprich' nicht, was sich nicht gehört.
> Wenn Du redest, besoffen wie Du bist,
> lassen wir Dich einen Widder ohne Hörner machen.

Nach drei Schalen verlierst Du Dein Gedächtnis;
wie wagst Du es, weiterzumachen?«[10]

Eine wichtige Wendung des Konfuzius ist es, die Zeremonien ihres eigentlichen religiösen Gehaltes weitgehend zu entkleiden: er ist kein Religionsstifter oder Wiederbeleber religiöser Praktiken, für ihn, der durch und durch diesseitig gesonnen ist, geht es weniger oder gar nicht darum, durch die Befolgung der Riten irgendwelche Geister zufriedenzustellen, um Gefahr von den Lebenden abzuwenden. Für Konfuzius sind die Riten viel eher eine Möglichkeit, den Umgang zwischen den Menschen zu regeln, er ist an der angeblichen erzieherischen Wirkung der Zeremonien interessiert: hier haben ursprünglich religiöse Konzepte eine klare Umorientierung auf das Diesseits erfahren, sind dadurch aber auch in hohem Maße ihres ursprünglichen Sinnes entkleidet und zu bloß automatischen, ritualisierten Handlungen degeneriert, die trotz ihrer mittlerweile eingetretenen Sinnentleerung aus erzieherischen Gründen weiterhin durchgeführt werden sollen. Hier zeigt sich neben einem veränderten, rationaleren oder zumindest diesseitigen Weltbild gegenüber der wohl noch von allen möglichen magischen Vorstellungen geprägten Weltsicht der Shang und frühen Zhou eine absurde Grundhaltung, denn einerseits ist Konfuzius‘ diesseitige Haltung natürlich als ein Fortschritt zu werten, der den inzwischen unter den Zhou eingetretenen Zerfall der alten religiös-politischen Konzepte demonstriert, andererseits ist die Forderung, an den altenFormen zur Festigung der Sitten festzuhalten, eine Zumutung, ein leerlaufendes Konservieren von Formen, die keine Bedeutung mehr für irgendjemanden hatten; er stellte seine Forderungen im Namen eines überholten Bildungsideals heraus, das schon seit mindestens einem Jahrhundert keine feste Grundlage mehr im Weltbild der Mitmenschen hatte.

IV.

Daß Konfuzius eindeutig ganz diesseitigen Problemen zugewandt war, zeigt sich im Lunyu, nach dem er selbst nicht über Zauberei und Geister sprach. »Wer nicht den Menschen zu dienen versteht, wie kann der den Geistern dienen? ... Wer noch nicht das Leben kennt, wie will der wohl den Tod begreifen?«[11]

Die Einhaltung der überlieferten Riten ist Teil der Erziehung zur Pflichterfüllung, der Edle stellt die Pflicht über alles. Der Edle ist das letztlich selbst für Kong unerreichbare Ideal , an dem sich Herrscher und Gebildete zu orientieren haben. Um diesem Vorbild nahezukommen, muß man »sich selbst überwinden, die eigenen Wünsche und Begierden bezwingen, sich von Anstand,

Höflichkeit und guten Sitten leiten lassen«[12] und natürlich die Klassiker studieren, denn Bildung und lebenslängliches Lernen sind Voraussetzungen jeder sittlichen Vervollkommnung. Auch hier klingen noch die Konzepte eines alten, dem Hofe einst näheren, jetzt aber den Fährnissen einer neuen Welt mit neuen Idealen ausgesetzten Adels an, der seine Privilegien verloren hat und nach einer neuen Selbstbestimmung sucht. Der Edle ist bescheiden, ehrerbietig gegenüber Höhergestellten, er vollführt die Zeremonien schlicht, aber voller Empfindung, hält in allen Dingen das rechte Maß ein und strebt nicht nach persönlichem Vorteil, wo dieser nur auf unrechten Wegen zu erlangen ist. Vor allem sollen bei ihm, eine alte Forderung in der Geschichte der Menschheit, Reden und Handeln übereinstimmen. Auf die Schwierigkeit, ein solches Ideal zu leben, weist Konfuzius mit der ihm eigenen bescheidenen Haltung am eigenen Beispiel hin: »Im Staate der Obrigkeit, in der Familie dem Vater und dem älteren Bruder dienen! Gewissenhaft sein gegenüber den Verstorbenen und alle Pflichten bei Begräbnis und Trauer erfüllen! Sich nicht vom Wein überwältigen lassen! Was davon gelingt mir schon?«[13]

Dem Gelehrten ist nach Konfuzius ein Weg vorgeschrieben: der in ein politisches oder Verwaltungsamt - der Traum aller aus Rang und Würden vertriebenen ehemaligen Höflinge. Aber auch hier setzt die Schicklichkeit enge Grenzen, denn nur dort, wo sittlich regiert wird, darf der Edle sich niederlassen und wirken. Strebern hingegen geht es nur darum, ein Amt zu ergattern, ohne damit ein sittliches Anliegen zu verfolgen, »ist ihnen das gelungen, ist ihre einzige Sorge, sie könnten es wieder verlieren. In ihrer Angst, das Amt zu verlieren, sind sie zu allem fähig.« - Während der Edle sogar von sich aus seinen Posten aufgibt, wenn die Regierung, der er dient, den rechten Weg verläßt, und seine Entlassung aus dem Staatsdienst als Strafe für seine Standhaftigkeit mit Gleichmut erträgt. In Extremfällen muß er sogar noch weiter gehen: »Zi-lu fragte, wie man dem Herrscher dienen solle. Konfuzius antwortete: ›Den Herrscher niemals täuschen. Sollte es erforderlich sein, sich ihm offen widersetzen‹.«[14] Die Moral ist jeder faktischen staatlichen Macht übergeordnet, notfalls muß man sogar sein Leben für sie riskieren. Für Konfuzius ist die Welt nicht ein primär physikalisches, ökonomisches oder religiöses Phänomen, sondern ein vor allem moralisches - es geht ihm um die richtige Gesinnung und das daraus resultierende Verhalten.

Der Herrscher ist bei Kong in seiner Machtausübung nicht ganz unumschränkt, denn er ist an einen bestimmten Verhaltenskanon gebunden, der dem des Edlen oder Weisen unübersehbar ähnelt, und hat nur durch eine tugendhafte Regierungsführung Anspruch auf den Gehorsam seiner Untertanen. Er kann seine Macht nur dadurch sichern und rechtfertigen, daß er auf moralischem Gebiet seinen Untertanen ein Vorbild ist, dem sich seinerseits das Volk nicht entziehen kann. Auf die Klage eines Noblen über das Räuberunwesen hin gab Konfuzius ihm zur Antwort: »Wäret ihr [selbst] nicht so habgierig, würde keiner rauben und plündern, selbst wenn es dafür eine Belohnung gäbe«. Und auf die Frage eines Schülers, was Regieren heiße: »Dem Volk vorangehen, ihm ein Beispiel geben und es anspornen. ... Stets auf dem Posten sein und niemals nachlässig handeln«.[15] Ansonsten riskiert er, daß sich die tugendhaften Gebildeten von ihm abwenden, und er der richtigen Unterstützung durch Gelehrte entraten muß, für Kong eine grauenhafte Vorstellung, denn seiner Meinung nach wäre das Schicksal des Herrschers damit besiegelt. Ein Volksaufstand allerdings scheint für Konfuzius nicht einmal der Diskussion wert zu sein, es gibt kein Widerstandsrecht wie es etwa in der europäischen staatsphilosophischen Diskussion seit der frühen Neuzeit debattiert wurde; ein schlecht regierender Herrscher verliert ganz einfach seine intellektuelle Umgebung, soweit sie sich aus des Kongs Schicht rekrutiert, und das Volk wendet sich innerlich von ihm ab, damit hat sich's. Aber Konfuzius droht nicht mit himmlischen Plagen, offenbar haben Konzepte wie das himmlischer Warnungen für sein diesseitiges Denken ihren Schrecken verloren. Was früher religiös begründet war, ist bei Kong in die Sphäre des Humanen verlegt und erhält ein moralisches Moment, dem jede zwingende Strafandrohung gegen den Herrscher fehlt, falls er vom Pfad der Tugend abweichen sollte.

Im Gegensatz zu den späteren Legalisten, die den Staat Qin zur Oberherrschaft über China führten, lehnte Konfuzius fixierte Gesetze als Mittel der Herrschaft ab. »Will man Gehorsam durch Gesetze und Ordnung durch Strafe, dann wird sich das Volk den Strafen zu entziehen versuchen und alle Skrupel verlieren. Wird hingegen nach sittlichen Grundsätzen regiert und die Ordnung durch Beachtung der Riten und der gewohnten Formen des Umgangs erreicht, so hat das Volk nicht nur Skrupel, sondern wird aus Überzeugung folgen.«[16] Auch hier ist seine Lehre zweischneidig - einerseits hängt er den alten Gewohnheitsrechten des Adels gegenüber seinen Untertanen an (daher die Ablehnung von Rechtscodices), andererseits scheint durch seine Verpflichtung der Herrschenden auf eine sittliche Regierung aber auch ein humaner Aspekt auf: die gute Regierung hat die Ernährung des Volkes sicherzustellen, sie ist für Verteidigung nach außen zuständig und muß sich um das Vertrauen der Bevölkerung bemühen - wobei sie zur Not auf die Rüstung verzichten kann, wenn es nicht anders geht. Aber die Betonung dieses sittlichen Aspektes nimmt absurde Formen an, wenn er fordert, bei der Wahl zwischen dem Vertrauen des Volkes und seiner Ernährung sei auf die Ernährung zu verzichten, da der Tod ohnehin das Los jedes Menschen sei, »wenn aber das Volk kein Vertrauen in die Regierung hat, kann der Staat nicht bestehen«.[17] Liest man das Lunyu, erscheint einem das Leben als schmerzhafter Selbstversuch, bei dem es vor allem darum geht, wie die anderen die dabei gezeigte moralische Haltung des Probanden beurteilen.

Die Ursache von Widersetzlichkeit und Verbrechen im Volk ist letztlich die Korruptheit der Regierung, nur wo es verkommene Herrscher gibt, finden sich auch Räuberbanden und bestechliche Beamte - unten verhält es sich wie oben, die sozialen Beziehungen auf allen Ebenen entsprechen sich und gleichen der zwischen Vater und Sohn, in der der Vater auch kein direktes Strafrecht hat. Eine tugendhafte Regierung jedenfalls macht gesetzliche Regelungen überflüssig. Man darf die Aktualität der Kongschen Argumentation wider kodifiziertes Recht nicht übersehen, denn zu seiner Zeit fing gerade ein geregeltes Rechtswesen an, das die alten patriarchialischen Verfahren ablösen und damit eine uralte Praxis der Rechtsprechung, die an die Autorität von Respektspersonen gebunden war, verschwinden lassen sollte.

Ein wichtiger Punkt ist für Konfuzius - und hier kommen seine Interessen deutlich zur Geltung -, daß der Herrscher auch seine direkte Umgebung und die Beamtenschaft nicht unter seinen Verwandten auswählt, sondern durch solche Posten Tugend und Bildung belohnt, wie es angeblich auch die legendären Herrscher des Altertums getan hätten, die ihren Thron sogar noch zu Lebzeiten für einen besonders befähigten Nachfolger räumten, selbst wenn er nicht ihrer Familie entstammte. Hinter solchen Passagen meint man geradezu, das Vöglein der Hoffnungen des Konfuzius schwirren zu hören, so bescheiden, abgeklärt und illusionslos er sich auch sonst geben mag als Ritter von der traurigen Gestalt einer untergegangenen, aristokratischen Welt. Es gibt im Lunyu aber auch Passagen, die ausgeprägtes Selbstbewußtsein und starken Geltungsdrang verraten, so, wenn Kong sich zutraut, das Reich der Zhou wieder aufleben zu lassen und sich in direkter Nachfolge der Glanzzeiten jener Dynastie sieht oder wenn er meint, einen Staat innerhalb kurzer Zeit durch sein Vorbild in Ordnung bringen zu können, wenn man ihn denn damit betraue.[18]

Konfuzius tritt uns im Lunyu als ausgesprochener Konservativer entgegen, dessen Maxime es war: »Gegen Handlungen, die bereits vollzogen sind, soll man keine Einwände erheben. Vergangenes soll man nicht tadeln.«[19] Vor allem auf diesen Satz des Kong beriefen sich übrigens die Kampagnen gegen Konfuzius sowohl -213 als auch während der Kulturrevolution: Konfuzius ging es mit diesem Satz weniger um die bloße Unterbindung eventuellen Tadels für die Vergangenheit, er wollte damit vor allem die alten Zeiten der Zhou und der legendären Herrscher zum sakrosankten Vorbild für die Gegenwärtigen erheben.

Aber Kongs Konzept einer Geschichte, die keine Entwicklung kennt außer der zurück zur Vergangenheit der frühen Zhou oder vorwärts in den Verfall, wurde Grundlage des einzigartigen Erfolges dieser Lehre unter der Früheren Han-Dynastie (-206 bis +23). Dieses Konzept war der Grundstein zur Heiligsprechung des Konfuzius, der posthum vom unbedeutenden Wanderlehrer unter vielen zum Idol des größten Teils der Gebildeten Chinas aufstieg, und das für mehr als zweitausend Jahre. Dieser Kult um ihn hatte zwar nichts direkt Religiöses an sich - er bildete keine Klöster und kein Mönchstum aus, aber immerhin wird er als »Ziviltheologie« bezeichnet. Dem Konfuzius wurde zwar von Beamten-Gelehrten wie einem persönlichen Vorfahren geopfert, und dieses Opfer wurde noch 1906 (!) in einem der letzten, absurd anmutenden Rettungsversuche der alten Monarchie dem für Himmel und Erde gleichgestellt. Aber er nahm keine göttlichen Züge an und wurde nicht für unsterblich erklärt. »Wer Geistern opfert, die nicht die seiner Ahnen sind«, heißt es warnend aus Kongs Mund im Lunyu, »ist ein Schmeichler«.[20]

V.

»Ich kannte die Weisheit Chinas gar nicht, sondern hatte von Natur aus eine Zuneigung zur Glückseligkeit des Menschengeschlechts, als ich - noch als ganz junger Mann - begann, über moralische Dinge sorgfältiger nachzudenken, und zwar nicht ganz ohne Geschick (Prahlerei sei meinen Worten fern!). ... Wenn mir aber auch die chinesischen Lehren, die mir ja unbekannt waren, nicht für meine Entdeckungen nützlich waren, so waren mir doch diese, die ich kraft meiner eigenen Erfindungsgabe erlangt hatte, nützlich, um die chinesischen Lehren tiefer zu erkennen.«[21] Der Professor Christian Wolff sollte 1721 noch seine ganz eigenen Erfahrungen mit chinesischem Denken machen, nachdem er seine Rede zur Abgabe des Prorektorates der Universität Halle der praktischen Philosophie der Chinesen gewidmet hatte. Und das hieß nach dem damaligen Forschungsstand, der sich auf Werke von Missionaren stützte: der Philosophie des Konfuzius.

Es mag heute erstaunen, welche Begeisterung in der gebildeten Welt der frühen Neuzeit und Aufklärung China erzeugte, nachdem an der Wende vom 16. zum 17. Jahrhundert der Strom der Informationen langsam breiter zu fließen begann, da sich Missionare und Kaufleute immer mehr auf diesen Landstrich stürzten. Man darf dabei nicht vergessen, welche Überraschung es für einen Missionar vor rund 400 Jahren bedeutet haben muß, auf ein Land zu treffen, in dem offensichtlich eine der europäischen vergleichbare Kultur und eine ebenso entwickelte Regierungsform existierten, und in dem man zudem auf eine mehrtausendjährige Geschichte zurückblickte, die alle christlichen Datierungsversuche in Sachen Sintflut über den Haufen warf. Es war selbst für ein christlich geschultes Auge nicht zu übersehen, daß man es hier nicht mit tierähnlich zu denkenden Heiden zu tun hatte, sondern mit gesitteten Menschen, die über ein eigenes, komplexes Weltbild verfügten. So schrieb ein Missionar 1581: »Sie haben keine Philosophie, verwenden aber Sätze und

Schlußfolgerungen, wie es ihr Verstand ihnen vorschreibt. Obwohl sie zu einem moralischen Leben gezwungen sind, haben sie keine Kenntnis von Gott, und das ist unentschuldbar.«[22] In China war man damals in religiösen Fragen anders als in Europa recht liberal, so daß sich den Missionierungsversuchen keine unüberwindlichen Hindernisse in den Weg stellten, nachdem man dazu übergegangen war, Chinesisch zu lernen, sich das Aussehen konfuzianischer Gelehrter zuzulegen und die klassischen Schriften als Grundlage chinesischer Bildung zu studieren.

Das europäische Chinabild, wie es Gelehrte aus den Missionarsberichten (die oft geschönt wurden, um sich Rom oder anderen missionierenden Orden gegenüber zu rechtfertigen oder Vorteile zu verschaffen) prägten, und wie es sich bei Wolff in recht reiner Form findet, läßt sich auf einige wesentliche Bestandteile reduzieren: In China kann man zwar denken, weiß aber nichts von Gott; Europa ist China in Fragen der Wissenschaften und Technik überlegen; China ist Europa in Fragen der politischen Ordnung und praktizierten Sittsamkeit deutlich voraus. Daß dabei natürlich viel Märchenhaftes im Spiel war und man in etlichen Punkten das (neo-) konfuzianische Selbstverständnis für bare Münze nahm, ist angesichts der Kommunikationsschwierigkeiten verständlich. Es mag bei diesen Idealisierungen auch eine Rolle gespielt haben, daß die damalige europäische Situation eher miserabel war und man durch eine Verherrlichung Chinas auch der eigenen Gesellschaft den Spiegel vorhalten wollte.

Wolff sah, wie das einleitende Zitat schon verriet, in Konfuzius vor allem einen Gesinnungsgenossen, den Lehrer seines Volkes, von dem es für das eigene Volk einiges zu lernen gäbe. Konfuzius als tugendhafter Gelehrter nimmt dabei die dominierende Rolle ein, weil er, nachdem das Land nach den legendären Herrschern rapide verfallen war, China wiederherstellte - das Selbstbild des Konfuzius klingt deutlich an, und Wolff bezeichnet ihn als ein Geschenk der göttlichen Vorsehung. Was Wolff aus des Konfuzius Schriften liest, ist vor allem Wolff; es geht ihm darum zu zeigen, daß die Einrichtungen der praktischen Philosophie Chinas nicht der Natur des menschlichen Geistes widersprechen. Es ist seiner Meinung nach den Chinesen gelungen, allein durch die Kräfte der Natur und ohne Kenntnis von Gott zur Erkenntnis von Gut und Böse zu gelangen, ein Punkt, der für Vertreter der Aufklärung wichtig sein mußte, die ihre bürgerlichen Gesellschaftsideale in den menschlichen Geist oder die Natur selbst zurückverlegten, nur um sie dort begeistert wiederzuentdecken. Daher eignet sich chinesisches Denken bestens als Beispiel für Wolff, bei dem Konfuzius' Philosophie der eigenen außer in religiösen Fragen immer ähnlicher wird. Kurz, alles Streben der alten Chinesen war auf die Vervollkommnung der Tugend ausgerichtet, in einer ersten Stufen lernten die Jüngeren in der Schule zu gehorchen, wurden mit Ehrfurcht vor den Eltern, Alten und Herren, mit Bescheidenheit und Demut bekannt gemacht. Aber da die chinesische Ausbildung auf die irdische Glückseligkeit, das tugendhafte Leben, die Unterscheidung von Gut und Böse abzielte, erhielt man in einer zweiten Ausbildungsstufe auch heilsame Regeln mitgeteilt, wie man sich und andere beherrschen könne und lernte die Gründe der Dinge kennen. Und genau diese vernünftige Basis tugendhaften Verhaltens und der Drang, Sittenlehren nicht nur mitzuteilen, sondern auch praktikabel zu machen und ein komplettes Sittensystem zu errichten, ist es, die Wolff sichtlich faszinieren. Er sieht sich mit Konfuzius einer Meinung, daß der freie Mensch nur dann auch gut handelt, wenn er auf der Basis von ethischen Kenntnissen gut handelt und ständig nach Vervollkommnung strebt. Hier ist zwischen Konfuzius und Wolff tatsächlich ein Schulterschluß möglich, und in einer Situation wie der Deutschlands im 18. Jahrhundert mußte ein Konfuziusbild, das derart von der geschichtlichen Situation und den politischen Zielen des Konfuzius absah, zum Schulterschluß einladen. So spielt denn Wolff auch geflissentlich herunter, daß bei Konfuzius weniger von Kenntnis von Gründen und rationalem Streben nach Tugend als vielmehr von Einübung der alten Umgangsformen die Rede ist.

Auf der anderen Seite sieht Wolff immer wieder die theologische Klippe, die es zu umschiffen gilt: in China hatte man im Altertum keinen richtigen Gott, und es ist sehr schwierig, Parallelen zu dieser Vorstellung zu finden. Wolff behilft sich mit einer Krücke, wenn er ausführt, die Chinesen seien insofern ein achtbares Volk, als sie Gott einfach nicht gekannt hätten, während andere, schändliche Völker Gott zu Götzen verwandelten.[23] Doch das half Wolff wenig: seine Gegner verdächtigten ihn schon länger des Atheismus und nützten die Gelegenheit dieser Rede, in der die Nichtgläubigen doch zu gut wegkamen, seinen sofortigen Hinauswurf aus Preußen zu bewirken, und zwar unter Androhung des Stranges.[24]

Nicht weniger enthusiastisch hatte sich Leibniz mit China befaßt, wenn auch etwas weniger eng auf das moralisch Vorbildhafte orientiert. Er sah die Pole der menschlichen Zivilisation an den beiden äußeren Enden des gemeinsamen Kontinentes: Europa und China, auch er bewunderte die angebliche Weisheit und Friedfertigkeit der Herrscher und Bevölkerung dieses Landes, aber er bemängelte deutlich die Zurückgebliebenheit in der Mathematik als Ursache zunehmender Rückständigkeit. Leibniz, der sich in mehreren hundert Briefen mit China beschäftigte, dachte weit über den üblichen Rahmen hinaus, er wollte keine Rechtfertigung dafür geben, daß auch Chinesen als kultivierte Menschen zu behandeln seien, sondern suchte nach Folgerungen aus der Berührung zweier Kulturen. Ihn interessierten Fragen wie die nach einem gemeinsamen Ursprung aller Sprachen, nach einem kulturüberspannenden Erfahrungsaustausch in einer weltweiten Gelehrtenrepublik, er beschäftigte sich unter dem Aspekt von Zahlensystemen mit dem Yijing und dachte darüber nach, ob der katholischen nicht eine protestantische Mission an die Seite zu stellen wäre. Aber immerhin wirft er ein, auch China könne Missionare schicken, um im moralisch verfallenen Europa vernunftgemäßes Leben und praktische Philosophie zu lehren. Leibniz gelingt es, seinen Blick über die Lichtgestalt Konfuzius auf Fragen seiner Zeit zu erweitern und den Kontakt mit China zu einem aktuellen Problem umzugestalten.[25]

Weniger optimistisch und enthusiastisch wird Montesquieu, wenn er im XIX. Buch seines Hauptwerkes immer wieder auf China zu sprechen kommt. Er ist stärker als ein Mathematiker und Philosoph wie Wolff an hehren moralischen Theorien interessiert, sondern sucht nach geschichtlichen Prinzipien, zu denen die historische Wirklichkeit nun einmal auf jeden Fall passen oder passend gemacht werden muß. Immerhin aber tritt er der Beschreibung Chinas als eines vortrefflich regierten Landes entgegen: auch dort diktiere vielmehr der Stock, der den Missionaren seiner Ansicht nach deshalb nicht auffällt, weil sie die Unterordnung unter den Willen eines einzelnen aus ihrem eigenen Orden gewohnt sind.[26] Bei Montesquieu gehen die Behauptungen über bestimmte Gepflogenheiten in den Weltgegenden je nach seinem momentanen Argumentationsbedarf gern wild durcheinander, so daß Widersprüche in seinem Werk nicht selten sind. Aber er sieht immer als Basis der chinesischen Gesellschaft das konfuzianische Ausbildungssystem und damit das ewige China: »Die Sinesischen Gesetzgeber gingen noch weiter. Religion, Gesetze, Sitten und Gebräuche begriffen sie zusammen. Alles dieses gehörte zur Moral, gehörte zur Tugend, und ward unter der allgemeinen Benennung der Riten begriffen. Die genaue Beobachtung dieser Riten war es, was die Sinesische Regierung so sehr von anderen auszeichnete. Man brachte seine ganze Jugendzeit damit zu, sie zu erlernen, und sein ganzes Leben, sie auszuüben. Die Gelehrten legten den Grund dazu durch Unterricht, die Obrigkeiten erinnerten daran, und da die Riten keine Handlung des Lebens, selbst nicht einmal die allergleichgültigsten, unberührt ließen, so war die Sinesische Regierung so lange gut bestellt, als über diese Riten genau gehalten ward.«[27] Daß sich diese Riten derart tief eingeprägt haben, liegt daran, daß sie tief bis ins Privatleben eindringen und schon von klein auf innerhalb der Familie gegenüber den Verwandten geübt werden; die Subordination hat das gesamte Leben in allen Bereichen durchdrungen. Montesquieu aber ist realistisch genug, dies nicht als einen Ausfluß natürlicher Vernunft, sondern als Zeichen eines despotischen Staatswesens zu betrachten. Unterhaltsam wird er allerdings, wenn er sich fragt, wie ein derart den guten Sitten verhaftetes Volk aus den »größten Betrügern unter der Sonne«[28] bestehen kann. Seine Antwort: da die Chinesen zum Fleiß angehalten und offene Diebstähle streng bestraft werden, müssen sie ihre Zuflucht zur List nehmen. Daß dieses Geschäftsgebaren allerdings von Kaufleuten beklagt wurde, die mit chinesischen Produkten mehr als 300% Profit machten und sich nicht gerade wie Gentlemen aufführten, vergißt Montesquieu zu erwähnen.

Und doch darf Montesquieu sich als wahrer Aufklärer fühlen, denn was die „Encyclopédie“ zu chinesischer Philosophie zu bieten hat, ist finsterstes Missionarsgarn. Den Chinesen vorzuwerfen, daß sie immer noch keine praktikable Sprache und Schrift entwickelt hätten, obwohl es ihnen als einem der ältesten Völker an Zeit dazu nicht gebrach, ist schon skurril. Sich aber an dieser Stelle darüber zu beklagen, daß chinesische Dramen schlecht seien, weil in ihnen das Leben der Personen viel zu ausführlich dargestellt werde - das dürfte wohl kaum Sache eines braven Paters oder jemandes, der bei einem solchen abschreibt, sein - bei derart schlüprigen Vergnügen hat ein gläubiger Europäer wirklich nichts verloren.

MO DI

Der Freund aller Menschen

(Motse, Mo Ti, Mo Zi, Me Ti)
Lebte zwischen -480 und -380, stammte wahrscheinlich, wie Konfuzius, aus dem Staate Lu

I.

War Konfuzius der hochgebildete, trübselig den guten alten Zeiten nachsinnende Mann, der sich den Staat wie die Familie als ein geschlossenes System hierarchischer Beziehungen, organisiert in einem komplexen Geflecht diffizilster Verhaltensformen, dachte, ist Mo Di deutlich bodenständiger und stellt die Welt vom Kopf wieder auf die Füße. Nicht, daß seine Analyse der Gegenwart - miese Regierung, Korruption und Elend allerorten - sich von der des Kong nennenswert unterschieden hätte. Aber die Vorstellung, das alles ließe sich durch Hochachtung, Ehrerbietung, die richtige moralische Einstellung und lebenslängliches Klassikerstudium regeln, schien ihm denn doch sichtlich zu artifiziell. Er warf die zentrale Frage, woher der Schlendrian komme und wer davon profitiere, im Vergleich zu Konfuzius recht unverhohlen auf und hatte vor allem konkretere Abhilfe anzubieten als moralische Rückbesinnung auf Werte des Bildungsadels der frühen Zhou. Sein revolutionärer Vorschlag war es, einfach wieder dem Weg des Himmels zu folgen.

Ein wenig überraschend, denn schließlich wurde davon in China bereits seit der Zeit der vorkonfuzianischen Klassiker gesprochen. Seit Jahrhunderten behauptete man von sich, dem Himmel treu zu folgen, und von anderen, dies mutwillig und aus moralischer Verkommenheit unterlassen zu haben - ohne daß diese Debatten auch nur im geringsten zur Veränderung der Lage beigetragen hätten. Aber Mo Di verstand es, diesem Argument einige neue, virtuos gehandhabte Aspekte abzugewinnen. Nicht weniger alt-neu ist auch sein anderes Vorbild, dem nachzueifern er anrät: Die Kaiser Yao, Shun usw., also die legendären Kulturheroen, die bereits seit Jahrhunderten gepriesen wurden.

Das Perfide an seiner gegen konfuzianische Vorstellungen, wenn nicht sogar gegen Konfuzius persönlich gerichteten Kritik: auch er beruft sich auf alte Vorbilder, greift aber noch viel weiter als Konfuzius gleich direkt aufs beinahe Goldene Zeitalter zurück und schlägt die Lehre des Konfuzius damit auf ihrem ureigensten Gebiet, der Berufung auf die vorbildliche Vergangenheit. »Je (angeblich) älter, desto richtiger« scheint eine in China weithin akzeptierte Devise gewesen zu sein, der auch Mo Di sich intuitiv anschloß. Mit dieser

Auswahl seiner Vorbilder verfolgte Mo Di aber auch einige inhaltliche Vorstellungen von Lebens- und Herrschaftsformen, die seine starke historische Orientierung erkennen lassen. Er hatte tatsächlich ein Bild von einer sich seit den alten Tagen ändernden Geschichte, bei ihm wird ein Bild von den legendären Herrschern lebendig, während es bei Konfuzius recht schemenhaft ausfällt. Daß diese Geschichte nach Mo Di von zunehmendem sittlichem und staatlichem Verfall geprägt war, ist schon ganz selbstverständlich. Interessant ist, daß man bei seiner Darstellung des Altertums den Eindruck gewinnen kann, die zunehmende Entfaltung eines organisierten Staatswesens mit immer ausgeprägteren, das Leben der Menschen immer weiter organisierenden Hierarchien sei am Verfall nicht ganz unschuldig, die zunehmende Reglementierung des menschlichen Lebens sei die Wurzel des Übels. Aber keine Hoffnung, dieser erste Eindruck ist zwar nicht ganz falsch, Mo Di aber liegen anarchistische Vorstellungen ziemlich fern.

Ob Mo Di nun die Lehre des Konfuzius selbst durch die Vermittlung von dessen Schülern oder Enkelschülern gekannt hat, da er etwa zur Zeit von Kongs Tod im selben Staat, in dem jener geboren und gestorben war, zur Welt kam , ob er also Konfuzius selbst angreift, oder ob er nur gegen konfuzianische Vorstellungen, die im Adel und bei den Gelehrten ohnehin zu seiner Zeit in dieser Gegend virulent waren, anging, ist nicht endgültig geklärt. Mo Di wurde jedenfalls bald als Kritiker des Konfuzius begriffen, als solcher verdammt und schließlich auch nach der Büchervernichtung bis ins letzte (+19.) Jahrhundert hinein, als er nicht nur in China etwas voreilig als Kämpfer gegen den Feudalismus, früher Sozialist und überraschenderweise auch Christ wiederauferstand, vergessen.

Liest man Mo Di, fällt einem ziemlich bald eines auf: vieles in diesem Buch wird gleich dreimal gesagt, ohne daß das zweite und dritte Mal nennenswerte Erweiterungen des Themas brächten. So gibt es gleich drei einander nicht wesentlich fortführende Kapitel über den Willen des Himmels, gegen Fatalismus, über allgemeine Menschenliebe usw.. Das ist nicht etwa darauf zurückzuführen, daß man es bei Mo Di mit einem besonders innig Zeichen schindenden Berufsliteraten zu tun gehabt hätte, der nach der Menge seiner Hervorbringungen bezahlt worden wäre. Vielmehr bildeten sich unter seinen Schülern und Nachfolgern regelrechte Gemeinschaften mit straffer Organisation, die sich untereinander, wie es sich für treue Jünger gehört, als Häretiker beschimpften. Es ist hinsichtlich der Wiederholungen in diesem Werk möglich, daß hier die verschiedenen Lesarten dieser Schulen in einer Publikation nebeneinander gestellt wurden - diese drei Versionen unterscheiden sich allerdings so unwesentlich, daß nicht ganz klar ist, wie darüber Streit entstanden sein sollte; vielleicht handelt es sich aber auch tatsächlich um Wiederholungen, um eine größere didaktische Wirkung zu erzielen oder die üblichen

Manipulationen wohlmeinender Herausgeber, Editoren etc.. Wie auch immer, diese Einteilung des Buches, das in den zentralen Kapiteln auf die Zeit um -400 zurückgehen dürfte, die Lehren Mos also wahrscheinlich recht authentisch überliefert, macht die Lektüre weder wesentlich komplizierter noch erheblich spannender. Dem Buch angefügt sind einige spätere militärtechnische Kapitel und solche zu sprachphilosophischen Fragen, die hier aber außer Acht gelassen werden sollen.[1]

II.

Mo Di beweist einen ausgeprägten Sinn für Geschichte und argumentiert gern mit seinen Abstraktionen vorhistorischer Zeiten. Er sieht hinter allen Problemen einen prinzipiellen Unterschied zwischen dem Menschen und der restlichen belebten Natur als Grundlage jeder menschlichen Gesellschaft überhaupt: den der Arbeit. Arbeit nicht verstanden als die sprachliche Tätigkeit des Denkers, als Arbeit des Philosophen am Begriff, sondern die ganz »normale« Arbeit, die notwendig ist, um das Überleben einzelner und der Gesellschaft sicherzustellen. Und das hieß zu seiner Zeit natürlich vor allem: Landwirtschaft und handwerkliche Verrichtungen. Für Mo Di ist Arbeit, die für Konfuzius keine erwähnenswerte Rolle spielt, immer ein zentraler Punkt hinter allen seinen Betrachtungen, er verachtet Arbeit und die, die sie tun, nicht, sondern bemüht sich darum, die Rolle dieser breiten Bevölkerungsmehrheit, deren Los ja vor allem im Shijing schon sehr deutlich wurde, aufzuwerten und überhaupt zum ersten Mal in den Mittelpunkt der Reflektion zu rücken - dadurch wird sein Menschen- und Gesellschaftsbild deutlich konkreter als etwa das des Lunyu. »Die Menschen sind grundsätzlich verschieden von Tieren, Vögeln und Insekten. Diese benutzen ihre Federn und ihr Fell als Kleider und Pelze, ihre Hufe und Klauen als Beinkleider und Schuhe und Wasser und Gras als Getränk und Speise. Deshalb brauchen bei ihnen die Männer nicht zu pflügen, zu säen und zu pflanzen und die Frauen nicht zu spinnen und zu weben, denn Kleidung und Nahrung sind für sie bereits vorhanden. Doch der Mensch ist von diesen verschieden. Er muß seine Kraft anstrengen, um zu leben, und wenn er seine Kraft nicht einsetzt, wird er nicht leben. Und wenn der Edle sich nicht um die Regierungsangelegenheiten müht, dann geraten Rechtspflege und Verwaltung in Unordnung. Wenn sich die einfachen Leute in der Verrichtung ihrer Geschäfte nicht abmühen, dann werden die Mittel und Güter nicht ausreichen.«[2] Die zentrale Rolle der Arbeit bei der Ermöglichung menschlichen Lebens und die Behandlung jener, die den größten Teil dieser Arbeit verrichteten, mußte Mo Di dann zwangsläufig auch zu seiner Kritik an den Praktiken der Herrschenden seiner Zeit führen.

Hobbes stellt im +17. Jahrhundert das ursprüngliche menschliche Zusammenleben im vorgesellschaftlichen Zustand als erbarmungswürdig dar: Der Krieg aller gegen alle macht das Leben zur Hölle und beraubt die Menschen des Genusses ihrer natürlichen Freiheit und Rechte. Jeder fürchtet den anderen, der ihn jederzeit angreifen und töten kann, um sich seinen Besitz anzueignen, jeder strebt nach Selbsterhaltung ohne Rücksicht auf die Erhaltung anderer. »Sooft daher zwei ein und dasselbe wünschen, dessen sie aber beide nicht zugleich teilhaftig werden können, so wird einer des andern Feind, und um das gesetzte Ziel, welches mit der Selbsterhaltung immer verbunden ist, zu erreichen, werden beide danach trachten, sich den andern entweder unterwürfig zu machen oder ihn zu töten. ... Hieraus ergibt sich, daß ohne eine einschränkende Macht der Zustand der Menschen ein solcher sei, ... nämlich ein Krieg aller gegen alle ...; ein tausendfaches Elend; Furcht, gemordet zu werden, stündliche Gefahr, ein einsames, kümmerliches, rohes und kurz dauerndes Leben.«[3] Daß dieser Hobbessche Urzustand weniger von »natürlichen« Menschen bevölkert wird als vielmehr von solchen, die durchaus unnatürlich klare Vorstellungen von Privateigentum, individuellem Grundbesitz usw. haben und sich etwa so verhalten wie durchaus zivilisierte Bürger, wenn plötzlich die Staatsgewalt wegfällt und die Welt sich ihnen als unbewachter Supermarkt darbietet - daß hier der erste, reflexartige Gedanke bei Eigentum also der ist, daß es einem geraubt werden oder daß man selbst es durch Raub, Mord und Totschlag vermehren könnte - mag eine bezeichnende Besonderheit europäischer Denker der langsam heraufdämmernden bürgerlichen Gesellschaft mit ihren Vorstellungen von einem Individuum und seinem Besitz sein.

Wie die Frühzeit des Menschen auch ausgesehen haben mag, als einträchtiges Paradies weniger, einander hilfreich zur Seite stehender, in Familien oder Stämmen organisierter Wesen oder als unentwegtes Gemetzel, bei dem jeder nach Kräften den anderen ins Jenseits oder sonstwohin zu befördern trachtete: Schon Mo Di geht jedenfalls, der Tradition folgend, in die Zeit vor der Staatenbildung zurück und beschreibt sie als bluttriefendes Chaos. Offensichtlich ist es seit frühester Zeit für an Herrschaft gewöhnte Menschen, sei es in Europa oder China, undenkbar, die Welt könne ohne Knute, irgendeine Form von staatlicher Ordnung oder Gewalt also, die sie daran hindert, ihrem Nächsten den Schädel einzuschlagen, existieren oder anders denn als Gemetzel existiert haben. »Als im hohen Altertum die Menschen zuerst auftraten und noch keine Rechtsprechung und keine Regierung hatten, da hatte, wenn sie sich äußerten, jeder eine andere Meinung. So hatten ein Mann eine Meinung, zwei Leute zwei und zehn Leute zehn Ansichten. Und je mehr Menschen es gab, desto mehr geäußerte Ansichten gab es. Und jeder hielt seine eigene Ansicht für richtig und die Ansichten aller anderen hielt er für falsch, so daß sie sich alle untereinander bekämpften. Infolgedessen stritten sich innerhalb der Familien Väter und Söhne, ältere und jüngere Brüder miteinander, und sie gingen auseinander, unfähig, sich wieder friedlich zu einigen. Und mit Wasser, Feuer und Gift schadeten sie sich gegenseitig. Trotz überschüssiger Kräfte kam man den Bedrängten nicht zu Hilfe, und überschüssige Vorräte verfaulten und verrotteten, statt daß sie ausgeteilt wurden, und man verbarg gute Lehren und teilte sie anderen nicht mit, und das Chaos auf der Welt war so, als wäre sie nur von wilden Tieren bewohnt. Jedem, der die Gründe für das Chaos in der Welt untersuchte, wurde klar, daß sie im Fehlen von Führern lagen.«[4] Mo Di zeichnet die vorstaatliche Welt kaum anders als Hobbes, auch wenn er weniger gegenseitigen Raub als vielmehr in vornehmer Zurückhaltung Meinungsverschiedenheiten - worüber, läßt er offen - als Ursache der Querelen anführt.

Hobbes wie Mo Di legen ein denkbar skeptisches Bild menschlichen Zusammenlebens zugrunde: der Mensch ist von Natur aus gegen seinesgleichen mordlüstern und muß durch geeignete Herrschaftsformen davon abgehalten werden, diesem Drang nachzukommen. Damit ist jedenfalls irgendeine Art von Herrschaft als Schutz von einzelnen oder Gruppen legitimiert. Die Idee, diese Mordlust könne ein Produkt eben solcher staatlichen Gewalt sein, wird gar nicht erst in Betracht gezogen oder schnell verworfen. Das Problem beginnt dort, wo auch der Herrscher ein ruhm- und besitzgieriger Mensch ist und offensichtlich noch anderen Menschen gegenüber im vorgesellschaftlichen Zustand lebt, weil er außerhalb des Gesetzes steht oder sich außerhalb der Ordnung stellt. Wollte man in dieser Richtung fortfahren, würde man den Text von Mo Di aber über Gebühr strapazieren: Mo Di schreibt anders als Hobbes keine systematische Abhandlung über den Ursprung und die Rechtfertigung staatlicher Gewalt, sondern sucht im vorgegebenen, historischen Erfahrungsrahmen einander bekämpfender Staaten mit absoluten Herrschern nach innerstaatlichen Reformen und zwischenstaatlichen Vorsichtsmaßnahmen. Denn eines war auch allen Vertretern der These von der Legitimität der Herrschaft als Schutz vor dem Mit- oder Nebenmenschen klar: Weniger Tote als im fiktiven Urzustand gab es durch die Einführung von hierarchischen Staatswesen mit umfassend mächtigen Herrschern augenscheinlich nicht. Nur daß der Kriegszustand jetzt nicht mehr permanent herrschte und man vor seinem direkten Nachbarn auf der Hut sein mußte - jetzt galt es, sich mit den Angehörigen seines Staates auf gemeinsame Brandschatzungs- und Mordtour in andere Staatsgebilde zu verfügen und sich der Schandtaten seines eigenen Herrschers nach Kräften zu erwehren.

Das Motiv des »homo homini lupus«, des Menschen, der sich anderen Menschen gegenüber als Wolf verhält, tritt auch bei Mo Di im Vergleich mit der Tierwelt deutlich hervor. Ein interessantes Detail ist hier, daß Mo Di bis zu dem Zeitpunkt zurückgeht, als der Mensch vom Himmel erschaffen wurde - er denkt sich also die Welt in ihrem heutigen Zustand nicht als unendlich weit in die Vergangenheit zurückreichend, sondern als irgendwann entstanden. Nicht ganz klar bleibt bei Mo Di allerdings, ob es sich bei der Einsetzung eines Himmelssohnes um einen Akt der Menschen handelte, oder ob der Himmel einen Herrscher einsetzte, um Ordnung in die Welt zu bringen. Es spricht eigentlich alles für die letzte These: der Himmel, auch bei diesem Denker oberste Instanz alles sozialen wie natürlichen Geschehens, wünschte, daß die Menschen seinem Weg folgten, und setzte darum einen Herrscher ein; Mo Di eine frühe Version von Gesellschaftsvertrag zu unterstellen, in dem die Individuen sich eine staatliche Ordnung gegeben hätten, wie es der Text in zwei Versionen anscheinend auch zuläßt, wäre wohl zu weit hergeholt.[5] Daß der Tugendhafteste unter den Menschen diesen Posten erhielt, war selbstverständlich. Da ein Mensch allein nicht den gesamten Staat regieren kann, bildete dieser Herrscher dann nach seiner Ernennung unter sich eine Hierarchie von jeweils dem Nächsthöheren verantwortlichen Ministern, Lehensfürsten, Beamten, Familienältesten usw..

Das Leben im Altertum war nach Mo Dis Ansicht karg, aber durch die staatlichen Einrichtungen und vor allem die persönlichen Leistungen des Herrschers, der sich wie ein Vater um sein Volk kümmerte, erträglich. Die Lehren Mo Dis sind nicht unter einem genetischen Aspekt entwickelt, er versucht sich nicht wie Hobbes an einer methodischen Herleitung des Staates aus der psychophysischen Beschaffenheit des Menschen oder an einer systematischen Genese der Gesellschaft - seine Vorstellung von der Historie taucht in anderen Argumentationszusammenhängen auf und dient als manchmal ein wenig gesuchte Begründung für verschiedene Reformvorschläge zu seiner Zeit. Nicht anders übrigens, als es politische Theoretiker in Europa auch hielten.

Mo Dis Vorstellungen werden zwar nicht systematisch entwickelt, ergeben aber ein ziemlich stimmiges Bild. »In ältester Zeit, als das Volk noch nicht wußte, Häuser zu bauen, stieg man auf Hügel und Anhöhen und lebte dort, oder man wohnte in Höhlen. Da die Feuchtigkeit des Untergrundes dem Volk abträglich war, ließen die heiligen Könige Häuser bauen. Die Bauweise dieser Häuser war folgendermaßen: Die Bodenhöhe reichte gerade aus, die Feuchtigkeit abzuhalten, die Seitenwände schützten vor Wind und Kälte, das Dach hielt Schnee, Reif, Regen und Tau auf, und die Höhe der Innenwände war gerade hinreichend, um Männer und Frauen der Sittlichkeit entsprechend voneinander zu trennen. Und damit begnügte man sich. ... Die heiligen Könige [haben] Häuser bauen lassen, um das Leben angenehm zu machen, nicht um sich an dem Anblick der Bauten zu ergötzen; und sie ließen die Leute Kleider, Gürtel und Schuhwerk tragen als Annehmlichkeit für den Leib und nicht als Extravaganzen. ... Als das Volk in ältester Zeit noch nicht

Kleider zu fertigen wußte, hüllte man sich in Häute und gürtete sich mit Seilen aus Grasfasern, was im Winter nicht leicht und warm und im Sommer nicht leicht und kühl war. Die heiligen Könige hielten das nicht für den menschlichen Bedürfnissen entsprechend, und so unterwiesen sie die Frauen im Spinnen von Seide und Hanf und im Weben von Stoffen, um Kleider für das Volk zu fertigen. Die Machart der Kleider war so, daß man für den Winter solche aus weicher Seide machte, die sowohl leicht als auch warm war, und für den Sommer solche aus Grasleinen, das sowohl leicht als auch kühl war. Damit hatte es aber auch sein Bewenden. So machten die Weisen Kleidung, die dem Körper angemessen und für die Haut verträglich war, und dabei beließen sie es. ... In frühester Zeit, als die Leute noch nicht Nahrungsmittel und Getränke zu produzieren wußten, aßen sie nur vegetarisch und wohnten getrennt. Erst die Heiligen unterwiesen die Männer im Pflügen, Ernten und Pflanzen, um dadurch die Bevölkerung zu ernähren. Und die Nahrungsmittel reichten aus, die Lebensgeister zu mehren, die Leere zu füllen, den Körper zu stärken und den Magen zu befriedigen. Sie selbst waren sparsam im Verbrauch und mäßig in der Ernährung. Das Volk war wohlhabend und der Staat geordnet.«[6]

III.

Ganz anders stellt Mo Di die Regierungspraktiken seiner Epoche dar. Auch er lebte in der Zeit, in der unter der faktisch machtlosen Dynastie der Zhou die Fürsten von Einzelstaaten sich gegenseitig und in wechselnden Konstellationen bekriegten, wobei jeder im Grunde seines Herzens hoffte, irgendwann Herrscher über das gesamte Gebiet zu werden, was schließlich erst rund 200 Jahre später dem Herrscher von Qin gelang. Die Tendenz dieser Duodezfürsten allerdings, sich mit aller Prachtentfaltung selbst zu feiern, weicht deutlich vom maßgeblichen Weg der legendären Herrscher ab. Mo Di ist kein Moralist, der glaubt, durch die richtige innere Einstellung werde sich schon alles regeln. - Er bringt einen anderen Aspekt ins Spiel: den der Nützlichkeit. Und dieses Kriterium für die Beurteilung der Einrichtung eines Staatswesens ist es, das er aus dem wohlgeordneten Altertum ableitet: beim Einrichten der Häuser, bei der Herstellung von Kleidung usw. ging es darum, die Bedürfnisse aller Menschen hinreichend zu befriedigen, das heißt im wesentlichen, dem Volk das schlichte physische Überleben, das weder unter den legendären Herrschern noch zu Mo Dis Zeiten eine Selbstverständlichkeit war, zu ermöglichen. Mo Di stellte tatsächlich das halbwegs erträgliche Überleben der Masse des Volkes in den Mittelpunkt seiner Überlegungen - die Bauern, ergo das gemeine Volk, wollte er vor Verhungern, Erfrieren und Überschwemmungen sichern, um einmal die Hauptursache von Massensterben zu betrachten; Seuchen spielen als unabänderliche Übel oder himmlische Ermahnungen an den Herrscher keine große Rolle. Das hört sich banal an, ist es aber nicht, wenn man bedenkt, daß in Europa noch in der Mitte des letzten Jahrhunderts Hungerjahre an der Tagesordnung waren und daß noch der Dreißigjährige Krieg in den betroffenen Gebieten zu einem Bevölkerungsschwund von zwei Dritteln führte, und das weniger durch direkte militärische Einwirkung, sondern durch die Vernichtung der agrarischen Infrastruktur.

Mo Di geht nicht soweit, die Berechtigung eines Staatswesens und des Herrschers an seiner Spitze überhaupt an diesen Punkt zu binden und jede Herrschaft für unberechtigt zu erklären, wenn sie diese Aufgabe nicht erfüllte. Herrscher bleiben weiterhin vom Himmel eingesetzt. Aber sie wurden nach seiner Ansicht zum Herrscher gemacht, um just das Wohl des ganzen Volkes (und nicht nur sein eigenes und das der mit ihm verbündeten Cliquen) zu sichern. Dem Herrscher wird eine ganz praktische Funktion und Aufgabe zugewiesen, er ist zwar weiterhin der Himmelssohn, aber in seiner Tätigkeit vor allem dem Volk verpflichtet. Mo Dis Position gewinnt an Schärfe, wenn man sie mit der des Konfuzius vergleicht, der zwar als Kennzeichen einer guten Regierung Ernährung des Volkes, Verteidigungsfähigkeit des Staates gegen Angriffe von außen und Vertrauen des Volkes in die Regierung ansah, aber nicht der Ernährung die höchste Priorität einräumte, sondern dem Vertrauen in die Regierung, den Bestand eines Staatswesens also über das Überleben seiner Untertanen setzte.[7] Nicht ganz klar wird dabei aber, wie Konfuzius sich wohl das Überleben eines Staates, der vom Vertrauen seiner toten Untertanen getragen wird, vorstellte. Das beiseite.

Mo Di sieht den krassen Gegensatz der Lebens- und Amtsführung der heutigen herrschenden Klasse zu der des Altertums, das er sich auch hier nach seinen Bedürfnissen zurechtgeschnitzt hat, als eine der Hauptursachen für die Übel seiner Zeit. Das nicht etwa deshalb, weil den Alten blind zu folgen sei, sondern weil sie noch das Wohl des Volkes im Auge gehabt hätten; Mo Di ist kein blinder Konservativer, sondern setzt seine Konstruktion der Vergangenheit als Argument für durchaus aktuelle Forderungen ein. Interessant, daß auch Mo Di schon mit der Bevölkerungsentwicklung argumentierte, die für ihn ein sicherer Indikator für Mißregierung ist. Die Debatte um die Bevölkerungszahl, die seit den Berichten des »Club of Rome« eine neue Richtung erhalten hat, wurde auch in Europa im +18. und frühen +19 Jahrhundert heftig geführt, wobei damals eine möglichst große Bevölkerungszahl als erstrebenswert galt.

Mo Di sieht in der Bevölkerungszahl den Erfahrungen seiner Zeit entsprechend den Gradmesser für das Wohlergehen der Menschen: »Wenn ein Weiser die Regierungsgeschäfte führt, wird er beim Erlassen von Gesetzen, beim

Beginnen von Vorhaben, bei der Einstellung der Leute und bei der Verwendung von Gütern nichts tun, was keinen Nutzen mit sich bringt. Infolgedessen werden keine Güter vergeudet, die Kraft des Volkes wird nicht geschwächt ...«[8] Die aber heute »... die Regierung im Reiche ausüben, vermindern auf mannigfache Weise die Bevölkerung. Sie lassen das Volk bis zur Erschöpfung arbeiten und erheben von ihm hohe Steuern; und die Vorräte des Volkes reichen nicht aus, so daß unzählige Menschen an Kälte und Hunger zugrunde gehen. Außerdem denken die Oberen nur daran, Armeen aufzustellen und benachbarte Staaten anzugreifen; solche Kriegszüge dauern Jahre oder doch zumindest Monate. Männer und Frauen können einander für diese Zeit nicht treffen. Und dies trägt dazu bei, die Bevölkerung zu vermindern. In den Siedlungen herrscht Friedlosigkeit, und groß ist die Zahl derer, die nicht regelmäßig zu essen bekommen und dadurch krank werden und sterben. Groß ist auch die Zahl derer, die durch Hinterhalte, Feuerangriffe und Angriffe gegen Städte oder bei offenen Feldschlachten ihr Leben verlieren. ... Daher sagte Meister Mo Ti: Unnütze Ausgaben zu unterlassen ist der Weg der vorbildlichen Könige und ist von großem Nutzen für das Reich.«[9]

Es ist erstaunlich, daß sich diese Argumente fast wortwörtlich in der »Enzyklopädie« wiederfinden. Es zeigt sich aber ein kleiner Bedeutungsunterschied: in der Aufklärung wurden Völker und Individuen bereits als politische Subjekte begriffen, die unabhängig von Herrschern eigene Interessen verfolgen und diese Herrscher stützen oder ihnen ihre Unterstützung wieder entziehen können - letzteres war für Mo Di noch undenkbar, weshalb er auf eine Reform von oben setzt. Die Gesellschaft der Aufklärer erscheint als weniger monolithisch als die Mo Dis, Völker treten in diesem moderneren Bewußtsein als autonom Handelnde auf. Eine Überlegung, die für China damals sowieso ungewöhnlich gewesen wäre, denn bis auf einige Barbarenstämme an den Randgebieten, die man ebenso verachtete wie aufgrund ihrer militärischen Mobilität auch zu fürchten lernte, begriffen die alten Chinesen ihr Land trotz seiner Zersplitterung eher noch als das einzige Land auf der Welt, den Mittelpunkt der Erde und sich als die einzigen Menschen. Auffällig auch, wieviel stärker selbst gegenüber dem auf Nutzen bedachten Mo Di in der »Enzyklopädie« das Bild des finanziellen Abwägens, des geradezu kaufmännischen Berechnens von Politik in den Vordergrund tritt: »Die Abgaben müssen sich immer nach den Möglichkeiten der Völker richten. ... die Bedürfnisse des Staates können nur die der Völker sein ... . Wenn die Völker nicht in der Lage sind, Ausgaben zu bestreiten, werden sie keinen Krieg führen. Sie werden sich damit begnügen, die baufälligen Häuser wieder instand zu setzen, und werden keine stolzen Bauten errichten, wenn sie sich dadurch selbst zugrunde richten. Sie werden nicht die Lasterhaftigkeit und die Verweichlichung jener Unmenge von verächtlichen und prunkliebenden Höflingen bezahlen. Schließlich werden sie alle jene Bedürfnisquellen beseitigen, die - um das noch einmal zu betonen - nicht die des Staates sind. Wenn die Bedürfnisse des Staates zugleich diejenigen der Völker sind, dann werden sie die notwendigen Steuern entrichten, diese werden mäßig sein, der Staat wird mächtig sein, Landwirtschaft und Handel werden blühen, und die Menschen werden zahlreich sein, weil sie sich immer im Verhältnis zu dem Wohlstand vermehren, dessen sie sich erfreuen.«[10] In dieser Terminologie wäre es das Auseinanderklaffen der Bedürfnisse der mit dem Staat gleichzusetzenden Klasse der Herrschenden und den Bedürfnissen der Gesellschaft, die Mo Di beklagt.

Der Luxus der Fürsten ist eine Hauptursache für das Elend, er führt demnach direkt zur Ausblutung des Volkes. Mo Di fordert allerdings nicht gleiche Besitzverhältnisse für alle und die Aufhebung von Standesunterschieden, es geht ihm darum, das vorhandene System zu reformieren und zu humanisieren, so daß der Lebenswandel der Herrschenden nicht zum Verhungern des Volkes führt: »Kaltblütig nehmen sie dem Volk die Mittel für Kleidung und Nahrung, die sie für Brokate und Stickereien ... verwenden. ... Frauen haben Stickereien und Männer Stoffe mit eingewebten Figuren zu verfertigen, in welche der Leib gehüllt wird. Man kann nicht sagen, daß dadurch das Gefühl der Wärme erhöht wird, sondern dadurch werden nur Mittel verschwendet und Arbeitskraft vergeudet, und zwar für ganz und gar unnützes. Schaut man diese Dinge einmal an, so sieht man, daß sie die Kleider nicht für die Körper gemacht haben, sondern um die Augen zu erfreuen. ... Man treibt großen Aufwand und erhebt dafür Abgaben vom Volk, um erlesene Speisen zu bereiten. Man mästet Hunde und Schweine, und Fische und Schildkröten werden gesotten und gebraten ... und die feinen Speisen bedecken eine Fläche von zehn Fuß im Geviert. Wenn der Fürst derart aufwendig speist und trinkt, ahmen ihn die anderen in seiner Umgebung nach. Dann werden die Reichen und Ehrbaren verschwenderisch und extravagant, während Witwen und Waisen frieren und darben. Selbst wenn man da noch so sehr wünscht, daß es keine Aufstände gebe, wird man sie nicht vermeiden können.«[11] Mo Di formuliert unüberhörbar die nackte Ausplünderung des Volkes durch seine Beherrscher als Ursache des Elends, und das nicht, weil sie unmoralisch sei und dem Benehmen eines Fürsten nicht würdig, sondern weil sie zu Hunger und Tod führe. Dem des Volkes wohlgemerkt. Er spricht den Betroffenen zwar kein ausdrückliches Widerstandsrecht zu, droht aber indirekt immer wieder mit Aufständen und ihren verhängnisvollen Folgen für die Machthaber.

IV.

Mo Dis Abneigung gegen jede Verschwendung beschränkt sich aber nicht auf luxuriöse Kleidung, Prunkbauten usw., sein Prinzip der Ausrichtung an der Nützlichkeit setzt er konsequent auch zur Beurteilung der Begräbnisriten ein, ja, er geht sogar so weit, die Musik zu verdammen. Nun mag man im ersten Augenblick an calvinistische Eiferei denken oder gar an Tänze wie die Sarabande, die als erotischer Tanz zeitweise verboten war, ehe sie, in langsamerer Form hoffähig gemacht, im 18. Jahrhundert Europa dann doch noch eroberte[12] - aber Mo Di ist kein religiöser Eiferer, der Rocksäume nachmißt, um das Seelenheil vor Gefahr zu bewahren. »Deshalb verurteilte Meister Mo Ti die Musik nicht, weil ihm der Klang der großen Glocken, der donnernden Trommeln, der Saiteninstrumente und Flöten nicht gefiele ... doch untersucht man es, so hat dies nichts mit den Gewohnheiten der heiligen Könige zu tun, und betrachtet man es, so dient dies nicht dem Nutzen des Volkes. Daher sagte Meister Mo Ti: Musik zu machen ist schlecht.«[13] Natürlich hätten auch die Könige des Altertums hohe Abgaben vom Volk erhoben, dies aber, um Boote und Wagen zum Nutzen aller zu bauen. Die heutigen Herrscher hingegen sähen in der Musik zwar keine Hauptaufgabe des Staates, müßten dafür aber doch immense Summen ausgeben, die das Volk aufzubringen habe. Musikinstrumente seien auch nicht geeignet, die Ordnung in der Welt wiederherzustellen und Unheil von einem Staat abzuwenden, sie entzögen die Musiker sinnvollen Aufgaben, und Musik lenke den Hofstaat von seinen Amtsgeschäften ab. Auffällig an dem Kapitel gegen die Musik ist aber, daß Mo Di nur die Musik am Hofe stellvertretend für jede Form höfischer Verschwendung angreift. Es geht ihm eben nicht darum, aus irgendwelchen moralischen Posen heraus die Leute am Singen zu hindern.

Es ist ganz unterhaltsam, Mo Dis Position zur Verschwendung der Ressourcen eines Landes durch die Prunkentfaltung der Herrschenden einmal mit späteren europäischen Meinungen zum etwas anders gelagerten Problem des Luxus zu vergleichen. Dabei darf natürlich keinesfalls übersehen werden, daß die gesellschaftliche Situation in Frankreich und England etwa im 18. Jahrhundert vor der Französischen Revolution eine etwas andere war als in China zu Mo Dis Zeiten. Im Hintergrund der Frage, ob Verschwendung angesichts der Not des Volkes irgendwie zu rechtfertigen sei, standen vor allem zwei andere Probleme: das gerechter Besitzverhältnisse (an dem man damals noch nicht so heftig zu rühren pflegte) und der Komplex der Fragen nach dem gesamtwirtschaftlichen Nutzen (also auch dem für die Armen), der moralischen Bewertung usw.. Dieser Aspekt ist ein noch aus dem Geschichts- und Lateinunterricht vertrauter Topos: Rom, das an seinem Luxus zugrundeging, wobei vor dem erhitzten Knaben das Bild unvorstellbarer Ausschweifungen aufstieg - das ganze römische Reich als eine einzige Orgienwiese. Und auf der anderen Seite Germanen, Franken und Goten, die sich ihre Ursprünglichkeit bewahrten und stattdessen auf all den Fummel verzichteten und die Herrschaft über Westeuropa anstrebten, die ihnen dank heiterer und ehrenvoller Selbstaufopferung schließlich auch zuteil wurde, während der Römer schließlich zum Gastarbeiter degradiert wurde: Verweichlichung als Strafe für üppigen Lebenswandel und Knechtung als folgerichtiges Ergebnis des luxuriösen Lebens. Es gibt aber natürlich auch einige ernstzunehmende Positionen.

Luxus hat in der Debatte seit der frühen Neuzeit in Europa einen etwas anderen Hintergrund als in den Phantasien von kolonialer Größe träumender Schulmeister: es geht den Autoren weniger um die Verschwendung am Hofe im Kontrast zur Armut der Landbevölkerung als vielmehr um den Wohlstand der bessergestellten städtischen Schichten, des Bürgertums und Adels - Luxus erscheint als fast ausschließlich städtisches Phänomen. Abgesehen von der Grundeinstellung, daß Luxus immer der Wohlstand des anderen sei, ist eigentlich keiner der Beteiligten so ganz in der Lage anzugeben, worum es dabei überhaupt geht: Luxus ist ein relatives Phänomen, jeweils am ökonomischen Entwicklungsstand einer Gesellschaft zu messen; ist in einem Land der Dritten Welt ein kleines Fernsehgerät ein Luxus, gilt es in der Ersten Welt als persönliche Demütigung. Mo Di recht nahe, aber einen Schritt weiter in der direkten Rückführung auf die Gleichheit oder Ungleichheit des Besitzes ist Montesquieu: »Luxus und Ungleichheit stehen zueinander durchweg in einem Verhältnis. Sind in einem Staat die Reichtümer gleichmäßig verteilt, so gibt es keinen Luxus. Dieser gründet sich nämlich nur auf die Erleichterungen, die man sich auf Kosten der Arbeit anderer verschafft. Zur Beibehaltung der gleichmäßigen Verteilung des Reichtums darf das Gesetz jedem lediglich das Lebensnotwendige zusprechen.«[14] Aber Montesquieu erkennt für Monarchien die Notwendigkeit des Luxus an, da dort entsprechend dem hierarchischen Aufbau der Gesellschaft der Reichtum vom Bauern über Handwerker, Händler, Beamtenschaft, Adel usw. bis zum Hof ungleichmäßig verteilt ist, »... muß es deshalb Luxus geben. Wenn die Reichen nicht genug ausgeben, werden hier die Armen am Hungertuch nagen. Die Reichen müssen sogar Ausgaben genau nach der Größe ihrer Vermögensunterschiede machen, so daß hier ... der Luxus in diesem Größenverhältnis zunimmt. Der private Reichtum hat hier nur zugenommen, weil die Reichen einem Teil der Bürger das physisch Notwendige weggenommen haben. Sie müssen es also wieder zurückfließen lassen.«[15] Der Zusammenhang zwischen dem Wohlleben einiger und dem Elend vieler in einer solchen Gesellschaft ist Montesquieu klar, er sieht aber in der Verschwendung eine Möglichkeit, diesen zusammengerafften Reichtum wenigstens teilweise wieder zurückfließen zu lassen und damit zumindest eine gewisse Schicht von Luxusproduzenten, wobei vor allem an Handwerker im weitesten Sinne zu denken ist, zu unterhalten. Montesquieu betrachtet diese Gesellschaft als einen Kreislauf, in dem ein möglichst großer Teil der gesamten Geldmenge im Umlauf sein sollte, wozu die mit allen Mitteln versehenen Reichen der Luxus treibt, den sie ihrem Stand schuldig zu sein glauben. Mandeville hat dieses Motiv ausführlich in seiner scharfsichtigen, sarkastischen Bienenfabel entfaltet: der unentwegte Verstoß gegen alle zu seiner Zeit als tugendhaft betrachteten Handlungsweisen hält die Gesellschaft ökonomisch in Gang und gibt auch denjenigen Armen noch eine gewisse Überlebenschance, die nicht direkt mit der Produktion von landwirtschaftlichen Produkten befaßt sind. Ein Argument, das Mo Di nicht gelten lassen könnte: er hat das Elend der unteren Schichten seiner Zeit fest im Blick und betont vor allem den Aspekt für die Mehrheit der Gesellschaft nützlicher Arbeit, die seiner Meinung nach nicht geleistet werden kann, wenn Arbeitskraft für den Luxus einiger weniger eingesetzt wird. Was in der Diskussion auch schon bei Mo Di klar wird, ist, daß der Luxus nicht die Ursache der Verelendung ist, sondern nur Ausdruck und verstärkender Effekt eines mißratenen Herrschaftssystems. Weshalb Mo Di die Herrschenden dazu aufruft, die vom Volk erhobenen Abgaben für auch dem Volk nützliche Projekte einzusetzen, statt sie für privates Wohlleben zu verschleudern. An einen direkten Angriff auf das despotische Herrschaftsmodell seiner Zeit dachte er nicht, bei aller verheerenden Kritik daran.

Der luzide katholische »Moralist«[16] Anton Koch faßte 1914 mit rektoraler Würde und Weitsicht die Debatte auf einem neueren Stand zusammen. Nach seiner Ansicht können »durch den Aufwand und Ueberfluss der Wohlhabenden ... die Armen in Arbeit, Brot und Verdienst gesetzt, Handwerk, Industrie und Handel zu reicher Blüte gebracht und die Bildungsstufe ganzer Völker gehoben und gefördert werden.«[17] Ein Umweg, dessen Wirksamkeit Mo Di geradewegs bestreitet: er hält es für nicht sinnvoll, der Bevölkerung erst etwas zu nehmen, was ihr hinterher auf dem unsicheren Umweg über Repräsentationsausgaben wiedergegeben werden soll. Koch betont dagegen neben der ökonomischen auch die ethische Seite. Der Luxus ist für ihn »... einer der hauptsächlichsten Hebel des menschlichen Fortschrittes. Die Menschheit hat ihm fast alles zu verdanken, was heute das Leben ziert und verschönt ... . Speziell ist der Luxus der Vater der Künste.«[18] Womit sich der Kreis schließt, denn gerade sie, jedenfalls in ihrer kostspieligen höfischen Variante, hatte Mo Di am Beispiel der Musik ausdrücklich abgelehnt.

Aus welch anderer Perspektive Koch als Rektor einer altehrwürdigen deutschen Universität des frühen +20. Jahrhunderts gegenüber Mo Di Probleme mit der luxuriösen Lebensweise hat, läßt den Gegensatz zwischen beiden deutlich aufscheinen. Koch räumt zwar ein, daß die Produktion durch luxuriöse Bedürfnisse eine Richtung annehmen könne, die die »zweckmäßige Bedürfnisbefriedigung der Gesamtheit vereitelt«, warnt seine Studiosi aber vor allem davor, daß ausgeprägte Zurschaustellung von Reichtum zur Verschleuderung von Vermögen führen und vor allem: die unteren Klassen unzufrieden machen könne. Doch als guter Professor hebt er all diese Probleme auf einer höheren Ebene auf: der sittlichen, auf der gefragt wird, ob Luxus überhaupt sittlich-vernünftigen Zwecken diene, durch die der Mensch sich ja überhaupt erst über die übrige Kreatur erhebe.[19] Womit wir unvermittelt im Bereich der Kunst sind, die ja nun nur durch die Verschwendung von Reichtümern entstehen kann, dafür aber allen zugute kommt und sie seelisch erfreut und sittlich bessert. Anders gesagt: das Volk bekommt für seine Abgaben zwar keinen vollen Bauch, aber den sittlichen Genuß des Anblicks von Prunkbauten, Museen usw., ihm wird »... ein geistiges Brot der Freude und des Wohlwollens gewährt.«[20] Koch ist natürlich nicht nur Rektor einer Bildungsstätte, sondern auch Katholik, der sicherlich auch ein wenig an seine ganz und gar nicht knausrigen Kirchenoberen dachte, wenn er eine andere Form erlaubten Luxus anführt: die der Repräsentation der Person und des Standes. »Man erwartet sogar aus psychologischen Motiven von den Angehörigen höherer Bildung und Stellung [was Koch wohlweislich unterscheidet] einen gewissen standesgemässen oder Repräsentationsaufwand. ... Der standesgemäße Aufwand oder der edle Luxus steht nicht im Widerspruch mit den Grundsätzen des Evangeliums Jesu, das zwar die freiwillige Armut preist, aber niemand zur Pflicht macht.« Während Diogenes sich, als kleiner Werbetrick, in eine Tonne zurückzog und durch seine Bedürfnislosigkeit Aufsehen erregte, ging Paulus anständig gekleidet und unauffällig durch Rom und zahlte Miete für das Haus, das er bewohnte. Aber Koch sieht auch die Grenzen der Prachtentfaltung, die da unsittlich wird, wo die Genüsse weniger durch das Elend vieler erkauft werden; an dieser Stelle wird es kritisch, denn dies ist genau der Punkt Mo Dis, wobei es Mo Di weniger um die moralische Bewertung als um die praktische Nutzanwendung geht, aber Koch ist ein großer Rhetor, denn das Beispiel für diesen Fall findet er nicht etwa in der wohlgeordneten Nähe, sondern in - wir schreiben ja 1914 - nun, in London, der Hauptstadt des verhaßten Albion, wo der Oberbürgermeister mit einem Haufen Bediensteter in prachtvollen Equipagen umherkutschiert, während die Menschen in den Elendsvierteln der Stadt (trotz dieses sittlich erhebenden Anblickes) verrekken.[21]

Man mag sich fragen, wozu außer zur Belustigung des Lesers hier eine solche Koryphäe wie Anton Koch derart unverdiente Aufmerksamkeit erfährt. Die Antwort ist einfach: erstens, um zu zeigen, wie nahe sich Argumentationen trotz dieses gewaltigen historischen Abstandes liegen können, wie ähnlich gesellschaftliche Probleme analysiert werden und wie sehr ihre Analysen verwandt sind - von großen strukturellen Unterschieden in der Argumentation ist nicht viel zu bemerken, auch wenn die Antworten oder Bewertungen durch Welten getrennt sind; zweitens, um deutlich zu machen, daß Mo Di mit seinem Ansatz ein »Linker« war, und das nicht nur zu seiner Zeit; auch Herrn Koch wäre dieser ganz und gar nicht mit dem sittlichen Wohl abzuspeisende, sondern auf das nackte Überleben des Volkes bedachte Pragmatiker, der im eigenen Stall zu kehren sucht, wo doch ein wahrer Denker nach oben oder nach London zu schauen hat, suspekt gewesen. Und drittens ist Koch ein recht lebendiges Beispiel dafür, wie sehr das Reflektionsniveau in etwa 2300 Jahren in einzelnen Fällen doch sinken kann.

V.

Daß Mo Di die Interessen der unteren Schichten vertrat, während Konfuzius eher dem niederen Adel wieder aufhelfen wollte, daß Mo Di praktische Lösungen des Elends forderte, während Meister Kong vor allem die Namen wieder richtigstellen wollte und die Sittlichkeit für ihn vor dem Fressen kam, hat Mo Di nicht nur Bertolt Brechts Sympathien eingetragen, sondern natürlich auch zu einer Neubewertung seines Denkens in China selbst nach 1949 geführt: »Nach Konfuzius entstand eine rivalisierende Schule, die Mohisten. Sie wurde von Mo Ti ... gegründet, der die Interessen der aufsteigenden Klasse von Freien vertrat. Er stand gegen die despotische Herrschaft der Clan-Aristokratie und für das antike demokratische System. Er widersprach der Idee eines himmlischen Mandates, mit dem die herrschende Klasse das Volk täuschte. Obwohl auch er die Ausdrücke ›Himmel‹ und ›Geister‹ benutzte, befreite er sie von ihrer religiösen Bedeutung. In seiner Erkenntnistheorie entwickelte er das materialistische Prinzip, daß die reale Welt als Ausgangspunkt zu nehmen sei. Er schien die legendären Herrscher anzuerkennen, aber diese waren in Wirklichkeit seine eigenen Schöpfungen, die er als Argumente benutzte. Mo Ti war ein unnachgiebiger Kritiker des Konfuzianismus, weil der insbesondere in der Erkenntnistheorie die Interessen der Clan-Aristokratie vertrat. Er stellte seine materialistische Theorie gegen den Idealismus der Konfuzianer. Er betonte die Bedeutung von Wahrnehmungen und Eindrücken als Grundlage des Wissens. In seiner philosophischen Theorie griff er auf Beispiele aus der wirklichen menschlichen Erfahrung wie Hunger, Kälte, Wärme, Sattheit, Armut, Wohlstand ... usw. zurück.«[22]

Dieser Einschätzung ist weitgehend zuzustimmen, bis auf einen Punkt, der ein wenig überraschend erscheint: Mo Di vertrat tatsächlich eine empirisch orientierte Theorie zur Überprüfung der Wahrheit von Aussagen, um mit ihrer Hilfe gegen die Schicksalsgläubigkeit anzukämpfen. Aber - und dies ist erstaunlich für Europäer, die mit solchen theoretischen Positionen gleichzeitig die Abwendung von allen möglichen Formen abergläubischen Mummenschanzes verbinden - er benutzte seine Kriterien für die Überprüfung von Aussagen auch zu seinen durchaus ernstzunehmenden Versuchen, die Existenz von Geistern nachzuweisen.

Schicksalsgläubigkeit oder Fatalismus war schon immer eine beliebte Feindthese für so ziemlich alle Denker, auch wenn nie klar wurde, was diese Termini eigentlich bedeuten, zumal fatalistische Theorien nie (?) explizit vertreten wurden. Es ist mit dem Fatalismus wie mit dem Totalitarismus: es gibt niemanden, der sich selbst als »totalitär« oder als »fatalistisch« bezeichnen würde - man wirft sich diese Begriffe aber gern gegenseitig an den Kopf, um Verachtung auszudrücken und Punkte beim Publikum zu sammeln. Diese Begriffe sind bei aller Bedeutungsunschärfe herrlich negativ besetzt; wer sie mit Abscheu verwendet, gibt sich mithin ohne große theoretische Anstrengung als guter Mensch zu erkennen. Es geht jedenfalls bei fatalistischen Theorien um die Verneinung menschlicher Entscheidungs- und/oder Handlungsfreiheit. Um zu verstehen, wogegen Mo Di angeht, ist es ganz nützlich, den Begriff ein wenig zu klären. Eine Äußerung Nietzsches über den von ihm so genannten Türkenfatalismus hilft da weiter: Nach dieser Ansicht könne der Mensch zwar versuchen, dem Schicksal ein Schnippchen zu schlagen, letztlich erfülle es sich aber doch immer. Weshalb man in Ruhe resignieren oder nach Belieben leben könne. Aber, so Nietzsche weiter: auch, ob man gegen das Fatum kämpfe oder resigniere, sei vom Fatum bestimmt.[23]

Es scheint folgende Unterscheidung nahezuliegen: »deterministische« Theorien seien solche, die behaupten, alles Geschehen oder Teile des Geschehens seien ein Geflecht von Ursachen und Wirkungen, dessen Beginn schon weit vor unserer Geburt, ja sogar vor dem ersten Menschen gelegen habe; deshalb könnten wir in Wirklichkeit keinen oder nur sehr geringen Einfluß auf den Ablauf der Welt nehmen, selbst wenn wir subjektiv das Gefühl haben mögen, in unseren Entscheidungen und Handlungen frei zu sein. Solche Theorien werden natürlich ernsthaft vertreten, und die Annahme von Ursachen und Wirkungen ist insbesondere in den Naturwissenschaften zentral (gewesen), denn wenn aus gleichen Ursachen nicht gleiche Wirkungen folgten, wären nicht nur Wissenschaftler, sondern wir alle ganz schön angeschmiert, weil wir nichts über das Ergebnis unserer Handlungen voraussagen könnten.

Aber Mo Di interessiert nicht die Ursache-Wirkungsbeziehung (»Kausalbeziehung«), die mit wissenschaftlichen Erfahrungen verbunden ist. Er wendet sich eher gegen »fatalistische« Vorstellungen, die von einer eingeschränkten Kausalität ausgehen: Solche, meist religiös motivierten Ansichten behaupten, daß zwar einige, keinesfalls aber alle menschlichen Handlungen eine Wirkung haben. In einem solchen Konzept sind zumindest einige Ereignisse nicht kausal (man sagt wohl auch: »vernünftig«) zu erklären und auch nicht durch menschliche Handlungen zu beeinflussen. Wie bitte? Zwei Beispiele:

- Vorislamische Araber glaubten, für Erfolg oder Mißerfolg ihrer Handlungen und Pläne sei »dahr« verantwortlich, die Zeit. Sie sahen die Zeit als abstrakte, unpersönliche Kraft (ähnlich vielleicht der Schwerkraft), auf die sie keinen Einfluß hatten. Der Einfluß der Zeit war für sie aber nicht so zu verstehen, daß sie alles Geschehen bestimme oder für alle Ereignisse verantwortlich sei, vielmehr blieb in diesem Konzept dem Menschen seine Willens- und Handlungsfreiheit erhalten, lediglich manche Teile des Weltgeschehens waren vom Menschen nicht beeinflußbar, und zwar nicht deshalb, weil sie durch die kausale Kette von Ursachen und Wirkungen festgelegt wären, sondern wegen »dahr«. Hier trägt das Fatum Züge des blinden Schicksals.
- In frühen islamischen Schriften, die mündliche Traditionen aufnahmen, wurde dem Menschen von Gott eine Art Lebensrahmen gesetzt: nach der Zeugung eines Kindes mußte ein Engel nach Gottes Diktat einige Daten für das Leben des zu gebärenden Menschen aufschreiben: und zwar den Todestag, ob reich oder arm im Leben und ob selig oder verdammt nach dem Tode - diese drei Grunddaten im Buch des Lebens wurden von Gott willkürlich festgesetzt, alles andere im Leben blieb durch den Menschen selbst beeinflußbar. Ein Mensch hatte also durchaus die Entscheidungsfreiheit, in die Schlacht zu ziehen oder zu Hause zu bleiben; wenn es aber der Tag war, an dem ihm zu sterben bestimmte wurde, würde er sterben, gleichgültig, wo er sich aufhielte. Das heißt, dem Menschen blieb in dieser Theorie eine gewisse Einflußmöglichkeit auf das Geschehen. Für einen Deterministen steht aufgrund der kausalen Verknüpfung alles Geschehens fest, daß Mensch X an diesem Tag am Lenkrad auf der und der Autobahn einschlafen und einen tödlichen Unfall erleiden wird. Für den Fatalisten, wie er hier dargestellt wird, hätte Mensch X an jenem Morgen genauso gut zu Hause bleiben können, das zu tun stand ihm frei, nur wäre ihm dann eben beispielsweise ein Deckenbalken auf den Kopf gedonnert.

Das heißt, in einem »fatalistischen« Modell liefert selbst die Willens- und Handlungsfreiheit keine Möglichkeit, seinem Schicksal zu entkommen. In einem deterministischen Modell dagegen ist der Zustand der Welt zu jedem (auch zukünftigen) Zeitpunkt prinzipiell genau berechenbar, und zwar dann, wenn die wirkenden Gesetze und ein früherer Zustand der Welt bekannt sind. Für den Fatalisten ist die Welt aber nicht berechenbar. Nun mag man sagen: was soll's, ob die zukünftige Welt nun prinzipiell vorhersagbar ist oder nicht, ob es Ursache und Wirkung gibt? Ganz einfach: wenn man meint, daß Wohlstand oder Armut vorherbestimmt sind oder nur zufällig eintreten, kann man seine wirtschaftlichen Bemühungen einstellen, da ja jegliche Anstrengungen zu irgendeinem beliebigen Ergebnis führen wird. Was passiert, ist eben Schicksal, das man nur hinnehmen kann. Vor Menschen mit dieser Einstellung fürchtet man sich traditionell wie die Pest: erstens meint man, »... der Mensch werde schwächlich, resigniert und mit gefalteten Händen vor der Zukunft stehen, weil er an ihr nichts zu ändern vermöge: oder aber, er werde seiner Launenhaftigkeit die Zügel schießen lassen, weil auch durch diese das einmal Bestimmte nicht schlimmer werden könne.«[24] Fatalismus gilt als der Ausgangspunkt von Trägheit und Unmoral, und wenn Geschehen eine Frage des Schicksals ist, kann man schlecht noch irgendjemanden für irgend etwas verantwortlich machen, und das ganze Strafrecht kommt umgehend in Wegfall, was allgemeines Bedauern hervorriefe, da ja Einsperren und Aufhängen als unerläßlich zur Wahrung der menschlichen Sittlichkeit gelten, damit Sie oder ich nicht unserer jeweiligen Oma den Hals umdrehen, um die Erbfolge ein wenig zu beschleunigen.

Mo Di lehnte jede Art von Fatalismus klar ab, und zwar aus den bekannten Gründen: »Die Worte der Fatalisten anzuwenden bedeutet, die Gerechtigkeit im Reiche zu zerstören. Und solche, die die Gerechtigkeit im Reiche zerstören, setzen das Schicksal dafür ein und lassen das Volk dabei leiden. Und die durch ihre Lehren dem Volke Leiden zufügen, zerstören die Menschen des Reiches.«[25] Was Mo Di vor allem fürchtet, ist die aus dem Fatalismus angeblich entspringende Neigung des Menschen, sich fürderhin (ab dem Zeitpunkt, zu dem er den Fatalismus für richtig erkannt hat also) jeglicher Tätigkeit zu enthalten oder sich noch an irgendwelche moralischen Regeln gebunden zu fühlen. Aus einer Haltung dem Strafrecht gegenüber, die Strafen als Schicksalsschläge und nicht als die Folge eigenen Fehlverhaltens begreift, könnte dann das gesellschaftliche Chaos folgen: Alle Regeln und Beeinflussungsmaßnahmen wären hinfällig. »Dennoch sagen die Vertreter des Fatalismus: ›Wenn einer von den Oberen bestraft wird, so deshalb, weil das Schicksal es für ihn bestimmt hat, nicht aber, weil er schlecht ist.‹ Unter dieser Voraussetzung wären die Fürsten nicht loyal, die Väter nicht gütig und die Söhne nicht pietätvoll, die älteren Brüder nicht großmütig und die jüngeren Brüder nicht ehrerbietig. Jene, die hartnäckig an solchen Ansichten festhalten, sind der Ursprung verwerflicher Lehren, und sie gehen den Weg des Schlechten.«[26] Mo Di führt dann einige Beispiele an, die sich allesamt darauf reduzieren lassen, daß der Fatalismus zur Untätigkeit führe und damit alle Schichten der Gesellschaft lähme: vom Bauern, der sein Feld nicht mehr bestellt, über die Beamten, die ihre Posten nicht mehr ausfüllen, bis hin zu Herrschern, die sich gänzlich einem ausschweifenden Lotterleben hingeben, statt für das Wohl ihres Staates zu sorgen. Vorsicht muß er allerdings immer dort walten lassen, wo er auf historische Beispiele aus dem Argumentationsfeld des himmlischen Mandates und der Bestimmung des Himmels zurückgreift: für

Mo Di ist klar, daß der Himmel über alles menschliche Geschehen herrscht, daß er alle Menschen gleichermaßen liebt usw. - er ist also ein zentraler, durchaus bestimmender Faktor auch im menschlichen Leben, darf für Mo Di aber eben nur die Wirkung eines Vorbildes, nicht aber des Schicksals haben. Wenn auch die Berufung auf klassische Textstellen nicht immmer geglückt sein mag - schon für Mo Di galt, was auch für die europäische Tradition ausgemacht ist, daß nämlich eine fatalistische Einstellung der Untergang sei; offensichtlich nicht nur der des Abend-, sondern auch jener des Morgenlandes.

VI.

Bei seiner Argumentation gegen den Fatalismus bringt Mo Di eine Theorie der Beurteilung der Wahrheit von Sätzen ins Spiel, die aufgrund ihrer teilweise empirischen Basis Beachtung verdient: »Es kommt darauf an, Urteilsregeln aufzustellen. Denn wenn man ohne Urteilsregeln argumentiert, dann ist das, wie wenn man auf einer Drehscheibe Sonnenaufgang und Sonnenuntergang bestimmen wollte. Der Unterschied zwischen Wahrheit und Falschheit und zwischen Günstigem und Schädlichem läßt sich dabei nicht klar bestimmen. Daher muß eine Aussage drei Kriterien genügen. ... Es sind der Ursprung, die Begründbarkeit und die Anwendbarkeit. Wie beurteilt man den Ursprung einer Aussage? Man beurteilt ihren Ursprung im Vergleich mit den Taten der heiligen Könige des Altertums. Und wie beurteilt man ihre Begründbarkeit? Indem man sie mit den Sinneswahrnehmungen der Bevölkerung in Zusammenhang bringt. Und wie ihre Anwendbarkeit? Indem man sie in Rechtspflege und Verwaltung anwendet und zusieht, ob sie dem Staate zum Vorteil gereicht. Das ist es, was mit den drei Kriterien für eine Aussage gemeint ist.«[27]

Die letzten beiden Kriterien der Überprüfung an der Wahrnehmung und der Prüfung durch praktische Nutzwanwendung sind auch uns bestens vertraut, das erste, die Berufung auf die legendären Herrscher, weist Mo Di als typischen Vertreter seiner Zeit aus, der nicht ganz von den alten Autoritäten lassen kann. Seine Argumentation gegen die Schicksalsgläubigkeit nimmt einen einfachen Verlauf: In den Büchern der Alten ist nicht von fatalistischen Einstellungen die Rede, wo doch, werden sie verworfenen Personen zugeschrieben, die ihre Pflichten vernachlässigten. Vor allem aber ist ihm die Betonung wichtig, daß es in keinem Gesetzbuch geheißen habe, die Strafe sei auf das Schicksal zurückzuführen - die Klassiker bieten also keine Belege für eine solche Haltung dem Leben gegenüber. Und, so möchte man seine Argumentation ergänzen, was in den Klassikern nicht ausdrücklich als existent bezeichnet wird, gibt es auch nicht.

Seine Stoßrichtung dabei allerdings ist klar, sie geht gegen die höheren

Schichten, die er auf ihre Pflicht dem Volk gegenüber festlegen will, »... solche, die die Gerechtigkeit im Reiche zerstören, setzen das Schicksal dafür ein und lassen das Volk dabei leiden.«[28] Die Wahl des Beispiels zeigt seine politische Position, denn er argumentiert nicht primär damit, daß es gelte, das *Volk* von Übertretungen abzuhalten. Das Volk kommt vielmehr unter einem anderen Gesichtspunkt und erst an zweiter Stelle ins Spiel, seine Überlegung nimmt hier einen ökonomischen Aspekt an, denn der Fatalismus verführe die Menschen dazu, Armut hinzunehmen, statt sich durch Arbeit um bessere Ernten zu bemühen.

Ähnlich verläuft die Überprüfung einer fatalistischen Gesinnung anhand der Beurteilung durch die Sinneswahrnehmungen sowohl normaler Leute als auch hochgestellter Personen: Niemand hat jemals behauptet, er habe den Körper des Schicksals gesehen oder seine Stimme gehört, es ist also in den Wahrnehmungen der Menschen nicht nachweisbar und damit nicht vorhanden. Ein denkbar schwaches Argument, denn man könnte genausogut anführen, noch niemand habe jemals die Gerechtigkeit oder den Willen des Himmels gesehen, es gebe sie also nicht. Zu vermuten ist, daß Mo Di hier entweder auch mit absurden Mitteln gegen eine mißliebige Position anzugehen bereit ist oder gegen uralte fatalistische Ansätze Stellung bezieht, die das Schicksal tatsächlich noch verkörpert dachten, etwa als Schicksalssgötter - europäische Beispiele hierfür wären z.B. die Nornen oder bei den alten Griechen Moira.

Das dritte Kriterium übrigens, die Überprüfung der praktischen Auswirkungen einer Theorie, zeigt Mo Dis zutiefst pragmatischen und politischen Ansatz: er will mit seinen Urteilregeln nicht nur ermitteln, was wahr sei, unabhängig von den Auswirkungen, sondern beurteilt eine Aussage auch danach, ob sie dem Volke nutzt. Daß dabei der Fatalismus durchfällt, versteht sich von selbst. Es dürften wohl diese Kriterien sein, die seine späteren Nachfolger zur Untersuchung der Funktionsweise von Sprache anregten und zur Entwicklung einer chinesischen Schule der Sprachphilosophie und Logik führten.[29]

Wie brüchig aber Mo Dis Haltung gegen übernatürliche Erscheinungen und wie unsicher seine Weltsicht ist, zeigt seine Argumentation *für* die Existenz von Geistern. Der oben zitierten modernen chinesischen Einschätzung ist insofern nicht recht zu geben, als Mo hier offen religiöse Konzepte ausbreitet, auch wenn er ihnen einen gewissen Unterbau »materialistischer« Theorie verleiht. Der Versuch, der in neueren chinesischen Betrachtungen auch historischer Werke gern gemacht wird, auf der einen Seite Idealisten = Reaktionäre zu orten und auf der anderen Seite Materialisten = fortschrittliche Denker für die Interessen des Volkes, ist zu schematisch. Nicht nur bei Mo Di geht nach diesen modernen Kriterien viel »Materialistisches« und »Idealistisches« durcheinander, ohne daß dies an seinem politischen Standpunkt etwas änderte. Und es ist ganz unterhaltsam, ihn moralische Argumente dafür, daß es die gesellschaftliche Ordnung bessert, wenn man an die Existenz von Geistern glaubt, mit durchaus vernünftigen Behauptungen verquicken zu sehen, die für die tatsächliche Existenz von Geistern sprechen. Der moralische Vorteil des Geisterglaubens: Geister sehen alles und können es belohnen und bestrafen, so daß kein Fehlverhalten ungerochen bleibt. Ob Geister allerdings tatsächlich existieren, will Mo Di ermitteln, indem er die Sinneswahrnehmungen der Menschen zum Maßstab macht.

Und Mo Di greift zu einem besonders populären Beispiel aus dem Jahr - 783, das noch Jahrhunderte später Wang Chong erheitern sollte: »Nehmen wir doch einen Fall, den viele gemeinsam gesehen und viele gemeinsam gehört haben ... König Hsüan von Chou ließ seinen Minister Tu Po töten, obwohl dieser unschuldig war. Tu Po sagte: ›Mein Fürst will mich töten, obwohl ich unschuldig bin. Wenn ein Toter kein Bewußtsein mehr hat, dann ist damit der Fall erledigt. Aber wenn ein Toter Bewußtsein hat, dann werden keine drei Jahre vergehen, und ich werde es den Fürsten wissen lassen.‹ - Nach drei Jahren rief König Hsüan von Chou die Fürsten zusammen und jagte mit ihnen ..., und mehrere hundert Jagdwagen und Tausende von Begleitern erfüllten die Gegend. Um Mittag erschien Tu Po in einem von einem weißen Pferde gezogenen Wagen; er trug zinnoberrote Kleidung und hielt einen zinnoberroten Bogen, auf den er einen gleichfarbigen Pfeil gelegt hatte. Er verfolgte König Hsüan von Chou und schoß auf ihn in seinem Wagen. Er traf sein Herz und brach ihm das Rückgrat, so daß der König in seinem Wagen zusammenbrach, über seinen Köcher stürzte und starb. Zu jener Zeit gab es keinen unter den Gefolgsleuten der Chou, der dies nicht sah ... . Wie kann man angesichts dieses Berichtes noch an der Existenz von Geistern zweifeln?«[30] Aber der moralische Exkurs folgt bei Mo Di auf dem Fuße, denn er betont, während er Beispiele für ähnliche Geschichten en masse präsentiert, immer wieder die Lehre, die man aus dem ganzen zu ziehen habe - man muß sich überall in Acht nehmen, denn nirgendwo ist man vor der durch Geister geübten Gerechtigkeit sicher. Eine rigoroser und praktikabler Vorläufer dessen, was man in Europa mit dem Antrainieren eines bohrenden Gewissens von Kindesbeinen auf zu erreichen sucht.

Mit der Existenz von Geistern des Himmels, von Bergen, Flüssen und Verstorbenen sind natürlich auch die Opfer notwendig, auf die seit alters her ein so großer Wert gelegt wurde, denn mit ihnen speist man die Geister. Aber Mo Di läßt, ganz gesellschaftlicher Pragmatiker, auch denen, die nicht an die für ihn offenkundige Existenz der Geister glauben wollen, einen Ausweg offen, doch noch zumindest Nutzen durch die Opfer zu stiften: »Und wenn die Geister und Seelen wirklich nicht existierten, dann würden wir Wein und Hirse bei den Opferfesten nur vergeuden, Doch selbst, wenn wir dies dabei vergeudeten, so wäre dies doch nicht so, als würden wir es in Kloaken und Gräben schütten und verkommen lassen. Denn die anderen Familienangehörigen und die Leute aus der Nachbarschaft kommen alle zusammen und trinken und essen, so daß man, selbst wenn es keine Geister und Seelen gäbe, dadurch immerhin eine fröhliche Gesellschaft zusammenbrächte und ein gutes Verhältnis zu den Nachbarn im Ort erlangte.«[31] Das nur für alle Fälle, denn so ganz genau kann man es letztlich doch nicht wissen.

VII.

Wenn in der folgenden chinesischen Tradition Mo Di immer wieder, wenn überhaupt, als Bösewicht und Zersetzer aller Moral auftaucht, hat das aber nur wenig mit seinen bisher dargelegten Ansichten zu tun, die sich noch im Rahmen des Üblichen bewegen. Als Provokation wurde vielmehr eine andere Behauptung empfunden, die der Grund für seine späte Aufwertung in den letzten hundert Jahren wurde: Mo Di vertrat die Ansicht, daß der Himmel, immer noch der Maßstab für alles menschliche Handeln, alle Menschen *gleichermaßen* liebe, wobei mitzudenken ist, daß er den Herrscher nicht mehr liebe als den Bauern usw.. Daraus leitete Mo Di seine Forderung nach universaler gegenseitiger Liebe und Solidarität allen anderen Menschen gegenüber ab. Und das mußte natürlich Vertreter konfuzianischer Vorstellungen, die Liebe je nach Verwandtschafts- und Unterordnungsbeziehungen bestimmten und die Liebe und Pflicht des Sohnes seinem Vater gegenüber als höchste Stufe und Keimzelle aller Moral betrachteten, verärgern. Mo Di dagegen fordert, die Eltern anderer genauso zu lieben wie die eigenen und die Menschen anderer Staaten nicht anders zu behandeln als die Angehörigen des eigenen Staates - damit entfielen Kriege und Elend. Dieses zentrale Prinzip war es, das ihn sogar in den Ruch eines Vorläufers Christi brachte. Daß er als Vorläufer sozialistischer Vorstellungen gelten kann, ist dagegen schon deutlich näherliegend.

Xiao, ein chinesischer Politologe unseres Jahrhunderts, charakterisierte chinesisches politisches Denken als praktischen Zugang statt abstrakten Theoretisierens; während der Westen nach Erweiterung des Wissens suche, strebe man in China nach anwendbaren Vorschlägen getreu der Devise von Wang Yang-ming, Handeln sei die Erfüllung des Wissens. »Über mehr als 2000 Jahre haben daher 80 oder 90 Prozent der zu Fragen der Politik relevanten Schriften Regierungsmethoden erörtert. Nicht mehr als 10 oder 20 Prozent handelten von Prinzipien oder untersuchen rein wissenschaftliche oder philosophische Fragestellungen. Im wesentlichen gehört chinesisches politisches Denken in den Bereich der Politik oder zur Kunst der Politik, und nur zum kleinen Teil in den Bereich der Staatslehre, politischen Philosophie oder politischen Wissenschaft.«[32]. Ob eine Verallgemeinerung angebracht ist, mag offen bleiben; zumindest für Mo Di trifft diese Vorstellung weitgehend zu.

Wichtig wurden die späteren logischen Überlegungen der Mohisten vor allem aus westlicher Perspektive: so konnten Forscher ihre Beschäftigung mit chinesischem Denken aufwerten, da es in China ja nicht nur Moralisten, sondern auch »wissenschaftliches Denken« im westlichen Sinne gegeben habe. Ein Motiv, das ganz ausdrücklich auch Hu Shihs Arbeit über die Entwicklung der logischen Methode im alten China zugrunde liegt. Mit der Untersuchung dieser Schriften sollte das gesamte altchinesische Denken in den Augen der westlichen »wissenschaftlichen« Gelehrten aufgewertet und vom Ruch des mehr oder minder gefällig Dahingeredeten befreit werden. Ein etwas billiges Unterfangen, wenn man die nicht überragende Wirkung sprachphilosophischer Überlegungen im China vor der Zeitenwende betrachtet. Gedankengänge zur politischen und ethischen Theorie nach dem Kriterium der »Wissenschaftlichkeit« beurteilen zu wollen, hat sich mittlerweile als ziemlich müßiges Unterfangen herausgestellt, und die (oft vorgetäuschte) Systematik oder gar Wissenschaftlichkeit älterer und jüngerer politischer Philosophen westlicher Provenienz ist es nun nicht gerade, was sie lesenswürdiger machte als etwa Mo Di, den klarsichtigen, ehrlichen Kritiker der Ausbeutung zu seiner Zeit. Der Fortschritt menschlichen Denkens in Fragen der Politik oder Humanität wird kaum durch die begründete Definition grundlegender Termini auf der Drehscheibe des Verschiebebahnhofes wissenschaftlicher Begriffsbildung entschieden.

LAO ZI

Der Alte auf dem Ochsen

I.

Als er Siebzig war und war gebrechlich,
Drängte es den Lehrer doch nach Ruh.
Denn die Güte war im Lande wieder einmal schwächlich,
und die Bosheit nahm an Kräften wieder einmal zu ...[1]

So, wie Bertolt Brecht ihn hier darstellt, kennt man Lao Zi seit vielen Jahrhunderten - als Weisen, der seine gesellschaftliche Position aufgibt und sich, da er alles Bildungs- und Zivilisationsgetue gründlich satt hat, auf einem schwarzen Ochsen in die Wildnis zurückzieht. An der letzten Grenzstation auf seinem Weg nach Westen trifft er auf einen Grenzsoldaten, der ihn bittet, seine Lehre aufzuschreiben, denn »sowas nimmt man doch nicht mit sich fort«. Worauf sich der Alte für eine Woche in der Hütte des Grenzers einquartiert und ein Buch von fünftausend Zeichen niederschreibt - das Daodejing oder Laozi -, ehe er auf seinem Ochsen für immer verschwindet.

Auch aus dem früheren Leben Lao Zis weiß man einiges: daß er in kaiserlichen Diensten als Hofarchivar ergraut ist und vor allem, so steht es bei Zhuang Zi, dem zweiten großen Daoisten, daß Konfuzius mehrfach bei ihm Rat gesucht habe und immer wieder, von der Weisheit Lao Zis beschämt und von jenem wegen seiner Eitelkeit und Borniertheit getadelt, für längere Zeit verstummte. Doch verläßt nach anderen Angaben der alte Lao Zi die bewohnte Welt nicht auf einem Ochsen reitend, sondern stirbt im Kreis seiner Schüler eines ganz prosaischen Todes.

Leider aber verhält es sich mit dem Leben Lao Zis nicht so einfach. Nicht einmal, daß er überhaupt gelebt hat, ist gesichert, und über seine Lebensdaten streiten sich die chinesischen Gelehrten und westlichen Sinologen, die von seiner Existenz überzeugt sind, seit jeher hartnäckig.

Aber zumindest in einigen Fragen bezüglich seiner Person herrscht mittlerweile weitgehende Einigkeit: daß er (wenn es ihn denn gab) niemals mit Konfuzius zusammengetroffen ist und daß es sich bei dem Ochsen um eine legendäre Zutat handeln dürfte. Daß Lao Zi also der Tradition folgend ins -6. oder frühe -5. Jahrhundert einzuordnen sei, ist nicht belegbar. Es ist sogar nicht ganz auszuschließen, daß es zwar eine alte Legende von einem Weisen mit den Zügen des Lao Zi gab, das Buch zur Legende dann aber viel später geschrieben wurde, was dem Erfolg beider keinen Abbruch tat.

Was die zeitliche Einordnung des Daodejing (und vor allem als dessen Autor hat Lao Zi irgendeine Bedeutung, wenn er's denn geschrieben hat; abgesehen davon macht er bei Zhuang Zi eine gute Figur) so schwierig macht, ist, daß dieses Werk anders als die meisten chinesischen Klassiker keine Orts- und vor allem keine Personennamen erwähnt. Das opus dürfte jedenfalls während der Zeit der Streitenden Reiche etwa im -4. Jahrhundert entstanden sein und von Gelehrten der Han-Zeit (-206 - +220) eine gewohnt gründliche Überarbeitung erfahren haben. Das Fehlen konkreter Bezüge macht aber nicht nur die Datierung dieses daoistischen Basistextes schwierig, sondern ist auch ein Grund für seine viel beklagte Dunkelheit. Während andere chinesische Philosophen ihre Gedanken gern mit einer Vielzahl historischer Beispiele, die sie oft je nach augenblicklichem Argumentationsbedarf erfunden haben, oder paradigmatischer Alltagssituationen illustrieren, liefert das Daodejing ausschließlich Sprüche oder Gedichte, die oftmals vieldeutig sind.

Aus den Schwierigkeiten, die dieses Werk dem Verständnis entgegenstellt, hat man immer wieder gern auf eine besondere Tiefe seiner Gedanken geschlossen oder darauf, daß es schlichtweg unübersetzbar sei. Eine These, die kaum haltbar ist, denn »... es ist eine Binsenwahrheit, daß lexikalische Übersetzungsprobleme in der Philosophie hauptsächlich auf Unklarheiten des Quellentextes beruhen. Alles, was klar gesagt ist, läßt sich auch klar übersetzen. Von einer größeren Tiefe oder Weisheit einer Sprache im Vergleich zu einer anderen kann keine Rede sein. Unklare Gedanken finden ihren Niederschlag in unpräzisen, vagen Termini, seien es nun ›Dao‹, ›Logos‹, ›Nirvana‹ oder ›Dialektik‹. Die damit verbundenen Probleme sind in allen Sprachen, Übersetzungen und Philosophien dieselben.«[2]

II.

Der Titel »Daodejing« (zu dao siehe das folgende; de = Tugend, Urtugend usf.; jing = (klassisches) Buch), den das Werk seit dem +6. Jahrhundert trägt (vorher wurde es wie andere Klassiker auch nach seinem - vermeintlichen - Autor als »Laozi« benannt) gibt einen Hinweis auf das zentrale philosophische Konzept der einundachtzig Kapitel: das dao. »Dao« ist ein umgangssprachlicher Begriff, der im Sprachgebrauch aller philosophischen Schulen Chinas zu finden ist und auch schon vor dem Daodejing verwendet wurde. Im intellektuellen Sprachgebrauch ist die Verwendung des Wortes allerdings nicht mehr so klar wie seine zahlreichen Bedeutungen im alltagssprachlichen. Im Chinesischen kann der Ausdruck sowohl als Substantiv als auch als Verb dienen, abhängig jeweils von seiner Stellung im Satz. »Dao« kann heißen: »Weg«, »einen Weg entlanggehen«, »leiten«, »lenken«, »regieren«, »regulieren«, »Methode«, »Fähigkeit«, »Prinzip«, »sagen«, »nennen«, mit »dao« wurde aber auch ein Ahnenopfer bezeichnet. Das Schriftzeichen selbst besteht aus dem Zeichen für Kopf und dem Radikal »gehen«.[3]

»Dao« wird, wie erwähnt, zwar äußerst vage benutzt, für europäische Sprachen hat sich dafür aber recht einheitlich das Wort »Weg« eingebürgert. Richard Wilhelm übersetzt bedeutungsschwanger mit *»SINN«*. Warum auch nicht? Es bezeichnet im philosophischen Kontext nicht den physikalischen Gegenstand Straße, sondern einen geistigen Weg, eine Verhaltensweise, einen Gegenstand der Erkenntnis oder auch eine Art Kraft, die den Kosmos erschaffen hat und alles Geschehen bewegt. »Dao« paßt dann schließlich für so ziemlich alles und jedes. Gute Beispiele im Deutschen für einen entfernt vergleichbaren Sprachgebrauch sind Ausdrücke wie »Weg des geringsten Widerstandes« oder »Pfad der Tugend«.

Im Daoismus des Lao Zi wird dieser Begriff erweitert: Einerseits ist das dao das allgemeinste und grundlegende Ordnungs- und Bewegungsprinzip des Naturgeschehens. Es ist dabei zu beachten, daß auch in daoistische Konzepte von Natur soziale Beschreibungsmuster mit eingehen, Natur als ein ausschließlich eigenes und von der menschlichen Ordnung der Dinge prinzipiell verschiedenes System mit anderen Gesetzmäßigkeiten als die Familie, der Staat usw.. war damals noch nicht entwickelt. Andererseits ist das dao etwas, was der Mensch sich aneignen kann, eine Art individualethischen Prinzips, das auf der Einsicht in den natürlichen Gang der Dinge beruht; in diesem Sinne kann man von jemandem, der sich dem Gang der Dinge gemäß verhält, sagen, er habe das dao gefunden. Viel genauer ist dieser Begriff leider nicht zu bestimmen. Seine jeweilige Verwendung in verschiedenen Zusammenhängen differiert stark, an manchen Stellen mag man dem dao gar beinahe persönliche Züge zuerkennen, an anderen erscheint es als ein völlig natürliches Prinzip, das gänzlich unabängig von sämtlichen menschlichen Angelegenheiten wirkt, an wieder anderen scheint es ähnlich einem Gegenstand zu existieren. Neben diesen nicht sehr genau analysierbaren natur- und sozialphilosophischen Spekulationen entwickelt das Buch des Lao Zi aber auch Handlungskonzepte für das individuelle und gesellschaftliche Leben, die, da wesentlich klarer formuliert, leichter verständlich sind.

III.

Das Daodejing ist keineswegs exklusiv als Besinnungsbuch für weltabgewandte Sonderlinge zu verstehen. Der allgemeine Eindruck von der Leere und

Weltabgewandtheit, der in diesem Buch das Wort geredet werde, hat viel damit zu tun, daß Lao Zi eine ausgesprochene Vorliebe für negative und paradoxe Charakterisierungen des dao hat: so ist das dao mit den Sinnesorganen nicht wahrnehmbar, es ist in jeder Hinsicht körperlos. Das dao ist aber auch kein göttliches Wesen - von Göttern und ähnlichem Spuk wird hier ohnehin kein Aufhebens gemacht, trotzdem kamen in späteren Jahrhunderten ausgemachte Scharlatane, die sich mit der Produktion von Gold oder Lebenselixieren befaßten und Menschen mit allen möglichen hausgemachten Wundern und Geisterbeschwörungen ängstigten, oft aus einer daoistischen Schule. Diese negativen Charakterisierungen des dao, der Versuch, ihm Eigenschaften hilfsweise zu- und dann möglichst schnell wieder abzusprechen, scheinen Lao Zi in Gegensatz zu politischen Denkern wie Konfuzius oder Mo Di zu bringen, die relativ klar und ohne großen Zweifel an den Möglichkeiten, sich sprachlich zu verständigen, ihre Meinung sagten. Man erkennt bei Lao Zi aber bald, daß auch er sich intensiv mit den faktischen Problemen seiner Zeit auseinandersetzt und keinesfalls der überzeitliche, weltabgewandte Mann war, ja, daß auch das dao ein höchst politisches Konzept ist.

Einen Namen erhält das dao im Daodejing ausdrücklich nur deshalb, damit über es gesprochen werden kann. Deutlich wird dabei die Verquickung von kosmologischer Spekulation und sozialer Weltsicht, die Idee einer hierarchischen Gliederung der Gesellschaft wie der Natur also. Ein zentrales Kapitel für das Verständnis des dao ist das fünfundzwanzigste:

ein etwas gibt es, aus dem chaos geworden
früher als himmel und erde entstanden
ein einsam-stilles, endlos-weites
in sich allein, unwandelbar
kreisend, nie sich erschöpfend
des alls urmutter könnte man es nennen
ich kenne seinen namen nicht
ich nenne es Dau [= dao]
und da ich es bezeichnen muß
nenn ich es groß
[...]
so ist das Dau groß
groß der himmel
groß die erde
und groß auch das königliche
vier große Dinge gibt es in der welt
eines davon ist das königliche
es folgt der mensch der erde

die erde folgt dem himmel
der himmel folgt dem Dau
das Dau folgt sich selbst[4]

Man sollte unter dem Eindruck moderner Theorien von der Entstehung des Universums vermittels Urknalls den Text nicht mit Spekulationen darüber strapazieren, ob das dao nun mit dem Chaos identisch oder aus dem Chaos entstanden und ihm damit zeitlich gefolgt sei: der erste Satz läßt verschiedene Übersetzungen für beide Möglichkeiten zu. Entscheidend an dieser Passage ist, daß es sich bei dem Begriff »dao« nur um eine Hilfskonstruktion handelt, um etwas nicht direkt sprachlich Ausdrückbares zu bezeichnen, da man nun einmal darüber reden muß.

Daß sich hinter solch sprachlicher Hilflosigkeit meist schlichtes Nichtwissen oder zumindest unklare Vorstellungen verbergen, ändert nichts daran, daß diese Kosmogonie erstaunlich moderne Züge trägt - seien wir ehrlich, wer vermag sich schon etwas wie »Schöpfungsakt« oder gar »Urknall« genauer vorzustellen, ohne dabei an zwei Hände, die aus dem Off kommen, oder eine explodierende Konservenbüchse von unvorstellbar hohem Gewicht zu denken? Bei Lao Zi aber wird keinesfalls das so sympathische, vertraute und ein wenig biedermännische Bild von der Entstehung der Welt gezeichnet, das dem beschränkten Erfahrungshorizont des Menschen (in dem die Entstehung des Kosmos naturgemäß nicht vorkommt) am nächsten liegt: irgendjemand, z.B. Gott, hätte das alles gemacht wie der Töpfer seine Töpfe oder der Schuster sein Brot, nur in etwas größerem Stil. Lao Zi setzt anstelle dessen etwas Unpersönliches an den Anfang, über das er kaum etwas aussagen kann; er gibt ihm zwar einen Namen, weil das die menschliche Verständigung nun mal erfordert, macht aber deutlich, daß er damit keine klare Vorstellung davon vermittelt. Dieses dao hat etwas Absolutes an sich, es war vor allem anderen da und wird von nichts anderem beeinflußt, es verändert sich nicht, es ist unwandelbar, untätig, das Urprinzip usw..

Dies ist ein wichtiger Schritt weg von Schöpfungsmythen hin zu einer protowissenschaftlichen Einstellung gegenüber der Natur, die vor allem den bisher so arg strapazierten Himmel, der seit der Shang-Zeit immer mehr an persönlichen Zügen eingebüßt hatte, deutlich von seinem Thron stößt. Er ist zwar weiterhin nach dem dao die höchste Instanz, hat aber seine ausschließliche Leitfunktion für Erklärungen von Naturgeschehen und als Lenker und Muster gesellschaftlicher Hierarchien eingebüßt und an etwas zwar nicht deutlich Vorstellbares, aber schon deutlich weniger sozial Motiviertes abgegeben. Gleichzeitig fungiert das dao als das Unwandelbare hinter dem Wandel selbst von Himmel und Erde, aber nicht im Sinne eines Dings an sich hinter den Erscheinungen, sondern im Sinne von etwas tatsächlich Vorhandenem.

Unschwer zu bemerken, wie sehr sich auch der Autor dieser Zeilen windet, an einen sprachlich halbwegs befriedigenden Punkt zu kommen, der dem Leser zumindest etwas mehr Klarheit suggeriert.

Die Hierarchie im Kosmos sieht wie bisher den Menschen am unteren Ende der Pyramide: Der Mensch richtet sich nach der Erde, die Erde nach dem Himmel und der Himmel nach dem dao, das völlig unabhängig ist. In diesem Bild klingen neben sozialen Vorstellungen davon, wer wem etwas zu sagen habe, gewiß auch Erfahrungen aus der Landwirtschaft nach, die vor allem von Bodenbeschaffenheit und Wetter abhängig war. Was das dao aber von einer physikalisch wirkenden Kraft (um einmal bei diesem etwas veralteten Konzept zu bleiben) unterscheidet, ist, daß es selbst nicht tätig wird.

Als metaphysischer Begriff bleibt »dao« ähnlich schlecht definiert wie in der Kosmogonie. Er verdankt seinen Einsatz wohl in erster Linie dem Bedürfnis, die Entwicklung des Materiellen und die Veränderung der Dinge und Lebenslagen durch ein über- und zeitlich vorgeordnetes, auch immaterielles Prinzip zu erklären, irgendein dunkles, ewiges, allgemeines Weltprinzip, das dem (angeblich ja vor allem metaphysischen) Grundbedürfnis des Menschen entgegenkommt.

Himmel und Erde werden andererseits aus diesem hierarchischen Modell auch wieder herausgenommen und an einen »natürlichen Platz« verwiesen, sie haben nichts Göttliches an sich und stehen dem Menschen neutral gegenüber. Damit ist auch intendiert, daß etwa Kulthandlungen für sie völlig sinnlos sind. Der Mensch ist letztlich zwar mit allem verbunden, aber allein:

> Himmel und Erde sind nicht menschenfreundlich;
> Sie nehmen die zehntausend [=alle] Wesen für Strohhunde
> [billige Opfergegenstände].
> Der Heilige Mensch [=Weise] ist nicht menschenfreundlich;
> Er nimmt die hundert Geschlechter [=alle Menschen] für
> Strohhunde.
>
> Himmel und Erde, wie gleicht
> ihr Zwischenraum einem Blasebalg!
> Er fällt nicht ein, ob noch so leer;
> Je mehr bewegt, gibt aus er um so mehr.[5]

Diese Vorstellung ist natürlich angesichts der Debatten um das himmlische Mandat revolutionär: solche Debatten werden damit überflüssig, da sich der Himmel wie die gesamte Natur nicht um den Menschen schert. Der Mensch wird auf sich selbst verwiesen, und das vorherrschende Legitimationsmuster für Herrschaft fällt schlichtweg aus. Ein Herrscher ist nicht mehr als andere

Menschen der Sohn des Himmels, obwohl manche Textstellen dagegen sprechen, sondern schlichtweg ein Mensch von gleicher Natur und genauso wenig Berufung wie andere auch. Er hat seine herausgehobene Stellung nur gegenüber den Menschen und aufgrund der faktischen gesellschaftlichen Struktur - jegliche metaphysische oder soziokosmische Basis für seine Herrschaft als Bindeglied zwischen Menschen und Kosmos ist ihm genommen. Allerdings darf nicht übersehen werden, daß damit auch die Möglichkeit, ihn mit der Interpretation von Naturkatastrophen als himmlische Warnungen zu schrekken, umgehend wegfällt.

IV.

Viel verständlicher ist das Daodejing in seinen Passagen über die weise Lebensführung und die dem dao gemäße Regierung. Es kritisiert massiv den konfuzianischen Tugend- und Pflichtenkanon, ohne aber den Gegner beim Namen zu nennen. War für Konfuzius tugendhaftes Verhalten immer mit klassischer Bildung verknüpft und nur auf dieser Basis möglich, setzt Lao Zi Gelehrsamkeit gerade in Gegensatz zum Wissen. Was nicht heißt, daß das Daodejing nicht einen immensen Hintergrund an Bildung besäße. Der Autor (oder das Verfasserkollektiv) war kein dunkler Rauner, der seine Erkenntnisse aus der Introspektion oder meditativer Versenkung bezogen hätte oder seinem Anspruch nach viel Wert auf gebildeten Stil gelegt hätte.

> Glaubwürdige Worte sind nicht schön,
> Schöne Worte sind nicht glaubwürdig.
> Wer gut ist, disputiert nicht,
> Wer disputiert, ist nicht gut.
> Ein Wissender ist nicht gelehrt,
> Ein Gelehrter ist nicht wissend.[6]

Der Angriff richtet sich weniger gegen Bildung überhaupt als gegen einen formellen, nur dem Auswendiglernen und Nachbeten der Klassiker verpflichteten Bildungskanon, wie er schließlich unter der Han-Dynastie zunehmend institutionalisiert worden ist. Auch die Tatsache, daß so viel von Tugend gesprochen wurde, war für Lao Zi ein Zeichen dafür, daß die wahre Tugend längst verloren gegangen war. Ähnlich wie eine Wendung des Konfuzius, der Gesetze und formalisiertes Rechtswesen als Mittel der Regierung ablehnte, da sie mit äußerlich anzuwendenden Zwangsmitteln ein Verhalten zu erzwingen suchten, das in einer geordneten Gesellschaft Ausfluß einer sittlichen Einstellung sein sollte, kritisiert das Daodejing:

so ging das Dau [der Weg] verloren
ihm folgte das De [die Tugend]
dann ging das De verloren
ihm folgte die güte
dann ging die güte verloren
ihr folgte die rechtschaffenheit
dann ging die rechtschaffenheit verloren
und ihr folgten die riten
die riten verdarben treue und vertrauen
und die wirrnis erhob ihr haupt[7]

Das mag auf den ersten Blick als Paradoxon erscheinen, das jegliche Form von Moral als unnatürlich verwirft, ist es aber nicht: Hier werden einfach Verfallsstufen gesellschaftlichen Lebens aufgezeigt, von einer als ursprünglich begriffenen Tugend als höchster Stufe über eine formal und explizit organisierte Rechtschaffenheit (Gesetze) hin zu einer leeren und vorgeblichen Sittlichkeit. Verwirrend ist dabei für uns, daß wir Güte, Rechtschaffenheit usw. gleich positiv bewerten, während Lao Zi sie abstuft. Die höchste Stufe, das dao, ist jederzeit wieder erreichbar, der Verfallsprozeß, der wohl auch historisch gedacht ist, umkehrbar. Und so ahistorisch sich das Laozi sonst auch gern geben mag, auch hier fehlt die Berufung auf das Altertum nicht, obwohl sie keine wichtige Rolle spielt:

haltet fest am Dau der alten
mit ihm zu leiten das neue[8]

die wahrhaft verständigen des altertums
feingeistig waren sie, verborgenes durchdringend
tief, unbegreifbar tief
und da sie nicht zu begreifen sind
muß man sie mühsam in bildern beschreiben:
zaudernd, wie flüsse im winter durchwatend
furchtsam, wie vor den nachbarn erschreckend
feierlich, wie ein gast sich gebärdend
vorsichtig, wie schmelzendes eis beschreitend
[9]

Der daoistische Weise ist anders, denn nur, wer begierdelos ist (der Drang nach Besitz und sinnlichen Reizen wird als Irrweg beim Streben nach einem »guten« Leben gesehen) und die intellektuelle Schönrederei meidet, wird das dao erkennen. Ähnlich wie Himmel und Erde kümmert sich der Daoist nicht eigentlich um die Menschen, weil er sich ständig ihrer Vergänglichkeit im Vergleich zum unvergänglichen dao und auch zu Himmel und Erde bewußt ist:

der wirbelwind dauert keinen morgen
der regenschwall dauert keinen Tag
wer aber erzeugt wind und regen?
himmel und erde

selbst himmel und erde können nichts
dauerndes schaffen
um wieviel weniger der mensch[10]

Der Weise hängt sich in diesem Bewußtsein nicht an die vergänglichen Dinge und lehnt vor allem auch, anders als Konfuzius dies forderte, Ehre (und damit verbundenen Reichtum) ab, er strebt nicht nach irgendwelchen politischen Posten oder Ruhm - so braucht er auch keinen Verlust zu befürchten. Der Wandelbarkeit menschlicher Verhältnisse setzt Lao Zi hier das Streben nach Ausgeglichenheit, einer tiefen Gelassenheit gegenüber Schicksalsschlägen entgegen.

Lao Zi, der viele Bilder aus der Natur verwendet, vergleicht seine Einstellung mit einem Kind, das noch nichts weiß, aber trotzdem vollkommen ist (es trägt ja alle Anlagen bereits in sich), mit dem Wasser, das zwar weich ist, aber dennoch einen harten Felsen abschleift. Er kehrt viele unserer Erfahrungen um mit einem paradoxen Blick für die eigentliche Funktionsweise von Dingen und Abläufen:

Wenn der Mensch geboren wird,
ist er weich und schwach.
Wenn er stirbt,
ist er fest und stark.
[...]
Das Feste, Starke ist des Todes Begleiter,
das Weiche, Schwache des Lebens Begleiter.[11]

Der Weise versucht, weich und leer zu werden, was vor allem heißt, sich dem Gang der Dinge nicht zu widersetzen. Es steckt aber, an manchen Stellen deutlich durchklingend, hinter vielen Überlegungen auch ein Ziel, das höchste irdische Gut für den Menschen zu erreichen: sein Leben möglichst zu verlängern, oder nach altchinesischer Sicht: nicht zu verkürzen. Man ging damals anscheinend davon aus, daß jedem Menschen mit seiner Geburt zugleich eine gewisse Lebensspanne gegeben sei, die er durch eine entsprechende Lebensführung voll ausschöpfen könne. Lebensspanne nicht etwa wie im Abschnitt über Mo Di erwähnt im Sinne des Buches des Lebens, in das nach zufälliger Entscheidung der Tag des Todes bereits bei der Geburt eingetragen wird, sondern im Sinne einer gewissen Menge an Lebensenergie, die individuell durchaus differieren kann. Diese Lebensenergie läßt sich pflegen und wird mit einer Art Atem gleichgesetzt:

> die atemkraft sammelnd, geschmeidig werdend
> kann man nicht zurückkehren zum kindsein?[12]

Vorstellungen, die auch wir heute kennen, wenn wir nur an Nachrichten denken wie: »jährlich sterben in der BRD etwa 200000 Menschen vorzeitig an den Folgen der Arbeitshetze.« Hinter dem Wort »vorzeitig« verbirgt sich die Vorstellung, jeder Mensch könne je nach seiner Natur, die Abwesenheit von Unfällen, Naturkatastrophen oder Seuchen vorausgesetzt, etwa 75 Jahre alt werden, wenn diese Natur nicht vorher verschlissen oder »verbraucht« wird. Lao Zi hatte erkannt, daß intensives Streben nach weltlicher Anerkennung und Reichtum nicht nur den Charakter verderbe, sondern auch das Leben verkürze. Im Umfeld des Daoismus entwickelten sich entsprechende Bemühungen, durch meditative Praktiken, durch Medikamente, Wunderdrogen, eine bestimmte Ernährung usw. das Erreichen eines möglichst hohen Alters sicherzustellen - bis hin zur Suche nach dem Elixier des ewigen Lebens, die manche Daoisten in die Arme der Alchemie trieb. Daoistische Spekulationen wurden zu einer wichtigen Triebfeder altchinesischer Naturforschung und Magie.[13] Auf die Vorstellung, diese Lebensenergie werde durch engen, tätigen Kontakt mit der Welt außerhalb des Körpers vermindert oder entweiche gar durch die Körperöffnungen, scheint Kapitel 52 anzuspielen:

> Wer seinen Zugang sperrt
> Und seine Pforten schließt,
> Des Leib ist ohne Mühsal bis zum Ende.
> Wer seinen Zugang öffnet
> Und fördert seine Werke,
> Des Leib ist ohne Rettung bis zum Ende.[14]

Der Weise versucht auf diesem Hintergrund, sich wieder dem Kindsein anzunähern, das Lao Zi auch als der gegenüber dem höchst diffizilen gesellschaftlichen Leben nicht natürlichere, sondern vor allem humanere Zustand erscheint. Im Gegensatz zu Mo Di wird an vielen Stellen deutlich: das Laozi spricht nicht aus der Perspektive der kleinen Leute, es verfolgt nicht den Lebensweg der Mehrheit der Bevölkerung, die sich kärglich auf dem Lande durchschlägt, sondern es hat die privilegierten Schichten im Auge, gibt Vorschläge, wie man sich als jemand, der Macht ausübt, verhalten soll, propagiert aber neben Überlegungen zu einer Lebensführung, die eigene politische Rückschläge nicht zu persönlichen Katastrophen werden läßt, auch den Regierten ihre Freiräume zu lassen und sich selbst nicht an die Insignien der Macht und die Zerstreuungen der Mächtigen zu verlieren:

Die Fünf Farben
Machen das Auge der Menschen blind;
Die Fünf Töne
Machen das Ohr der Menschen dumpf;
Die Fünf Geschmäcke
Machen den Mund der Menschen stumpf.
Wagenrennen und Jagden
Machen den Sinn der Menschen toll;
Schwer erlangbares Gut
Macht ihren Wandel bürdevoll.

Deshalb, der Heilige Mensch
Tut für den Bauch,
Nicht für das Aug.[15]

Hatte Mo Di das üppige Prassen aus Gründen der Verschwendung, die zum Elend des Volkes führe, abgelehnt, sprach er also für die, die wenig hatten, dreht Lao Zi die Perspektive um: Er warnt Reiche vor einem ausschweifenden Leben, weil es abstumpft, er lehnt die Zurschaustellung von Reichtum ab, weil er den Reichen belastet und dem Armen sein Elend bewußt macht - kurz, er wendet sich an die, die sich den Luxus leisten können, um sie vor seinen Folgen zu warnen. Die Legende vom Hofbeamten, der sich auf dem Rükken eines Ochsen enttäuscht oder voller Überdruß von seiner Stellung und der Zivilisation überhaupt abwendet, wird von der Perspektive, in der das Daodejing geschrieben ist, durchaus gestützt. Es stammt jedenfalls von keinem einfachen Mann aus den unteren Schichten, sondern von jemandem, der das Leben auf großem Fuß kennt und zumindest die Vorhallen der Macht bewohnt hat. Das Werk begeistert immer wieder durch seine überraschenden, scharfsinnigen Vergleiche, durch seine Umwendung vertrauter Sichtweisen:

dreißig speichen umringen die nabe
wo nichts ist [im Loch für die Achse]
liegt der nutzen des rads

aus ton formt der töpfer den topf
wo er hohl ist
liegt der nutzen des topfs
[...]
so bringt seiendes gewinn
doch nichtseiendes nutzen[16]

Der Weise jedenfalls ist schweigsam und leer, die Orientierung am ewigen, unveränderlichen dao macht ihn duldsam und nachgiebig, er sucht nach Verlängerung seines Lebens und meidet unnötigen Trubel - er nähert sich dem dao an.

V.

Während Zhuang Zi seiner Neigung, sich über politische Betätigung aus ganzem Herzen lustig zu machen, kaum jemals widerstehen kann, entwirft Lao Zi in seinem Werk das Bild eines idealen Herrschers, der natürlich dem daoistischen Weisen ähnelt. Sein Trend, sich dem Getriebe der Welt zumindest partiell zu entziehen, führt ihn nicht dahin, jede Betätigung im praktischen gesellschaftlichen Leben abzulehnen, obwohl er ihr gegenüber sehr skeptisch ist. Für einen gut Regierenden muß nach seiner Ansicht das wu wei im Vordergrund stehen. Was auf den ersten Blick ein wenig überrascht, denn das heißt so viel wie Nichttun (was allerdings vom süßen Nichtstun zu unterscheiden ist). Lao Zi versteht darunter nicht völlige Inaktivität wie einige seiner späteren Anhänger, sondern primär den Verzicht auf unnötige legislative und administrative Eingriffe in das Leben der Menschen. Eine gute Regierung soll das Volk in Ruhe lassen und sich auf die Regelung des absolut Unerläßlichen, vor allem auch auf die Sicherstellung der Ernährung, konzentrieren. Lao Zi lehnt eine direkte Gewalt- und Ausplünderungspolitik gegenüber dem eigenen Volk mit ähnlicher Schärfe wie Mo Di ab:

prachtvoll sind die paläste der fürsten
verwildert aber sind rings die äcker
und leer die getreidespeicher
die bunten gewänder der edlen glänzen
sie tragen scharfgeschliffene schwerter
übersättigt mit speise und trank sind sie
das beste ist ihnen zuwider
vor überfluß wissen sie nicht
wohin mit den schätzen und kostbarkeiten

das aber nenn ich »erbärmliches großtun von räubern«
nichts hat ihr tun gemeinsam mit dem Dau![17]

Die gute Regierung ist damit eine solche, welche die Menschen nicht spüren. Lao Zi ist von tiefer Skepsis gegenüber jeder Herrschaft geprägt, er bemüht sich vor allem darum, den Einfluß von Regierungen auf das Leben der Menschen zu beschränken, um den Schaden, den sie gemeinhin anrichten, zu begrenzen. Daß denen, die wenig haben, auch das noch weggenommen wird, um es denen zu geben, die ohnehin schon genug besitzen, kann nach seiner Meinung nur verhindern, wer das dao hat, sich selbst nicht an Besitz bindet und auf gesellschaftliche Konventionen, das übliche Spiel um Macht und Reichtum, pfeift. Dies ist die praktisch-gesellschaftliche Seite dessen, was er dem Individuum um seiner selbst willen anempfohlen hat.

Auch Konfuzius und Mo Di haben Ratschläge für individuelles Verhalten erteilt, aber ihnen ging es dabei nicht um das Glück, die Gelassenheit oder die Lebenslänge des einzelnen, sondern darum, ihn zu einem Umgang mit anderen zu führen, der das Funktionieren ihres Gesellschaftsmodells sicherstellte. Die persönliche Seite für den einzelnen trat dabei für beide in den Hintergrund, sie waren primär an einer idealen Staatsform interessiert. Das Laozi dagegen hat selbstverständlich auch Vorstellungen politischer Natur, rückt aber das Individuum daneben in den Blickpunkt; hier zeigen sich erste Entwicklungen der Frage »wie soll ich gut leben?«, wobei »gut« hier nicht meint: »wie verschaffe ich mir eine Tafel, die unter der Menge der Speisen ächzt?«, sondern durchaus Aspekte der persönlichen Befriedigung unter dem Aspekt der privaten Zufriedenheit und der Rechtfertigung einer Lebensform betrachtet. Parallel dazu gibt es auch implizite Ansätze zu Überlegungen über die Natur des Menschen, hier noch weitgehend auf die Lebensenergie beschränkt.

Daß das Daodejing neben dem Yijing in Europa das beliebteste der alten chinesischen Bücher ist, dürfte auf diese Seite des Textes zurückführen sein. Ein moderner europäischer Leser wird sich seiner Tradition entsprechend als Individuum mit ganz persönlichen Ansprüchen verstehen und weniger an staatstheoretischen Überlegungen interessiert sein als vielmehr daran, auf Fragen wie »wie werde ich glücklich?« eine Antwort zu erhalten. Und hier kommt ihm das Daodejing weiter entgegen als etwa Konfuzius, der einen ganz und gar unindividuellen Sittenkanon predigt, der jedem je nach seiner Stellung in der Gesellschaft oder der Familie einen bestimmten Pflichtenkanon zuweist, auf Fragen nach individuellem Glück aber mehr oder weniger passen muß. Das gute und vernünftige Leben für Konfuzius ist es, fleißig zu lernen und seinen Pflichten anderen gegenüber prompt nachzukommen, sich zu beherrschen und jederzeit die nötige Ehrerbietung und Ernsthaftigkeit an den Tag zu legen. Mo Di hat das Glück des ausgebluteten Volkes im Auge, aber nicht das individuelle, sondern das kollektive, das ganz fundamental in der Abwesenheit von Krieg, Hunger und Ausplünderung besteht. Lao Zi sieht neben diesen auch für ihn grundlegenden Faktoren noch den anderen Aspekt persönlicher Lebensführung und persönlichen Glücks. Was dabei aber dem modernen Leser gern entgeht, ist, daß sein Ideal auf materiell gut gestellte Gebildete bezogen ist. Fragen, die für ihn wichtig sind - das Fernhalten von Pomp und übermäßigen sinnlichen Genüssen, innere Freiheit gegenüber dem persönlichen Besitz und Karriererückschlägen, Atemübungen zur Pflege der Lebensenergie - sind für einen Bauern, der in Hunger und Elend lebt und durch Fronarbeit und Kriegsdienst nach einem erbärmlichen Leben einen frühen Tod finden wird, naturgemäß höchst uninteressant. Aber gerade diese Konzentration auf das (der drückendsten existentiellen Sorgen ledige) Individuum ist einer der neuen Aspekte des Laozi.

Fragen der Regierung betrachtet Lao Zi meist aus der Sicht der Regierenden. Seine politische Grundfrage ließe sich verallgemeinernd als »wie verhalte ich mich, wenn ich an die Macht komme oder an ihr zumindest teilhabe?« rekonstruieren. Ein guter Herrscher sorgt demnach für Ruhe im Volk, indem er selbstbescheiden lebt und niemanden besonders belohnt oder befördert. Das steht in krassem Widerspruch zu Konfuzius und vor allem Mo Di, die insbesondere durch umfangreiche Belohnungen und ehrenvolle Auszeichnungen dafür sorgen wollten, daß Weise sich an der Regierung und Verwaltung eines Staates beteiligen (und dabei, das darf getrost angenommen werden, auch nicht zuletzt an sich selbst und ihresgleichen dachten). Lao Zi sieht in einem Belohnungswesen aber vor allem die Ursache des Neides jener, die keinen Erfolg haben. Außerdem fürchtet er, und dies ist eine in China vertraute Überlegung, daß dadurch die Achtung vor und Begierde nach Reichtümern steigen und damit auch Versuche, sich illegal zu bereichern, Auftrieb erhalten. Den Regierenden wird in chinesischen Vorstellungen ein stärkerer moralischer Vorbildcharakter als in europäischen zugewiesen (beginnend mit dem himmlischen Mandat, das ja dem Tugendhaftesten unter den Menschen, und dies im Zweifelsfall auch nur auf Zeit, verliehen wird), es versteht sich also, daß im daoistischen Staat der Herrscher und sein ganzer Apparat aus selbstgenügsamen daoistischen Weisen bestehen muß. Zusammengefaßt:

achtet nicht die achtenswerten
und es wird nicht streit sein im volk
schätzt nicht schätzenswerte güter
und es wird nicht räuber geben im volk
zeigt nichts begehrenswertes
und es wird keine verwirrung sein im herzen des volkes

so herrscht der weise:
das herz leeren
den bauch füllen
stärken die knochen
schwächen den willen

immer läßt er das volk ohne wissen und begierde
und die klugen ohne mut zum handeln
durch nichthandeln bleibt nichts ungeordnet[18]

Lao Zi denkt an einen Ausgleich der Rangunterschiede, es soll niemand bevorzugt werden und darum niemand nach etwas streben können. Dadurch soll es zu einer Beruhigung der gesellschaftlichen Verhältnisse kommen - ein gewisser Egalitarismus steckt bei Lao Zi zwar hinter seinen politischen Überlegungen, er lehnt Reichtum und Besitzunterschiede aber nicht direkt ab, sein Verhältnis dazu bleibt zwiespältig, sein Ideal des Weisen ist nicht das eines asketischen Menschen, sondern das eines Menschen, der sich um Reichtum nicht kümmert (auch wenn er ihn hat). Er denkt nicht an eine Umverteilung, sondern an einen gelassenen Umgang mit den Unterschieden. Für das Volk gilt: es soll satt werden, man muß sich aber hüten, in ihm darüber hinausgehende Bedürfnisse zu wecken. Das Volk soll bedürfnislos sein, die gelehrten Beamten sollen nicht zu irgendwelchem Handeln ermutigt werden. Lao Zi geht davon aus, daß möglichst wenig Aktivität und Ordnungswahn zu einer perfekten Ordnung führen.

Wegen der Schlichtheit der daoistischen Idealgesellschaft und in Anbetracht der zentralen Stellung des wu wei (Nichthandeln) hat man Lao Zi in die Nähe des Anarchismus gerückt.[19] Eine sehr fragwürdige Position. Es ist gewiß nicht ganz unproblematisch, *eine* anarchistische Theorie herauszuarbeiten, der alle, die sich selbst als »Anarchisten« bezeichnen oder die mit einigem Recht als solche bezeichnet werden, zustimmen können - zwischen dem radikalen Individualismus, einem zugespitzten Liberalismus und einem kommunistischen Anarchismus liegen Welten. Grundlage anarchistischer Theorien ist auf jeden Fall die Ablehnung einer Trennung in Herrschende und Beherrschte, sie wollen den Gegensatz zwischen Staat und Gesellschaft durch Abschaffung des Staates aufheben, was insbesondere heißt, daß eine Gesellschaft sich im wesentlichen selbst verwaltet, auch wenn sie dazu eines möglichst kleinen, jederzeit direkt von unten beeinflußbaren und absetzbaren Verwaltungsapparates bedarf. Das Ideal einer anarchistischen Gesellschaft, wie z.B. Godwin sie umreißt, wäre eine bestimmte Anzahl kleiner Gemeinden, in denen jeder jeden kennt. Die Mitglieder dieser Gemeinschaft wären gebildet und aufgeklärt, was in diesem Fall heißt: aus ganzem Herzen dem

Gemeinwohl verpflichtet und uneigennützig den Nachbarn ihre Erkenntnisse mitteilend. Beschlüsse, die alle betreffen, würden ohne bindende Wirkung auf Versammlungen in offener Abstimmung gefaßt, wobei alle gleiches Stimmrecht hätten. Schließlich würde auch das wegfallen und jeder lebte in den Grenzen, die ihm das Wohl seines Nächsten setzte, nach seinen eigenen begründeten Beschlüssen. Wie auch immer eine solche staatsfreie Gesellschaft oder Gemeinschaft aussehen mag: Gemeinsam ist Anarchisten die Ablehnung jeder Art von Herrschaft, vor allem jener durch ein Staatswesen, sei es nun eine Monarchie, eine Demokratie oder was auch immer (man verzeihe den etwas laxen Gebrauch von »Herrschaft«, »Staat« und »Gesellschaft«): »Mit welchem Entzücken muß jeder wohlunterrichtete Freund der Menschheit jener glückverheißenden Epoche der Auflösung der politischen Regierung entgegensehen, dieser rohen Maschine, welche die einzige fortdauernde Ursache der Laster der Menschheit gewesen ist, und in deren Substanz ... Übel verschiedenster Art beschlossen liegen, die nicht anders als durch ihre [der Regierung] völlige Aufhebung zum Verschwinden gebracht werden können.«[20]

In manchen Zügen ähnelt Lao Zis ideale kommunale Lebensform zwar solchen Utopien, aber sie soll von oben gelehrt werden, und seine Ablehnung von Technik und des Gebrauches der Schrift lassen darauf schließen, daß er die Quelle der Selbstgenügsamkeit und Zufriedenheit des Volkes nicht im reflektierten Verfolgen des dao, sondern (neben materieller Grundversorgung) in seiner planmäßigen Verdummung von oben sieht. Diese Interpretation ist zwar naheliegend, aber nicht die einzig mögliche, man könnte solche Stellen wohl auch als Ablehnung der Insignien der herrschenden Klasse sehen: Ihr Privileg war unter anderem auch die Bildung, während die Mehrheit weder lesen noch schreiben konnte, und die Entwicklung und Verbreitung von Techniken dürfte mit der zunehmenden Einbindung und der gleichzeitig zunehmenden Auflösung einer ursprünglichen ländlichen Stammesordnung in immer dirigistischeren Staatswesen parallel gegangen sein. Trotzdem bliebe selbst bei einer solchen »anarchistischen« Interpretation des 80. Kapitels das Problem bestehen, daß Aufklärung der Gesellschaft über ihre mißliche Lage ein Hauptanliegen jedes Anarchisten sein muß, wenn seine Arbeit gegen den Staat erfolgreich sein will.

klein sei das land, das volk gering an zahl
so viele werkzeuge es gibt, gebraucht sie nicht!
lehrt das volk den tod scheuen und weites wandern meiden!
gibt es auch boote und wagen
man besteige sie nicht
gibt es auch harnisch und waffen

man hole sie nicht hervor
das schreiben schafft ab
lehrt die menschen wieder ... knoten[schnüre] knüpfen
[statt schriftzeichen zu verwenden]
die speise sei ihnen süß
die kleidung schön
die hütten bequem
die sitten fröhlich
die nachbarstaaten liegen dicht beisammen
man hört die hühner gackern, die hunde bellen
und doch verkehrt man bis zum tode
mit seinen nachbarn nicht[21]

Lao Zi greift aber nicht Herrschaft oder Staat überhaupt an, sondern hat Probleme mit der Art, wie Macht ausgeübt und wozu sie eingesetzt wird. Er propagiert Schlichtheit und Solidarität in einem System, das durchaus Herrschende und Staatswesen kennt. Lao Zi nimmt Herrschaft und Unterordnungsverhältnisse als gegeben an, er bemüht sich nicht um ihre Exegese oder Legitimation, sondern darum, sie im Interesse individuellen wie kollektiven Wohlergehens zu beschneiden.

»*Entweder* der Staat auf immer, der das individuelle und lokale Leben erdrückt, der alle Gebiete menschlicher Aktivität übernimmt, seine Kriege und inneren Machtkämpfe mit sich bringt, seine Palastrevolutionen, die lediglich einen Tyrannen durch einen anderen ersetzen, bis unvermeidlich am Ende dieser Entwicklung ... der Tod steht!

Oder die Zerstörung von Staaten und neues Leben, das in Tausenden von Zentren nach dem Prinzip der lebendigen Initiative des Individuums und von Gruppen und dem der freien Übereinkunft wieder aufblüht.«[22]

Dieser knappe Abriß der anarchistischen Alternative zeigt: Lao Zi ist kein ausgemachter Anarchist, teilt aber mit Anarchisten die Vorstellung des Individuums als eines betrachtenswerten Bestandteiles politischer und ethischer Theorien. Suchen Anarchisten nach der Befreiung des Individuums vom Staat, denkt Lao Zi an mehr Freiheit für Individuen im Staat - durch eine Veränderung ihrer Einstellung und eine Depotenzierung des Staates. Ein wichtiger Unterschied, der vor allem auch die gänzlich anders geartete gesellschaftliche Lage, die den verschiedenen Betrachtungsweisen zugrunde liegt, deutlich macht.

Das ideale Gemeinwesen ist für Lao Zi ein überschaubares Land, in dem zufriedene Bewohner in einem existenzsichernden Wohlstand leben, ohne sich irgendwelchen Luxus zu wünschen. Die Menschen dort sind an dem Geschehen um sich herum desinteressiert, reisen nicht und kümmern sich nicht um irgendwelche Gelehrsamkeit (das als Schlag gegen Konfuzius). Vor allem aber führen sie auch keine Kriege, obwohl sie Waffen kennen, die Gelassenheit des Daoisten steht in krassem Gegensatz zu jeder Kriegsführung. Die Geschichte frühen chinesischen politischen Denkens ist zwar von der Erfahrung des Krieges geprägt, zugleich aber von der Ablehnung kriegerischer Auseinandersetzungen, wenn auch nicht um den Preis der Selbstaufgabe - extremer Pazifismus ist in allen Kulturen eine Ausnahmeerscheinung. Krieg als Stärkung und Prüfung der Männlichkeit, zur Hebung des Gemeinschaftsgefühls und sittlichen Vervollkommnung, wie sie manche der Vorschwätzer noch unserer Väter auf dem Feld der Ehre zu finden meinten, ist zumindest in den überlieferten Quellen kein gängiger Topos. (Anders steht es allerdings z.B. mit einigen wenigen Liedern des Shijing, die wohl aus der frühen Kriegerkaste stammen.)

ein böses werkzeug sind waffen
je besser sie sind, um so böser
als unheilbringer verabscheut
so huldigt ihnen auch nie, wer dem Dau dient
in friedlichen zeiten widmet der edle sich edlem
[...]
gezwungen nur greift er zur waffe
der ruhe gleichmut schätzt er am höchsten
siegt er, so freut ihn der sieg nicht
wer des sieges sich freut
ist der mordlust verfallen
[...]
glückverheißend allein ist friedvolles tun
unglückverheißend das handwerk des krieges
und steht der flügelführer zur linken
zur rechten der mächtige feldherr
zu trauerfeiern rüstet euch
mit trauer und tränen gedenkt
der hingemetzelten scharen
mit trauerfeiern feiert den sieg![23]

Wo man das dao hat, werden Kriegspferde zum Mistfahren eingesetzt, wo man es nicht hat, weiden hingegen die Schlachtrosse im Feld.[24] In einer genügsamen daoistischen Welt ohne Begehrlichkeiten herrscht Frieden, es sei denn, man müsse sich auf seinem eigenen Territorium verteidigen. Dort, »wo Heere lagen, können nur Dornen und Disteln gedeihen; nach einer großen Schlacht folgen Jahre der Plagen.«[25]

Sun Zi, der (wahrscheinlich im -4. Jahrhundert) ein klassisches Werk zur Kriegsführung verfaßte, erkannte die Realität an, daß angesichts der ständigen Kämpfe verschiedener Staaten Kriegsführung, -planung und -vorbereitung zu ernst zu nehmen seien, als daß sie zufällig geschehen dürften. »Krieg ist eine Sache von lebenswichtiger Bedeutung für den Staat, weil das Schlachtfeld der Platz von Leben und Tod ist und der Krieg die Straße ins Überleben oder in den Untergang. Zwangsläufig muß der Krieg daher gründlich studiert werden.«[26] Sun Zi hält sich nicht lange bei Fragen der Berechtigung von Kriegen auf, ihn interessiert, mit welchen Mitteln ein Krieg zu gewinnen ist, er ist ein Militärtheoretiker, dessen Blick nicht auf die Zahl der Waffen fixiert ist, sondern neben strategischen Fragen auch gesellschaftliche Faktoren berücksichtigt. Krieg wird durch fünf zentrale Faktoren bestimmt: An erster Stelle steht der moralische Einfluß der Herrschenden, die das Volk so hinter sich scharen müssen, daß es bereit ist, ihnen auf Leben und Tod zu folgen, ohne die Gefahr zu beachten. Kurzum, Sun Zi empfiehlt intensive Propagandaarbeit, da er sich darüber im klaren ist, daß eine siegreiche Armee den Krieg bereits gewonnen hat, bevor sie überhaupt in die Schlacht zieht. Und hier spielt das dao eine wichtige Rolle: »Die im Kriegswesen geübt sind, kultivieren das dao und bewahren die Gesetze und sind so imstande, eine erfolgreiche Vorgehensweise auszuarbeiten.«[27] Ein Kommentator des +9. Jahrhunderts interpretiert diesen Ausspruch daoistisch: »Das dao ist der Weg von Humanität und Gerechtigkeit; ›Gesetze‹ sind Verordnungen und Institutionen. Die im Krieg hervorragen kultivieren zuerst ihre eigene Humanität und Gerechtigkeit und kümmern sich dann um Gesetze und Institutionen. Durch diese Mittel machen sie ihre Regierung unverwundbar.«[28] Auch für Denker also, die das dao in einem daoistischen Zusammenhang interpretierten, konnte dao als Mittel der Kriegsführung dienen. Lao Zi, der sich zu diesen Fragen nicht detailliert ausläßt, hätte für den Verteidigungskrieg jedenfalls ähnliches empfehlen können.

Lao Zi entwirft ein modernen Europäern, die sich nicht klar darüber sind, wie sehr sie von ihrer technisch-wissenschaftlich-ökonomisch orientierten Kultur geprägt wurden, je nach Geschmack fremd oder anheimelnd erscheinendes Bild einer friedlichen, von Gelassenheit, Einfachheit und beinahe schon Einfalt geprägten Gesellschaft, die sich zwar nicht an der Natur orientiert, aber mit einem rustikalen Leben durchaus zufrieden ist, ohne materielle Wünsche und vor allem intellektuelle Ansprüche, denen zutiefst mißtraut wird. Während der Legalismus die Intellektuellen um der Macht des Alleinherrschers willen bekämpft, der Konfuzianismus hingegen Gelehrsamkeit als den Weg zu tugendhaftem Verhalten preist und Mo Di bestrebt ist, Intellektuelle als Berater und Verwaltungsfachleute an den Hof zu binden, verwirft Lao Zi Bildung überhaupt als ein Entfremdungsphänomen und vom rechten

Weg abführend. Er sieht darin eine Verfallsstufe einer dem Menschen per Geburt mitgegebenen Humanität, die durch gesellschaftliche und individuelle Fehlorientierungen von den Menschen Besitz ergriffen hat.

Der Eindruck läßt sich nicht von der Hand weisen, daß sich auch hinter dieser Utopie das Bild eines Goldenen Zeitalters, wie es so oft entworfen wurde, verbirgt: gesellschaftliche Entwicklung erscheint dann als Ursache des fortschreitenden Verfalls von Humanität. Auch Lao Zis Weltbild, das in sein Zentrum das unwandelbare dao gerückt hat, aber das Diktat eines tyrannischen Himmels von den Schultern der Menschheit nahm, erhält damit gewisse statische Züge und einen verklärten Blick zurück. Zugleich weist sein impliziter Antiintellektualismus Lao Zi als einen Intellektuellen par excellence aus, »... ein großer Teil ihrer [gemeint sind die Intellektuellen] Tätigkeit besteht darin, sich gegenseitig zu bekämpfen und Lanzen zu brechen für Klasseninteressen, die nicht ihre eigenen sind.«[29] Nach dieser Definition ist Lao Zi wie auch Mo Di oder Konfuzius ohnehin ein typischer Intellektueller. Wenn er die Bildung fürs Volk ablehnt und sich sogar für die Rückkehr von der Schrift zu Knotenschnüren ausspricht, hat er dabei sicher nicht an sich selbst, dessen Stil meisterlich entwickelt ist, gedacht.

Welch Gegensatz seiner Vorstellung von der Beschränkung der Bildung auf wenige oder gar von der Verwerfung gesellschaftlichen Wissens und technischer Entwicklungen zu einer modernen marxistischen Position:

»Die Intelligenz ist wohl die älteste ständig vorhandene Schicht in der Geschichte der menschlichen Gesellschaften und wird als einzige übrig bleiben. ... Wenn Marx neben der wissenschaftlichen und künstlerischen auch noch die praktisch-geistige und religiöse Aneignung der Welt nennt, so ist die religiöse neben der praktisch-geistigen wohl die älteste, insbesondere, wenn wir an ihre Frühformen der Magie denken. ... Noch viel sicherer ist, daß der Bauer ... vor dem Kapitalismus die größte Klasse stellte, und daß die Arbeiterklasse ... mit allen anderen Klassen und Schichten in der Übergangszeit des Sozialismus zum Kommunismus als solche verschwinden wird. Übrig bleiben wird eine klassenlose Gesellschaft, in der alle zur Intelligenz gehören. ... Die sozialen Unterschiede zwischen den Menschen, die körperliche, und denen, die geistige Arbeit leisten, werden im Sozialismus nicht geringer, weil die soziale Rolle der Intelligenz wächst, sondern weil sich das Kulturniveau der Arbeiter und Bauern erhöht. ... Marx sieht die automatische Fabrik, die die körperliche Arbeit in der Industrie ersetzt, voraus; ... die Menschen [werden] in ihrer Freizeit, also außerhalb der notwendigen Arbeit als Überwacher und Regulatoren der Produktion ... sich vor allem auch ›rein geistig‹ bzw. - was immer schwerer zu trennen sein wird - ›rein künstlerisch‹ beschäftigen .... Überdies werden im vollendeten Kommunismus alle Menschen ein ... Grundlagenstudium in Wissenschaft und Kunst nach dem Schulabschluß durchführen. Sie alle werden in der Lage sein, die großen Werke der Wissenschaft und Kunst der Vergangenheit ... nachzudenken und nachzufühlen.«[30]

Für Lao Zi eine wahre Horrorvision, die ihn als Vorläufer entwickelter kommunistischer Vorstellungen gänzlich ungeeignet macht.

VI.

Der an Lao Zi anschließende Daoismus setzt vor allem die metaphysischen Tendenzen des Daodejing fort, er entwickelt meditative Traditionen, bildet eine eigene Magie und Alchimie aus und gründet religiöse Institutionen mit zahlreichen Göttern, Klöstern und einer eigenen Orthodoxie. Er geriet schon unter der Han-Dynastie zur Weltfluchtreligion, die großen Rückhalt im Volk gewann - es gab aber auch von Daoisten inspirierte Bauernaufstände. Der Daoismus wurde zu einem religiösen System und eine von den jeweiligen politischen Bedürfnissen bestimmte Ideologie, die in den verschiedensten Bereichen individuellen wie kollektiven Lebens ihre Blüten trieb, zum Teil natürlich auch recht fragwürdige. Dabei verband er sich mit Elementen anderer, ihm ursprünglich rivalisierend gegenüberstehender Lehren zu eigentümlichen Konglomeraten.

Ein wichtiger Punkt bei dieser erfolgreichen Verwandlung in volkstümlichen Glauben war die Aufnahme von Elementen der Volksreligion in daoistische Vorstellungen und später auch eine gewisse Allianz mit dem Buddhismus, der aus Indien einige dem Daoismus verwandte Grundzüge mitbrachte.

Nicht ohne Spott werden die Jünger des Lao Zi in der späteren chinesischen Literatur gezeichnet. Ihnen fehlt der sittliche Ernst ihres Ahnherrn, die daoistischen Klöster und Tempel haben sich eher in Dienstleistungsunternehmen verwandelt, die gegen einen gewissen Obolus alle möglichen Zeremonien vollziehen, die bei den üblichen Gelegenheiten des Familienlebens nun einmal anfallen. Der Gegensatz zwischen den hehren Worten dieser Jüngerschaft und ihrem Gewinnstreben sind immer wieder ein Thema der Belustigung. So auch im Jinpingmei [King Ping Meh] aus der ersten Hälfte des 17. Jahrhunderts, wenn ein reicher, intriganter Kaufmann Besuch von einem Mönch erhält, der Neujahrsgeschenke überbringt:

Simen Tjing saß gerade im Herrschaftshause beim Mahle, als Dai-an mit einer Karte eintrat, die die Worte trug: Der bescheidene Vertreter des Dau, Wu Dsung-dja (= der Löbliche seiner Gattung), aus dem Tempel des Erhabenen-Höchsten verneigt sich mit Empfehlungen.

»Der Mönch hat sich wieder einmal herbemüht!« rief Simen Tjing aus und gab durch Dai-an dem Leibpagen den Auftrag, eine Unze Silber einzupacken und ihm mit einer Empfangsbestätigungskarte auszuhändigen. .... »Wer ist denn aus dem Tempel hier?« wandte er sich an Dai-an.

»Sein zweiter Jünger Ying-tschun (= der Lenzfreudenbereite) hat die Geschenke begleitet.«

Simen Tjing ging hinaus. Ying-tschun warf sich vor ihm auf sein Antlitz: »Mein Meister sendet Euch viele Empfehlungen, Väterchen. Leider besitzt er nichts, womit er seine Ehrfurcht angemessen bekunden könnte. Deshalb soll ich, sein Jünger, die Gebete für die Gottheiten des Himmels und der Erde und diese Kleinigkeiten zum Weiterverschenken überbringen.«

»Vielen Dank deinem Meister und Lehrer für die Fülle der Geschenke!« erwiderte Simen Tjing seine Begrüßung flüchtig. Gleichzeitig bat er ihn, Platz zu nehmen.

»Wie dürfte ich mich niederzusetzen wagen!« lehnte Ying-tschun unter tiefer Verneigung ab.

»So nimm doch Platz! Ich möchte noch etwas mit dir besprechen«, ermunterte Simen Tjing.

Der Jünger des Dau mit seinem kleinen Käppchen und der schwarzen baumwollenen Kutte mit spitzzulaufendem Kragenausschnitt lehnte erst noch einige Male bescheiden ab, ehe er einen der Stühle zur Seite stellte und sich darauf niederließ:

»Darf ich um Weisungen bitten, Väterchen?«

»Ich habe für den ersten Mond ein Opfer gelobt und wollte deinen Meister beauftragen, es für mich zu vollziehen. Ferner möchte ich meinem Söhnchen einen Schutznamen beilegen lassen. Ob dein Meister wohl Zeit dafür hat?«

»Ihr braucht nur Eure Befehle zu erteilen, Väterchen«, gab der Jünger zur Antwort und stand rasch auf. »Was es auch immer sein mag, nichts würden wir abzulehnen wagen. Darf ich mir die Frage erlauben, ob schon ein bestimmter Zeitpunkt des ersten Mondes festgelegt worden ist?«

»Ich habe mich für den Neunten entschieden als den Geburtstag eurer Gottheit.« [Die Daoisten hatten einen dichtbesiedelten Götterhimmel entwickelt, wovon bei Lao Zi noch nicht die Rede war.]

»Ja, dieser Tag ist wirklich ein himmlischer Geburtstag«, bestätigte der Jünger. »Er ist in unserem Almanach Nephritschächtelchen vermerkt. Ich lade alle Glaubensgenossen zum Glückwunschgebet ein, auf daß die fünf Arten des Glückes sich häufen mögen. Wenn man einen Gottesdienst mit Fasten veranstaltet, paßt es also sehr gut. Darf ich noch fragen, ein wievielteiliges Opfer es sein soll?«

»Mir ist im siebenten Monde dieses Jahres ein Söhnchen geboren worden. Aus diesem Grunde habe ich ein hundertzwanzigteiliges reines Opfer gelobt.«

»Wieviele Priester des Dau soll ich für den Tag laden?«

»Sechzehn sind genug«, erklärte Simen Tjing.

Die Diener rückten nun einen Tisch zurecht und brachten Tee. Zunächst wurden dem Mönche außer der einen Unze für die Festgeschenke noch fünfzehn Unzen Messegeld ausgehändigt.

»Die Almosenspenden für jeden der Mönche braucht Dein Meister nicht bereitzustellen. Ich werde das alles regeln und Opferpapiergeld, Weihrauch und Opferkerzen mitbringen.«

In freudiger Erregung entfuhr dem Mönch ein Furz, und er näßte sich die Hose. Als er sich fortzugehn anschickte, bedankte er sich wieder und wieder und warf sich auch immer von neuem auf sein Antlitz.[31]

Die Jünger des Lao Zi scheinen mit den Jahrhunderten ganz beträchtlich vom rechten Weg abgekommen zu sein, und (nicht zuletzt auch aufgrund der Armut vieler Klöster) ein beträchtliches Kriechpotential entwickelt zu haben, so sehr ihnen auch die offensichtliche Verachtung der privilegierten Gebildeten wie in diesem Fall entgegenschlug.

> »Wem andere Menschen sich beugen,
> dem mußt auch Du Dich beugen«:
> Welch Öde doch! Und kein Ende noch![32]

HAN FEI ZI

Politik statt Moral

(Han Fei Tse, Han Fei Tzu)
Geboren ca. -280 im Staat Han (Zentralchina)
Gestorben -233/232 im Staat Qin (Westchina)

I.

Han Fei Zi war ein extremer Vertreter staatlicher Ordnung - dies nicht, weil er durch sie eine verlorengegangene, rituelle Harmonie der Welt wiederherzustellen gedachte, sondern aus durchaus kühler Überlegung, die gelegentlich dank ihrer Klarheit einen Zug des Grausamen annimmt. Er hatte den Standpunkt älterer Philosophen hinter sich gelassen, die dem Herrscher ein Wissen in die Hand zu geben trachteten, das sie als moralisch verstanden und mit dem sie einen Ausgleich der Interessen verschiedener Gesellschaftsschichten suchten, um die Welt wenigstens in Teilen zu harmonisieren. Han Fei dagegen interessierte sich nicht im geringsten für Fragen irgendeiner Moral und stellte sich offen gegen alles Überlieferte, das sich als so wenig brauchbar erwiesen hatte, zur Befriedung der Menschen beizutragen. Er lehrte Herrschaft nicht als Anstalt zur Durchsetzung bestimmter ethisch geprägter Lebensformen, sondern als eine Technik, die nur ein Ziel kennt: die Macht des Alleinherrschers als auch faktisch einzige Macht im Staat zu etablieren und so weit auszubauen, daß an Interessengegensätze gar nicht mehr zu denken ist, da das System allen nur die Verfolgung eines einzigen Interesses erlaubt: das des Herrschers nämlich.

Dieser Denker mißtraute jeglichen moralischen Traktaten als verlogenem Blendwerk, das zum Verfall des Staates beitrüge. Er erhob damit Politik aus den Niederungen der historischen Gelehrsamkeit zu einer praktischen Wissenschaft, die Lehren aus den tatsächlichen Verhältnissen ihrer Zeit zog und ohne tradierte Vorurteile nach einem wohlbegründeten, systematischen Vorgehen strebte. Seine Ziele: Einerseits die internen Auseinandersetzungen innerhalb der Staaten zu beenden und der willkürlichen Unterdrückung des Volkes durch alle möglichen Cliquen für immer ein Ende zu bereiten und andererseits die Vielstaaterei mit ihren zwischenstaatlichen Kriegszügen zu beenden, indem ein Regent alle anderen Staaten überrannte und seiner Fuchtel unterstellte - wie es dem von ihm beratenen Qin Shih Huang Di dann auch bald nach Han Feis gewaltsamem Tod gelang. Sein Mittel: Den unberechenbaren Terror, den verschiedene mächtige Gruppen im Staate untereinander und gegen andere Gruppen entfalteten, durch den noch grausameren, aber für alle berechenbaren und rational dosierten Terror einer einzigen Person zu ersetzen, der gegenüber alle anderen gleichermaßen nur eines wären: Untertanen nämlich, die ständig um ihr feiles Leben zu zittern hätten, und dies um so mehr, je höher sie in der gesellschaftlichen Hierarchie gelangten.

Han Fei Zi macht mit langweilender Beharrlichkeit in immer neuen Variationen deutlich, was man sich unter seiner Revolution aller Politik vorzustellen hat. Dieser über die Maßen gebildete und vor allem auch in den praktischen Erfordernissen der Welt erfahrene und politisch höchst erfolgreiche wie gefährdete Mann schreibt mit der Beharrlichkeit und Uneleganz eines Menschen, der einer einzigen Idee nachhängt, die auf andere als fixe Idee wirken könnte, so daß er sie durch Wiederholungen einzuprägen gedenkt, statt sie durch Leichtigkeit der Darstellung als eine, und zwar die beste, unter vielen möglichen diskutierbaren Ideen erscheinen zu lassen, aber dem Widerspruch auszusetzen. Und in der Tat, Han Fei wollte mit seiner Lehre nicht nur die Welt befrieden, sondern auch als ein Mittel dazu alle Diskussionen zu einem notfalls blutigen Ende bringen; der Idee nach müßte sein Buch das letzte aller theoretischen Bücher sein und alle Philosophie für immer abschließen. An deren Stelle träte allein praktische Politik, Wirklichkeit und kein Blabla, und jeglicher Kopf mit abweichenden Gedanken über Moral, Regierungsaufbau und ähnlich wichtige Fragen wäre auf der Stelle abzuschlagen, sofern seine Vorschläge keinen praktischen Nutzen mit sich brächten. Aber man mache sich kein falsches Bild von Han Fei - er war nicht blutrünstig, sondern gänzlich resigniert und vor allem äußerst realistisch.

Wie der bedeutendste chinesische Vertreter eines ausschließlich positiven Rechtes ohne moralische Rücksichten sich allerdings die praktische Seite einer solchen Regierung vorstellte, kann nicht nur heute befremden, sondern war schon seinen Zeitgenossen suspekt: So berichtet er zustimmend, ein Herzog sei einmal betrunken eingenickt, worauf sein Kronenträger, der ihn der Kälte ausgesetzt sah, einen Mantel über ihn legte; als der Herzog erwachte, erkundigte er sich erfreut, wer ihm diesen Dienst getan habe. Als er hörte, es sei der Kronenträger gewesen, ließ er diesen und den Mantelträger hinrichten: den einen, weil er seine Kompetenzen überschritten, den anderen, weil er seine Pflicht vernachlässigt hatte. »Nicht, daß der Herzog keine Angst davor gehabt hätte, sich zu erkälten, aber er dachte, die Verletzung der zugeschriebenen Pflichten sei schlimmer als eine Erkältung,« wie Han Fei kommentierend anmerkt.[1]

II.

Im Gegensatz zu den oft legendenhaften oder offensichtlich fiktiven chinesischen Philosophen- und Herrscherbiographien ist man über die wichtigsten Fakten aus dem Leben Han Feis recht genau unterrichtet. Er stammte aus einer zur Führungsschicht des Staates Han gehörenden Familie und machte sich ebenso intensiv mit den politischen Problemen seiner Zeit wie mit den philosophischen Debatten der Vergangenheit und Gegenwart vertraut - sein Lehrer war der berühmte Gelehrte Xun Zi, bei dem wohl auch Li Si, der bedeutendste Minister des ersten Kaisers, gelernt hat. Wie die meisten chinesischen Philosophen der klassischen Epoche bemühte sich Han Fei Zi selbst um direkten politischen Einfluß: Da es ihm angeblich wegen eines Sprachfehlers unmöglich war, an philosophisch-politischen Streitgesprächen teilzunehmen und seine Ideen auf diese Weise bei Hofe zu propagieren, wählte er den von den meisten Philosophen eingeschlagenen Weg, Denkschriften zu politischen Problemen zu verfassen. In Han fanden seine Vorschläge, die auf eine radikale Reform des Staates hinausliefen, allerdings keinen Anklang. Erst als Gesandter im Nachbarstaat Qin erfuhr Han Fei die Anerkennung seiner Fähigkeiten. Fürst Zheng, Herrscher von Qin und später nach der Einigung Chinas als Qin Shi Huang Di »Erster Kaiser«, schätzte seine Schriften sehr und machte ihn zu seinem Berater.

Auch Han Fei Zis Leben fiel in das Ende der Zeit der »Streitenden Reiche«, des etwa zweihundert Jahre währenden Abschnitts der chinesischen Geschichte, in dem permanente zwischenstaatliche Kriege die Zahl der Staaten per Annektion verringerten, bis der Staat Qin etwa zehn Jahre nach Han Feis Tod seine Macht auf Gesamtchina ausgedehnt hatte. Woran letztlich Shang Yang, seinem ein Jahrhundert älteren legalistischen Vorgänger, und Han Fei ein nicht unbedeutender Anteil zukam, da sie die Organisation des Staates Qin wesentlich mitgeprägt hatten - nach dem Untergang der Qin wenig später war es dann selbstverständlich, daß beide Philosophen als blutrünstige Apologeten der schieren Machtpolitik in Verruf gerieten. Ihre legalistische Philosophie bleibt bis heute untrennbar mit diesem Abschnitt chinesischer Geschichte verbunden.

Han Fei Zi entwickelte die zentralen Positionen seiner Lehre in kritischer Auseinandersetzung mit konfuzianischer Philosophie, die behauptete, die momentanen politischen und gesellschaftlichen Verwerfungen seien dadurch entstanden, daß man sich vom Weg des Altertums abgewandt habe. Ihrer Ansicht nach mußte im Mittelpunkt einer jeden politischen Reform, die auf eine Harmonisierung der Welt bedacht war, das Bestreben stehen, die traditionellen Riten und Hierarchien wiederherzustellen. Han Fei hält dieses statische Geschichtsbild mit seinem Drang zurück zum Goldenen Zeitalter für schlichtweg falsch und blauäugig. Er sieht in der Geschichte Veränderungen, denen man Rechnung zu tragen hat und die nicht rückgängig zu machen sind. Im Altertum hat es nach seiner Ansicht nur wenige, sehr anspruchslose Menschen gegeben, die mit einer harten Natur kämpften:

»Die Menschen waren unfähig, sich der Vögel, Raubtiere, Insekten und Schlangen zu erwehren; da erschien ein Weiser, der, indem er Holzstücke zusammenfügte, Schlupfwinkel in den Bäumen baute, um die Menschen vor Schaden zu bewahren. Darüber waren die Menschen so froh, daß sie ihn zum Herrscher über alles unter dem Himmel machten und ihm den Namen ›Großes Nest‹ beilegten. In jenen Tagen lebten die Menschen von den Früchten der Bäume und von Gräsern ebenso wie von Muscheln, die die Geschmacks- und Verdauungsorgane beleidigten, so daß viele von ihnen krank wurden. Da trat ein anderer Weiser auf. Er lehrte die Menschen, das Feuer aus Steinen anzuzünden, um rohe und faule Nahrung zu vermeiden. Die Menschen bedankten sich dafür, machten ihn zum Herrscher und nannten ihn ›Großer Mann mit dem Drillbohrer‹. [2]

Abgesehen von dem interessanten Detail, daß hier nicht der Himmel, sondern die Menschen den Herrscher einsetzen, zeichnet Han Fei das übliche Bild des kargen Lebens in grauer Vorzeit, ausgestattet aus demselben Fundus, aus dem sich schon Mo Di bediente.

Immerhin gab es damals aber trotz der Ärmlichkeit für alle genug zu essen, und die Bedürfnisse waren deutlich geringer als in neueren Zeiten. »Darum gerieten die Menschen niemals in Streit miteinander. Folglich brauchte man keine großen Belohnungen zu versprechen oder mit harten Strafen zu drohen - die Menschen regierten sich selbst.«[3] Dieser Nachsatz hat eine einfache Motivation: Han Feis Denken war auch daoistisch beeinflußt, im Altertum sah er die Zeit des Nichthandelns, als alles seinen natürlichen Gang ging, ohne daß das zu Problemen führte.

Han Fei begründet die Auseinandersetzungen seiner Zeit primär mit der mittlerweile eingetretenen Vermehrung der Bevölkerung - die größere Zahl der Menschen hat bei gleichen Ressourcen und gestiegenen Bedürfnissen zu erbarmungslosen Verteilungskämpfen geführt, insbesondere der Boden ist so knapp geworden, daß selbst drakonische Strafen und verdoppelte Belohnungen die Menschen nicht mehr zurückhalten können. Han Fei ist Politiker, nicht Moralist, er führt die gesellschaftlichen Auseinandersetzungen nicht auf ein Nachlassen der Moral zurück, sondern erkennt klar eine veränderte sozioökonomische Situation als Grundlage der Schwierigkeiten. In dieser Situation noch immer an den tradierten Riten festhalten zu wollen, ist sinnlos. Doch dieser kurze Ausflug in Spekulationen über vergangene Zeiten hat bei ihm keinen größeren systematischen Stellenwert, er leitet nichts daraus ab, außer daß jemand, der heute noch mit einem Drillbohrer Feuer zu entfachen versuchte, verlacht würde. Für ihn ist Vergangenheit nur von Interesse, um zu zeigen, daß diese Vergangenheit weit zurückliegt und nichts mehr lehren kann, da die Verhältnisse gänzlich andere waren. Und er weiß auch, daß man über die großen Herrscher des Altertums, die er etwa 3.000 Jahre zurückdatiert, keine gesicherten Kenntnisse besitzt. Auf dieser Basis disputieren zu wollen, wäre Betrug und ist überdies gänzlich nutzlos, denn durch das Lob für die Alten wird die gegenwärtige Lage um nichts besser.[4] Die ganze Klasse von Gelehrten, die sich um den Hof scharen, ist ihm höchst verdächtig, wobei sich Han Fei nicht darüber im klaren gewesen zu sein scheint, daß auch er dazugehörte. Die den Gelehrten für ihre nutzlosen Reden erwiesenen Ehren führen dazu, daß Menschen nach Bildung streben statt sich produktiven Arbeiten zuzuwenden; die wirre Eloquenz der Philosophen verwirrt die Maßstäbe, läßt die Gesetze als zweifelhaft erscheinen und verstellt im Streben nach idealen Lösungen, verkörpert durch die Beispiele eines Yao und Shun, den Blick für die praktischen Bedürfnisse der Zeit. Die Welt wird von ganz und gar durchschnittlichen Menschen bewohnt, auch der Herrscher muß sich bewußt werden, daß er kein Genie ist; für das Zusammenleben dieser alltäglichen Menschen sind Lösungen zu finden. Auf ideale Herrscher wie die legendären Regenten der Vorzeit zu setzen, wäre, wie den besten Schwimmer unter dem Himmel aus einem entfernten Staat herbeiholen zu wollen, um einen gerade Ertrinkenden zu retten, der jetzt Hilfe braucht.[5]

In seinen Auseinandersetzungen mit konfuzianisch, mohistisch oder logisch orientierten Gelehrten deutet sich bereits an, was später Wirklichkeit wurde. Das Streben auch nach intellektueller Alleinherrschaft, der Vorwurf der Staatszersetzung durch Kritik an der Obrigkeit, die Unfähigkeit, durch gelehrte Debatten grundlegende Bedürfnisse zu befriedigen, all diese Themen stecken auch in der späteren Rede Li Sis, die die Strafmaßnahmen gegen jene Gelehrten vorbereitete, welche die Gegenwart zugunsten der Vergangenheit kritisierten. Han Fei prägte für ein solch rückwärts orientiertes Verhalten eine Geschichte, die noch heute in China sprichwörtlich sein soll: Ein Bauer fand einen Hasen, der gegen einen Baum gelaufen war und sich dabei das Genick gebrochen hatte. »Der Bauer war von dem Gedanken entzückt, daß hier ein Baum sei, an dem sich die Hasen die Köpfe einrennen. Darum gab er seine Arbeit auf und wartete unter dem Baum auf Hasen, die so leicht zu fangen wären. Aber das einzige, was er dabei gewann, war, daß sein Acker unfruchtbar wurde.«[6]

III.

Es ist kennzeichnend für Han Feis Philosophie, daß sie die politische Realität ihrer Zeit schonungslos und ohne moralischen Katzenjammer analysiert und zur Basis der Reflexion macht. Han Fei richtet sich dabei als Ratgeber nicht an das Volk, er befindet sich vielmehr ganz in der Rolle des Beraters am Hofe eines Fürsten, für den nur durch rigide Maßnahmen von oben eine Befriedung der Welt denkbar ist. Seine Ratschläge bewegen sich im Rahmen einer absoluten Monarchie, in der der eiserne Wille des Alleinherrschers einzige Grundlage der staatlichen Ordnung ist. Han Fei leitet aus seiner Analyse der aktuellen Wirklichkeit, die dem Krieg aller gegen alle nahekommt, Konsequenzen für das Handeln des Herrschers ab. Warnend weist er darauf hin, daß Herrscher stets von vielen Seiten mit dem Tode bedroht sind - man darf nie vergessen, daß Fürsten bei allen Regierungsmaßnahmen immer auch mit ihrem Leben spielten. Die Hauptsache muß es also sein, seine Regierung so zu führen, daß man später einmal eines natürlichen Todes sterben kann.

Aber, und das ist das grundlegende Argument Han Feis, Herrscher kamen nicht gewaltsam um, weil es ihnen an Moral gefehlt hätte oder weil sie Riten und Opfer vernachlässigten, sondern aufgrund ihrer Inkompetenz bei der Sicherung innen- und außenpolitischer Machtpositionen. Es genügt nicht, die Macht zu besitzen, man muß sie vor allem auch im eigenen wohlverstandenen Interesse einzusetzen wissen. Angesichts all der gemeuchelten Herrscher, von denen die Geschichte berichtet, ist es verständlich, daß selbst ein Leprakranker trotz all seiner Geschwüre die Herrscher der Frühlings- und Herbstperiode bemitleiden muß: Denn dem Kranken drohen nicht ständig die hinterhältigsten Todesarten.[7]

Wer sind die, welche der Herrscher zu fürchten hat? Vor allen anderen seine nähere Umgebung, alle also, die von seinem Tode profitieren können: Minister und Feudalherren, die sich an seine Stelle setzen wollen, seine Söhne und Nebensöhne und deren Mütter, die nach dem Thron schielen, der Hofstaat, der durch Bestechung zu Einflüsterungen gebracht werden kann. Ein Regent muß sich immer darüber klar sein, daß niemand ihm dient, weil er ihn liebte, sondern aus kühl kalkuliertem Eigennutz. »Die Gefahr für den Herrn der Menschen liegt in seinem Vertrauen in Menschen. Sein Vertrauen in Menschen beraubt ihn seiner Macht über sie. Minister haben keine Verwandtschaftsbeziehung zum Herrscher, sie dienen ihm nur unter dem Zwang der Umstände.« Selbst vor seinen Gattinnen kann, wie die Erfahrung lehrt, ein Herrscher nicht sicher sein; so brachte z.B. -655 ein Schauspieler im Dienst einer Konkubine den Thronerben um, um den Bastard der Konkubine auf den Thron zu befördern. »Auch die Gattin, die dem Herrscher so nahe steht, und der Sohn, der ihm so lieb ist, verdienen kein Vertrauen, wieviel weniger sonst irgendjemand?«[8] So wenig tröstlich der Gedanke auch sein mag, der Herrscher hat immer an die zu denken, denen sein Tod nützte. All diese Menschen sind nicht grausam, sondern handeln nur so, weil sie sich

Vorteile davon erhoffen, wie der Tischler, der den Leuten nicht aus Bosheit einen baldigen Tod wünscht, sondern um seine Särge zu verkaufen. Aus diesen Gründen ist es sinnlos, wenn der Herrscher, wie die Konfuzianer es fordern, durch sein eigenes moralisches Vorbild auf die Untertanen zu wirken sucht. »Wenn Vater und Mutter ein Kind bekommen, freuen sie sich, falls es ein Junge ist, ist es aber ein Mädchen, bringen sie es um. Beide Kinder sind aus dem Bauch der Mutter gekommen, und doch behandelt man sie verschieden. Das hängt davon ab, welchen Profit sich die Eltern auf Dauer von ihnen versprechen. So kalkulieren selbst Eltern hinsichtlich ihres Nachwuchses. Wieviel mehr ist das der Fall, wo es keine familiären Bindungen wie zwischen Vater und Kind gibt?«[9] - ergänze: zwischen Ministern und Fürsten oder Untertanen und Fürsten. Jedes menschliche Gefühl könnte den Herrscher in eine Falle locken und ein gut ausgelegter Köder sein.

Die Geschichte zeigt, daß es auch im Altertum schon verschiedene Formen zu regieren gab, und daß an der Moral orientierte Fürsten gestürzt wurden, während sich verruchte Herrscher an der Macht hielten - Politik ist ausschließlich eine Frage der Herrschaftstechnik. »Ein weiser Mann nimmt sich nicht vor, auf den Wegen der Alten zu wandeln, noch wird er einen Grundsatz für alle Zeiten aufstellen. Er studiert vielmehr die Daseinsbedingungen seiner Zeit und richtet dementsprechend die Heilmittel ein. ... Diese Bedingungen ändern sich mit der Zeit, und mit dem Wechsel der Voraussetzungen müssen sich auch unsere Vorkehrungen ändern. ... Es gibt keine unabänderlichen Grundsätze der Regierungsmethode. Das, was wirkt, ist das Gesetz. Wenn die Gesetze der Zeit angepaßt sind, ist die Regierung gut, wenn die Regierung dem Leben der Menschen angepaßt ist, wird sie Erfolg haben. Wenn die Gesetze nicht dem Wandel der Zeit entsprechend geändert werden, ist auch die Regierung schlecht.«[10]

Ein Herrscher kann sein Überleben damit nur durch eine den jeweiligen historischen Umständen angemessene Staatsführung sichern, die vor allem zwei Ziele verfolgen muß: einerseits jede innere Opposition, stamme sie nun aus dem Volk oder aus dem Regierungs- und Verwaltungsapparat, zu unterdrücken; und die Bewohner des jeweiligen Landes zu einem dem Fürsten nützlichen Verhalten nicht zu erziehen, sondern schlichtweg zu zwingen; andererseits den Staat militärisch so weit zu stärken, daß er jedem Okkupationsversuch von außen gewachsen ist.

Hinter diesen Vorschlägen steht ein skeptisches Menschenbild. Han Fei ist davon überzeugt, daß es nutzlos sei, gegen die menschliche Natur regieren zu wollen. Seine Darstellung der privaten wie gesellschaftlichen Antriebskräfte der Menschen ist in ihrer Klarsicht, Ehrlichkeit und Konsequenz durchaus der Honoré de Balzacs vergleichbar. Das rücksichtslose Streben nach Macht, finanziellem Vorteil und Befriedigung der Eitelkeit, die Verfolgung des Eigennutzes auf allen Gebieten und mit allen Mitteln ist nach Han Fei die Antriebsfeder menschlichen Verhaltens, auf welcher Stufe der gesellschaftlichen Hierarchie Menschen auch immer stehen mögen.

Dieses den Menschen von Natur aus eigene Streben nach Profit und die Abneigung gegen Leiden muß sich der Herrscher zunutze machen und das Land mit einem System von Belohnungen und Strafen regieren, von denen es keine Ausnahmen gibt. Diese Regeln soll er in Gesetzen festlegen, die jedem Untertan bekannt gemacht werden müssen, damit er sich nach ihnen richten kann. Strafen wie Belohnungen brauchen dabei in keiner Weise »moralisch« zu sein, allein ihre Wirksamkeit entscheidet. Dementsprechend hart können die Maßnahmen auch erscheinen. Aber der Herrscher darf sich auf keinen Fall darauf verlassen, daß die Leute ihm nichts tun werden, sondern er muß sich gegenüber den Menschen unverwundbar machen, wozu die Gesetze und ihre strikte Durchsetzung das geeignete Mittel sind.[11]

Mit dieser Betonung der Gesetzgebung als zentralem Herrschaftsinstrument (daher der Name der Schule: »fa jia« = »Schule der Gesetze« oder »legalistische Schule«) tritt Han Fei Zi in schärfsten Gegensatz zur konfuzianischen Tradition, die eigentlich Gesetze sogar rundheraus ablehnte, da das Volk dann ja nicht mehr nach der Moral streben, sondern Gesetzestexte studieren würde, um Lücken in ihnen zu finden - Zeichen und Ursache des Verfalls der menschlichen Gesellschaften.

Das Gesetzesverständnis der Legalisten ist ein rein positives: Gesetze haben keine höhere Rechtfertigung als den Willen dessen, der sie aus bestimmten Absichten heraus erläßt. »Natürlich erkennt der Rechtspositivismus an, daß jedes positive Recht einen rechtlichen Gehalt hat, aber es betrachtet diesen Inhalt als veränderlich und willkürlich. Dieser Inhalt hängt nach rechtspositivistischer Auffassung von den herrschenden politischen und ethischen Konzeptionen ab und kann als solcher nicht Objekt einer empirisch-rechtlichen Untersuchung sein.«[12] Anders gesagt: Der Gesetzgebung liegt nach dieser Lehrmeinung nicht irgendein Naturrecht oder natürliches Rechtsempfinden zugrunde, sondern sie ist Ausdruck der willkürlichen Entscheidung dessen, der die Gesetze erläßt. Dieser Gegensatz wird umgangssprachlich oft als der Gegensatz zwischen Gerechtigkeit und Recht ausgedrückt. Was Han Fei löst, ist die Bindung des Rechts an irgendeine überzeitliche Moral, der selbst der Herrscher unterworfen wäre. Für ihn sind Gesetze Handwerkszeug, um die Menschheit zu lenken und das Überleben des Herrschers zu sichern.

Gesetze müssen für alle Untertanen unabhängig von ihrem gesellschaftlichen Rang verbindlich sein, auch der Herrscher muß sich an sie halten, sofern sie ihn betreffen, er ist aber als einziger in der Lage, sie jederzeit zu verändern oder neue zu erlassen, so lange er die Macht dazu hat, sie durchzusetzen. Han Fei ist gegen jede Willkür und fordert, daß es keinerlei Maßnahmen geben darf, die nicht durch eine gesetzliche Vorschrift anbefohlen sind. Hier scheinen uns vertraute Grundsätze des Rechtswesens auf wie »keine Strafe ohne Gesetz«, Rechtsprechung »ohne Ansehen der Person« usw.. Vor seinem Gesetz sind in der Tat alle Personen gleich.

Die Gesetze, die der Herrscher erläßt, müssen nach Han Fei Zi vor allem klar sein, leicht verständlich und frei von Widersprüchen, auch dürfen sie nicht zu oft revidiert werden, da ansonsten Verwirrung eintritt. Die Nahziele der Gesetzgebung sind einfach zu umreißen: Sie soll das Volk vor der Ausplünderung durch die Beamtenschaft schützen (was Volksaufstände vermeidet), das Volk selbst botmäßig halten und außerdem jedem Beamten seinen Tätigkeitsbereich genau zuweisen, damit niemand im Staat so viel Macht in seinen Händen vereinigen kann, daß er für den Herrscher bedrohlich werden könnte. Für alle Untertanen, besonders aber für den Beamtenapparat, muß eine Anzeigepflicht bestehen, damit kein Vergehen im Dunkel bleibt und der Herrscher immer über alle Vorgänge in seinem Staat unterrichtet ist und entsprechend belohnen und strafen kann. Denn es genügt nicht, Gesetze zu erlassen, wichtig ist ihre konsequente Durchsetzung. Der Herrscher muß sich immer dessen bewußt sein, daß seine Autorität auf seiner mit niemandem zu teilenden Macht über Leben und Tod der Untertanen beruht. »Was es dem Tiger erlaubt, den Hund zu unterwerfen, sind seine Klauen und Zähne. Angenommen, der Tiger legte seine Klauen und Zähne ab und überließe sie dem Hund, dann würde der Tiger vom Hund beherrscht.«[13] Genau dies tritt ein, wenn der Herrscher Teile seiner Gewalt an andere übergibt - es ist seine höchste Kunst, mit Menschen (seinem Hof) über Menschen zu herrschen, die er in Furcht hält.

IV.

Neben der Unterdrückung aller inneren Opposition ist es wichtig, jederzeit für den Krieg gerüstet zu sein, darum muß für Autarkie eines Landes in der Nahrungsmittelproduktion und eine möglichst hohe Zahl an Soldaten gesorgt werden. Der Anteil der Bevölkerung, die nicht produktiv, das heißt in der Landwirtschaft, tätig und nicht kriegstauglich oder -willig ist, muß möglichst gering gehalten werden. Intellektuelle, Händler von Luxusgütern und Feiglinge nützen dem Staat nach Han Fei nichts, sie untergraben die Moral, sie sind wie Ungeziefer. Und selbst in Notzeiten darf es für niemanden irgendeine Form von Unterstützung geben, da sonst die Faulen bestärkt würden. Von der Erhebung von Steuern und der Stärkung der Landwirtschaft (durch Reduzierung anderer Wirtschaftsbereiche) abgesehen hat sich ein Herrscher jeglicher Eingriffe in das Wirtschaftsleben zu enthalten.

Wie stark Han Fei mit daoistischen Lehren sympathisiert, zeigt sich an den Vorschlägen, die er dem Herrscher hinsichtlich seines persönlichen Verhaltens macht, und die nicht immer ganz in Einklang mit den legalistischen Grundprinzipien seiner Staatstheorie zu bringen sind. Der Herrscher soll vor allem nicht sichtbar in das Geschehen eingreifen, so sehr er den Staat auch unter seiner Kontrolle hat. Der weise Fürst schweigt und äußert niemals eigene Ansichten, damit ihm die Leute nicht nach dem Munde reden und er so objektiv über ihre Meinungen informiert ist. Es ist der Weg des Herrschers, sich still zurückzuziehen und die Dinge nicht selbst in die Hand zu nehmen, die Beamten machen Vorschläge, und der Herrscher überträgt ihnen genau definierte Aufgaben. Bei Erfolgen belohnt , bei Mißerfolgen bestraft er sie.

Es ist nach dem bisher Gesagten sicherlich kein Wunder, daß Han Feis Denken einige Parallelen mit dem Machiavellis aufweist, so auch in diesem Punkt: »Ein Fürst muß sich immer beraten lassen ... . Doch muß er selbst reichlich Fragen stellen und sich über das, wonach er fragt, geduldig die Wahrheit anhören, ja sich entrüsten, wenn er merkt, daß jemand sie ihm aus irgendwelchen Bedenken nicht sagt. ... [Er muß aber bei der Auswahl seiner Berater vorsichtig sein,] denn die Menschen werden sich gegenüber immer als böse erweisen, wenn sie nicht gezwungen werden, gut zu sein. Hieraus folgt, daß gute Ratschläge, von wem sie auch kommen mögen, notwendig aus der Klugheit der Fürsten erwachsen, und nicht die Klugheit des Fürsten aus guten Ratschlägen.«[14] Der Herrscher muß sich nach Han Fei immer unberechen- und beeinflußbar geben und kann sich die Erfolge, den Beamten aber die Mißerfolge zuschreiben. Er braucht sich nicht abzumühen, denn ohne weise zu sein wird er das Vorbild der Weisen, da er nichts äußert und nichts selbst tut, wird man ihn niemals bei einem Irrtum ertappen. »Der Weg des Weisen ist es, sein Wissen und seine Talente zu verbergen. Tut er dies nicht, wird es ihm schwerfallen, seiner Regierung ein dauerhaftes Prinzip zugrundezulegen. Benutzen Menschen Wissen und Talent, erleiden sie Rückschläge; benutzt der Herrscher sie, gerät der Staat in Gefahr und verfällt. ... Sei leer und gelassen, halte Dich hinter anderen und erhebe Dich niemals über sie. Das Unglück des Herrschers hat seine Ursache in seiner Selbst-Erhebung. Trotzdem, auch wenn Du den Worten eines Untergebenen Vertrauen schenkst, darfst Du nicht blind auf sie hören. Dann werden alle Menschen Dir gleichermaßen gehorchen.«[15]

Neben diesen eher harmlosen Formen dessen, was man heute als »Menschenführung« bezeichnen würde, muß der Herrscher ein umfassendes Instrumentarium in Gang halten, das vor allem aus einem Heer von Spitzeln besteht; vollständige Informationen besonders über das, was man ihm zu verbergen trachtet, sind von entscheidender Bedeutung für seine Macht, denn ein Gesetz greift nur, wenn niemand hoffen kann, ihm zu entgehen. Und der

Herrscher ist aufgrund seiner Stellung von allen direkten Nachrichten abgeschnitten, er muß immer damit rechnen, daß ihn seine Umgebung bewußt täuscht. Sein bestes Gegenmittel: Sich dumm zu stellen wie ein Betrunkener, dann wird man ihm gegenüber weniger listenreich sein, und vor allem neben dem Gesetz jederzeit die hohe Schule der Täuschung zu praktizieren. Han Fei hat ganze Kapitel mit den besten Ausreden und Täuschungsmanövern zusammengestellt, unter denen sich etliche finden, aus denen man auch heute noch viel lernen kann. »In alten Tagen dachte Herzog Wu von Zheng daran, Hu zu besetzen, verheiratete seine Tochter mit dem Herrscher von Hu und wiegte diesen dadurch in Sicherheit. Dann fragte er seine Minister: „Ich gedenke eine militärische Kampagne zu beginnen. Welches Land sollen wir angreifen?“ Ein hoher Offizier ... sagte: „Hu sollte angegriffen werden.“ Das erboste Herzog Wu, er ließ den Offizier hinrichten und sagte: „Hu ist ein Bruderstaat. Wie kannst Du es wagen, ihn angreifen zu wollen?“ Der Herrscher von Hu hörte davon, glaubte, der Herzog von Zheng sei ihm freundlich gesonnen und traf keine Vorsichtsmaßnahmen gegen eine Invasion. Zheng griff Hu nun überraschend an und besetzte das Land.«[16]

V.

Han Fei Zi wollte dem Herrscher einen Weg weisen, auf dem er seine Macht sichern und durch seine starke Position zugleich den Krieg, der seit Jahrhunderten herrschte, beenden könnte. »Der weise Herrscher stellt klare Gesetze auf und droht harte Strafen an, um alle Lebenden vor dem Chaos zu retten ..., um den Starken daran zu hindern, den Schwachen auszuplündern, und die Mehrheit daran, die Minderheit zu unterdrücken, um dem Alten und Schwachen einen friedlichen Tod zu ermöglichen und dem Jungen und dem Waisenkind ein freies Heranwachsen. Er sorgt dafür, daß das Land nicht erobert wird, daß Herrscher und Minister vertrauensvoll miteinander umgehen und Vater und Sohn einander unterstützen, und daß niemand befürchten muß, im Krieg getötet oder gefangengenommen zu werden. Dies ist eine der größten Leistungen. Doch dumme Menschen verstehen das nicht und bezeichnen es als Mißregierung.«[17]

Sah Han Fei Zi eine derart rigide Herrschaft als den einzigen Weg an, den blutigen politischen Auseinandersetzungen in China ein Ende zu bereiten und auf diesem Weg dem Volk zu helfen, erschien er der seit der Han-Dynastie zunehmend konfuzianisch geprägten Tradition als Rechtfertiger blutiger Tyrannenherrschaft. Diese Position kann einige Argumente für sich anführen, vor allem die Regierung Qin Shi Huang Dis, die die großen zivilisatorischen Errungenschaften dieses Kaisers überschattet und die besonders grausamen Strafgesetze in Qin. Eine solche Kritik verschweigt allerdings, daß der Legalismus auch positive Aspekte hatte: Er gewährte eine gewisse Rechtssicherheit, unterstellte auch den Adel dem Gesetz und band den Herrscher zumindest an seine eigenen Erlasse.

Verwarfen die Konfuzianer den Legalismus auch als Staatstheorie, blieb er doch unter den Han Regierungspraxis. Eine Begebenheit aus der Mitte des -2. Jahrhunderts belegt dies:

»Als Kaiser Yen Di noch Kronprinz war, hatte er eine Vorliebe für das konfuzianische Lehrsystem. Der Kronprinz hatte also Meinungsverschiedenheiten mit seinem Vater ..., der viele Legalisten als Beamte angestellt und immer wieder legalistische Strafmaßnahmen durchgesetzt hatte. Eines Tages verlangte der Kronprinz von seinem Vater: ›Die legalistischen Strafmaßnahmen sollen von Eurer Majestät abgeschafft werden, weil sie zu streng sind, die Regierung soll mehr konfuzianische Regierungsmethoden in Gebrauch nehmen.‹ Der Kaiser antwortete zornig: ›Weißt du noch nicht? Das Haus Han hat seine eigene Tradition, d.h. formal befürworten wir den Konfuzianismus, tatsächlich verwenden wir aber die legalistischen Regierungsmethoden. Das von den Konfuzianern verfochtene Regieren mit Tugend paßt nicht in unsere Zeit.‹ «[18]

Ganz so neu, wie Han Fei dies gern darstellt, dürften seine Vorschläge zur Reform der Regierung allerdings kaum gewesen sein: man darf nicht übersehen, daß auch die chinesische Geschichte von grausamen Alleinherrschern nur so wimmelt und daß aus historisch belegbaren Zeiten nicht allzuviele Zeugnisse tugendhafter und menschenfreundlicher Herrschaft bekannt sind. Der Legalismus tat darum wohl kaum etwas anderes, als die den meisten Regimen zugrundeliegende Regierungspraxis, die vor allem durch verschiedene rivalisierende Machtblöcke innerhalb des Staates verwässert war, wieder auf ihr eigentliches Prinzip, das der völligen Alleinherrschaft, zurückzuführen, und daran zu erinnern, daß es das natürliche Streben eines jeden Herrschers sein müsse, sich ganz China anzueignen.

VI.

Über die Risiken seiner Stellung als Berater eines Fürsten war sich Han Fei jedenfalls im klaren, gewarnt auch durch das Schicksal Shang Yangs, des ersten bedeutenden Legalisten, der als Premierminister denselben Staat Qin neu geordnet hatte. Shang Yang war schließlich auf Betreiben des Adels, den er wie alle anderen Untertanen dem Gesetz unterstellen wollte, gevierteilt worden. Han Fei wußte und lehrte, daß jemand, der die vom Interesse des Fürsten abweichenden Bestrebungen des Adels und der hohen Beamtenschaft derart gut kannte wie er, sich viele Feinde machte und ständig Gefahr liefe, einer Intrige zum Opfer zu fallen. Und so endete denn auch sein Leben wie eine seiner mannigfaltigen Geschichten über Macht, Eigennutz und Täuschung.

Selten erwiesen sich die Warnungen eines Philosophen als zutreffender: Gegen Han Fei wurde eine Kabale angezettelt. Li Si, der ebenfalls eine legalistische Politik vertrat, bezichtigte ihn, für seinen Heimatstaat Han zu arbeiten und mit seinen Vorschlägen nur den Angriff Qins auf Han verhindern zu wollen. Wahrscheinlich befürchtete Li Si eine Schwächung seiner Position am Hof und nahm darum seinem Herrscher gegenüber zu diesen Einflüsterungen Zuflucht. Wie berichtet wird, erhielt Han Fei ein Päckchen Gift und befolgte diesen Befehl zur Selbsttötung - ziemlich genau einhundert Jahre nach dem nicht freiwilligeren Tode Shang Yangs am selben Ort. Und zu früh, als daß ihn die Begnadigung durch den Herrscher von Qin noch erreicht hätte. Es wirkt wie ein Treppenwitz, daß just Han Fei vorgeschlagen hatte, der Herrscher solle Personen, die er aus Gründen der Staatsraison nicht öffentlich hinrichten lassen könne, weil nichts Handfestes gegen sie vorliege, heimlich vergiften oder ihren Feinden ausliefern. Verwundern kann es schließlich auch nicht, daß Li Si selbst -208 im Zuge der Wirren um den Zerfall der Qin-Dynastie eines gewaltsamen Todes starb.

DONG ZHONGSHU

Der vielleicht ein wenig wunderliche Liebhaber von Katastrophen jeglicher Art

(Tung Chung-shu)
Geboren ca. -179
Gestorben ca. -104

I.

Die meisten älteren Kulturen haben ihre philosophischen Märchenonkel, die für uns von unschätzbarem Wert sind, da sie mit unermüdlichem Eifer gesammelt haben, was über die schon zu ihrer Zeit längst verstorbenen Großen der Vergangenheit an Gerüchten oder für authentisch gehaltenem Wissen in Umlauf war. Für das abendländische Denken übernimmt diese Rolle vor allen anderen Diogenes Laertius, der im +3. Jahrhundert das Wissen und die Lebensumstände der alten griechischen Geistesheroen mit wahrhaft enzyklopädischem Bemühen in seinem Werk zu versammeln trachtete. Historiker und Philologen dieser Tradition überboten sich darin, ihr Material mit »möglichst buntem und möglichst entlegenem Stoff anzureichern«.[1] Und so ist sein opus ein Quell der Freude für die Nachgeborenen, die über Thales erfahren, Hermippos habe ihm den Sokrates zugeschriebenen Ausspruch beigelegt: »›Drei Dinge sind es, die mich dem Schicksal zu Dank verpflichten: erstens, daß ich als Mensch zur Welt kam und nicht als Tier; zweitens, daß ich ein Mann ward und nicht ein Weib; drittens, daß ich ein Hellene bin und nicht ein Barbar.‹ Ferner läuft eine Erzählung von ihm um: Als er einst, um die Sterne zu beobachten, begleitet von einem alten Weib, seine Wohnung verließ, fiel er in eine Grube. Da rief dem Aufschreienden das Weib die Worte zu: ›Du kannst nicht sehen, Thales, was dir vor Füßen liegt, und wähnst zu erkennen, was am Himmel ist?‹«[2] Was bedenklich an des Konfuzius Ausspruch erinnert, wer das Leben nicht kenne, solle sich nicht um Geister kümmern. Aber wir dürfen der alten Frau wohl keine konfuzianische Bildung unterstellen, zumal Thales wahrscheinlich ein Menschenalter vor Konfuzius lebte.

Auch in der arabischen Literatur gewann das enzyklopädische Wirken um Lichtgestalten der Geschichte schon früh Freunde, wenn auch mit deutlich geschärftem Blick dafür, was als barer Unsinn auszuschließen sei. Unter anderen ist Ibn Challikan äußerst lesenswert, wenn er über Badiaz az-Zahman al-Hamadhani, den ersten berühmten Maqamenautor berichtet: »Von ihm stammt auch folgender Trostsatz: ›Der Tod ist etwas Gewaltiges, das, wenn es kommt, ist klein. Ihn spüren ist etwas Grobes, das, wenn man's fühlt, ist fein. Die Welt ist schlecht geworden, so daß der Tod der leichtsten Dinge eines, der kleinsten Übel kleines. Schau doch nach rechts: Siehst andres du als Plage? Schau doch nach links: Siehst andres du als Klage?‹ «[3] Diese erstaunliche Gelassenheit gegenüber dem Tod und die Klage über die Verkommenheit seiner Zeit hätten al-Hamadhani neben seinen literarischen Fähigkeiten gewiß auch einen Platz unter den daoistischen Weisen gesichert. Allein, Ibn Challikan fährt mit einem Bericht über die Beerdigung des Maqamendichters im Jahre +1008 fort, der angesichts des eigenen Endes dann schon einen bedenklichen Mangel an Seelenruhe verrät:

»... Inzwischen habe ich ... folgenden Hinweis [von Abu Said] gefunden: ›Ich erfuhr aus verläßlicher Quelle, al-Hamadhani sei in ein Koma gefallen und überstürzt beerdigt worden. Im Grab sei er wieder zu sich gekommen, und man habe ihn in der Nacht rufen hören. Darauf habe man das Grab wieder geöffnet und ihn, die Hand im Bart verkrampft, gefunden. Das Entsetzen habe seinen Tod bewirkt.‹ «[4]

In der chinesischen Geistesgeschichte ragt Sima Qian (ca. -145 - ca. -90) als »der Historiker« heraus, so wie Aristoteles für manchen mittelalterlichen Denker Europas schlichtweg »der Philosoph« war. Sima Qian hat die fundamentalen Biographien über wichtige Personen nicht nur der Geistes- sondern der gesamten chinesischen Geschichte bis hin auf seine Zeit verfaßt, die auch heute noch maßgeblich für unsere Kenntnis der (oftmals mit Fiktivem durchmischten) Lebensläufe der Klassiker ist. Sima Qians Werk gehört noch heute zu *den* klassischen Texten in der Geschichte der Menschheit - er ist allerdings noch nicht so recht ins breitere westliche Bewußtsein gerückt. Es ist aber äußerst lehrreich, die Biographie Dong Zhongshus einmal nach Sima Qian nachzuerzählen. Warum? Dong Zhongshu, so unbeachtet er auch von der Nachwelt blieb, ist es nämlich, der ganz wesentlichen Anteil daran hatte, Konfuzius die Krone als »ungekrönter Kaiser Chinas« aufzusetzen. Es ist nicht zuletzt seinem immensen politischen Einfluß und ideologischen Geschick zu verdanken, daß Konfuzius von einem ganz normalen Wanderlehrer unter den vielen anderen, die zugleich mit ihm die letzten Jahrhunderte bevölkert hatten, zu dem chinesischen Philosophen aufstieg.

Dong studierte die Frühlings- und Herbstannalen, das Chunqiu, einen klassischen Text, der ähnlich wie das Shujing historische Ereignisse in chronologischer Form überlieferte, und wurde zum Lehrer ernannt. Er ließ die Vorhänge seines Raumes herunter und hielt seine Vorlesungen dahinter. Seine älteren Schüler gaben das Gelernte an die neueren weiter, so daß einige seiner Studenten niemals sein Gesicht erblickt haben. Drei Jahre lehrte er auf diese Weise und nahm sich nicht einmal die Zeit, in seinen Garten hinauszuschauen, so sehr widmete er sich seiner Aufgabe. Bei allen Aktivitäten tat er niemals etwas, das nicht in Übereinstimmung mit dem von den Riten vorgeschriebenen Verhalten stand, und alle anderen Gelehrten schauten zu ihm als ihrem Lehrer auf.

Als der gegenwärtige Kaiser den Thron bestieg, ernannte er Dong Zhongshu zum Premierminister einer Provinz. Dong studierte die verschiedenen Naturkatastrophen und glücklichen Vorzeichen, die in den Frühlings- und Herbstannalen berichtet werden, und versuchte auf diese Weise, die Prinzipien hinter den Vorgängen und Interaktionen von yin und yang zu entdecken. Er schloß, daß man, wenn man Regen wünsche, die yang-Kräfte einschließen und die Kräfte des yin freilassen müsse, während man, wenn man den Regen beenden wolle, das Gegenteil zu tun habe. Er setzte seine Theorien in diesem Gebiet in die Tat um und verfehlte niemals, die gewünschten Ergebnisse hervorzubringen.

In der Mitte seiner Karriere wurde er vom Premierminister zum Hofberater ernannt. Er lebte in den Räumen für Beamte und widmete sich der Zusammenstellung einer Sammlung von Naturkatastrophen und glückbringenden Vorzeichen. Kurz zuvor war der Grabtempel eines Kaisers abgebrannt. Jemand, der Dong haßte, brachte sich in den Besitz seiner Schrift über Katastrophen und Vorzeichen und überreichte sie dem Kaiser, der die Hofgelehrten zusammenrief und ihnen diese Schrift vorlegte. Viele von ihnen kritisierten sie, darunter auch ein Schüler Dongs, der sie, nicht wissend, daß es sich um ein Werk seines Lehrers handelte, rundheraus als dumm und wertlos bezeichnete. Dong Zhongshu wurde folglich den Justizbeamten zur Bestrafung übergeben und zum Tode verurteilt, aber durch einen kaiserlichen Erlaß begnadigt. Danach wagte er es nicht länger, seine Meinungen über Katastrophen und Vorzeichen auszusprechen.

Dong Zhongshu war ein ehrenhafter und gradliniger Mann. Zu dieser Zeit waren die Han damit beschäftigt, die Barbarenstämme, die die Grenzen bedrängten, zurückzuwerfen. Gongsun Hung hatte, obwohl er Dong Zhongshu in der Kenntnis der Frühlings- und Herbstannalen keinesfalls gleichkam, den Posten eines Hohen Ministers in der Regierung erhalten, indem er dem Zug der Zeit folgte, und alle Unternehmungen des Kaisers guthieß. Dong Zhongshu seinerseits betrachtete ihn als kriecherischen Schmeichler. Gongsun Hung haßte ihn deshalb und schlug dem Kaiser vor, nur Dong sei würdig, einem besonders blutrünstigen König, der reihenweise seine Hofbeamten hinrichten ließ, als Premierminister an die Seite gestellt zu werden. Dieser König hatte schon lange von Dong Zhongshus Fähigkeiten gehört, und als Dong zu seinem Premierminister ernannt wurde, behandelte er ihn gut. Dong befürchtete, daß er, wenn er länger bei diesem König bliebe, irgendeines Verbrechens beschuldigt werden würde und zog sich von seinem Amt wegen Krankheit zurück, um den Rest seines Lebens zuhause zu verbringen. Er verschwendete nie einen Gedanken daran, Reichtümer für seine Familie aufzuhäufen, sondern widmete sich ganz dem Lesen und Schreiben. So verdient seit dem Beginn der Han-Dynastie bis zu seiner Zeit nur Dong Zhongshu wirkliche Berühmtheit für sein Verständnis der Frühlings- und Herbstannalen.[5]

So weit Sima Qian, der hier nicht nur das Klischee des gelehrten konfuzianischen Beamten zeichnet, sondern Dong auch durchaus persönliche, unheroische Züge gibt, wenn dieser um sein Leben fürchtet und Krankheit vorschützt.

II.

Nicht nur die westliche Erforschung altchinesischen Denkens hat sich lange auf die Untersuchung der »klassischen« Periode der chinesischen Philosophie beschränkt, in der sich die großen traditionellen Schulen Chinas - Konfuzianismus, Daoismus und Legalismus - entwickelten, die nachklassische Zeit aber als weitgehend unbedeutend außer Acht gelassen. Der Grund hierfür mag auch in der in China über Jahrtausende üblichen Berufung auf Klassiker der Zeit vor -221 liegen, die die ungebrochene Fortsetzung alter Traditionen vorspiegelte. Doch dieser Eindruck von Einförmigkeit täuscht. Wenn auch die Fortentwicklung des Denkens nicht unbedingt zur Bildung völlig neuer Schulen oder der totalen Abkehr von der Überlieferung geführt hat, veränderten sich Traditionen doch beinahe bis zur Unkenntlichkeit, auch wenn ein expliziter Bruch mit ihren Ursprüngen nicht beabsichtigt war. Dieses Phänomen wird für diese Zeit nach der herrschenden Dynastie als »Han-Konfuzianismus« zu bezeichnen sein.

Bis zur Zeitenwende hatte der Konfuzianismus in der politischen Praxis als ideologischer Überbau eine dominierende Stellung erlangt, für die in der Geschichte kaum eine Parallele zu finden ist; andere Schulen hatten zu dieser Zeit an öffentlicher Bedeutung verloren und der Buddhismus, der nach dem Zusammenbruch der Han-Dynastie (+220) in China langsam bestimmend werden und dort eine eigene Form erhalten sollte, war zumindest in weiten Kreisen noch nicht bekannt, obwohl es spätestens um die Mitte des +1. Jahrhunderts schon buddhistische Gemeinschaften in China gab.[6]

Doch wäre es ein Fehler anzunehmen, die damalige philosophische Orthodoxie habe, so sehr sie sich auch auf Konfuzius berief, den Charakter des Konfuzianismus aus der Zeit der Streitenden Reiche bewahrt. Sein Einfluß war zwar stärker denn je und die offizielle Verehrung für Kong ganz außerordentlich, doch hatte der Han-Konfuzianismus Züge angenommen, die sich nicht durch die Berufung auf Konfuzius rechtfertigen ließen, auch wenn dies natürlich versucht wurde und nach Meinung der Zeitgenossen zufriedenstellend gelang. Die Besonderheiten des Han-Konfuzianismus sind auf einige besondere historische Umstände zurückzuführen.[7]

Erstens hatte sich die politische Lage seit des Konfuzius Zeiten grundlegend verändert. China war ein gewaltsam geeinter Zentralstaat geworden und nicht mehr wie damals in einzelne, faktisch autonome Staaten zersplittert. Die Qin-Dynastie (-221 - -206), allen voran Qin Shi Huang Di, hatte in ihrer kurzen Herrschaft auf der Basis der vor allem von Shang Yang im -4. Jahrhundert im Staate Qin durchgesetzten legalistischen Reformen ein einheitliches Staatswesen errichtet, das seinen Gründer allerdings nur in veränderter Form überlebte. Charakteristika dieses System waren ein Staat, der sich vor allem auf Handwerker und Bauern stützte (ohne ihnen sonderliche Freiheiten einzuräumen), der den ehemaligen Adel entmachtet hatte und sich nach innen mit einem harschen Justizsystem absicherte, das nach kodifizierten Gesetzen unter Absehung von der sozialen Stellung des Delinquenten vorgehen sollte, während die Konfuzianer Herrschaft durch Tugend und vorbildliches Verhalten der Obrigkeit propagierten und die Fixierung von Gesetzen als Ursache und Ergebnis des Verfalls betrachteten. Der wichtigste Punkt war aber, daß es gelang, die Macht der bisherigen Feudal- und Kriegsherren zu brechen, so daß der Qin-Kaiser die absolute Herrschaft kurzzeitig auch faktisch, nicht nur nominell besaß. Mit dieser Ausbreitung der staatlichen Institutionen von Qin auf ganz China ging allerdings die Aufblähung der mit Kontroll- und Verwaltungsfunktionen betrauten Bürokratie einher, die im folgenden für die Konfuzianer zu einem entscheidenden Mittel ihrer Einflußnahme auf das politische Geschehen werden sollte. Trotz ihrer oft übersehenen zivilisatorischen Leistungen scheiterten die Qin einerseits wohl am Widerstand des Volkes, das sich gegen hohe Militärleistungen und vielleicht auch Grausamkeiten wehrte, und andererseits an dem ehemals mächtiger Kräfte. Der Untergang dieser sich auf sie und allen möglichen Mummenschanz berufenden Dynastie schwächte die Position legalistischen Denkens natürlich erheblich, obwohl die schließlich siegreiche Han-Dynastie trotz ihrer anfangs kaum vorhandenen, dann nicht-legalistischen Ideologie zahlreiche Institutionen der Qin übernahm.

Zweitens hatte die konfuzianische Schule seit Konfuzius zahlreiche Ansätze anderer Schulen integriert, vor allem solche der yin-yang- und der von Zou Yang (-305 bis -240) begründeten Fünf-Elemente-Schule, die sich u.a. mit Naturspekulationen auf der Basis verschiedener grundlegender Elemente befaßte, die gewisse Parallelen zu ähnlichen Ansätzen in Griechenland aufweist. Doch auch der Volksaberglaube der damaligen Zeit - der bei den klassischen Denker nur hier und da aufscheint, aber keine nennenswerte Beachtung findet

- war nicht ohne Einfluß geblieben. Das Denken unter den Han ist ein wüster Eklektizismus, der die Trennung der verschiedenen Schulen zu überwinden trachtet und früher für unvereinbar Gehaltenes miteinander verschmilzt.

Drittens führten die zunehmende Sonderstellung der konfuzianischen Lehre und ihr politischer Einfluß zu Veränderungen dieser Lehre selbst. Eine solche Position setzte die Aufgabe moralischer und politischer Prinzipien und eine Anpassung an die politischen Absichten und Methoden der jeweiligen Herrscher voraus. Dies wurde insbesondere deshalb nötig, weil die Han den institutionellen Aufbau des legalistischen Zentralstaates weitgehend unverändert von den Qin übernahmen und ihn lediglich durch kleinere Reformen ein wenig abmildern konnten, statt ihn, wie es ein in der Wolle gefärbter Konfuzianer zweifellos am liebsten gesehen hätte, schlichtweg abzuschaffen. Der mit der eingangs erwähnten Gelehrten- und Büchervernichtung in Verbindung gebrachte Versuch des Jahres -213, die Prinzipien des von Konfuzius verherrlichten Zhou-Regimes wieder durchzusetzen, wurde nicht weiter verfolgt. Statt dessen halfen Gelehrte, den Einfluß des von den Han wieder installierten, politisch aber möglichst einflußlos gehaltenen neuen Adels immer weiter einzuschränken, zumal diese Klasse von Emporkömmlingen den Aufstieg der Gelehrten argwöhnisch betrachtete. Dazu kam, daß die ersten Han-Kaiser keineswegs eine positive Einstellung gegenüber dem Konfuzianismus zeigten. Sie waren ideologisch eher indifferent, zum Teil sogar ausgesprochen antiintellektuell und damit gegen alle Arten von Philosophen unverträglich - außerdem trieb sie ihr Aberglaube oft in die Arme irgendwelcher Magier, die sich natürlich bemühten, andere Einflüsse von ihnen fernzuhalten. Gerade in dieser Hinsicht mußten die Konfuzianer Zugeständnisse machen, sofern sie nicht schon von sich aus zum Okkulten tendierten. In Fragen, die aufs Übernatürliche abzielten, stand die Haltung der sich auf Konfuzius Berufenden in krassem Gegensatz zu der ihres Ahnherrn. Es gelang den Gelehrten, ihre Lehre während der Früheren Han-Dynastie, also bis etwa zum Jahr 0, als eine Art offizieller Orthodoxie durchzusetzen und die Kenntnis der vorkonfuzianischen Klassiker (neben Shujing, Shijing, Yijing auch Liji und Chunqiu) und ihrer (konfuzianischen) Interpretation zur Zulassungsvoraussetzung für den Staatsdienst zu machen. Damit konnte sich der Han-Konfuzianismus zur Ideologie weiter Kreise der Machteliten entwickeln, die umgekehrt von ihm eine Rechtfertigung ihres politischen Handelns erwarteten. Die Bedürfnisse dieser an der Machtausübung beteiligten Schichten hatten dann auch Rückwirkungen auf die Lehre, die um ihres politischen Einflusses willen Zugeständnisse machen mußte.

Die Veränderungen des Konfuzianismus unter den Han sind im Zusammenhang mit der Herausbildung einer Klasse von gelehrten Beamten zu sehen und gleichzeitig auch Voraussetzung für die Entwicklung dieser Schicht.

Dieser Konfuzianismus wurde zum Selbstverständnis der neuen Bürokratie und mußte gleichzeitig Begründungsmodelle für die neuen Herrschaftsformen entwerfen, wobei er Kompromisse zwischen diesen Herrschaftsformen und den immer wieder beschworenen Vorbildern der Alten einging, auch wenn er das nicht unbedingt an die große Glocke hängte. Ein Posten im Staatsdienst war schon immer das Ziel der meisten Intellektuellen gewesen; unter den Han kann man beobachten, wie sich die Gelehrtenklasse außerordentlich wendig in eine immer günstigere Position hineinmanövrierte.

III.

Den ersten heftigen Zusammenstoß mit einem Herrscher, der später zur Verteufelung seiner gesamten Dynastie führen sollte, erlebten die Konfuzianer mit Qin Shi Huang Di, dessen legalistischer Staat ihnen verhaßt sein mußte, zumal dieser Herrscher zum Bruch mit bisher in China üblichen Gesellschaftsformen, die die Konfuzianer teilweise verteidigten, bereit war und ihre Schwärmerei für eine sakrosankte, angeblich goldene Vergangenheit nicht teilte. Ein Schlag ins Gesicht dieser Denker, die damals nur eine Gruppe von vielen war, mußte das kodifizierte Recht sein, auf das sich dieser Herrscher stützte: Es sollte einzig und allein der Umsetzung des kaiserlichen Willens in die gesellschaftliche Praxis dienen. Qin Shi Huang Di begriff sich als prinzipiell völlig frei im Erlassen von Gesetzen und erkannte kein auch für ihn verbindliches System politisch-ethischer Normen an: Er hielt sich für absolut und autonom, seine Ziele waren vor allem das Erreichen völligen Gehorsams und die militärische Stärkung seines Reiches, wobei er sich getreu den legalistischen Lehren besonders um die Stärkung der Landwirtschaft und die Unterdrückung nicht-produktiver Berufe (außer der Bürokratie) bemühte.

Seine Stellung als absolute Quelle des Rechtswesens war mit konfuzianischen Vorstellungen nicht vereinbar. Konfuzianer forderten vielmehr, nicht durch »fa« (Gesetze in unserem heutigen Sinn), sondern durch »li« zu regieren, die Zahl der Gesetze also möglichst gering zu halten und sich auf die Wirkung des tradierten Sittensystems zu verlassen, dem selbst der Herrscher, der durch vorbildlich sittsame Regierung die Ordnung in seinem Lande aufrechtzuerhalten hatte, verpflichtet sein sollte.

Qin Shi Huang Di stand bei der Errichtung seines Reiches den damals noch existierenden Hundert Schulen skeptisch gegenüber und war bestrebt, ihren Einfluß zu neutralisieren, wobei er gegen die Konfuzianer nicht etwa mit besonders auserlesener Härte vorging - er mochte sie alle nicht so recht. Er war Gelehrten gegenüber mißtrauisch, da er von ihnen die Unterminierung seines Absolutheitsanspruches fürchtete. Andererseits bemühte er sich aber, sie zumindest teilweise in den Staat zu integrieren, um sich ihre (vorwiegend bürokratischen) Fähigkeiten zunutze zu machen und sie zu beschwichtigen. Sowohl er als auch sein völlig ohnmächtiger Nachfolger versuchten, sich der zumindest äußerlichen Loyalität der Intelligenz zu versichern, waren aber notfalls auch bereit, sie durch drakonischere Maßnahmen zur Raison zu bringen.

Der Erste Kaiser beließ eine Gruppe von Gelehrten am Hof, die in der Kaiserlichen Bibliothek beschäftigt waren und beratende Funktionen innehatten. Sie waren meist konfuzianisch geschult, das heißt: Sie hatten die Klassiker gelesen, und trotz des Versuches, sie an den Hof zu binden, lagen zwischen ihnen und den neuen Machthabern noch immer Welten. Andererseits neigten sie wohl zu einer gefährlichen Selbstüberschätzung, denn die harte Kritik, die sie dem Kaiser gegenüber vorbrachten, schadete in erster Linie ihnen selbst. Sie waren eine Gelehrtenelite, die ihre Abhängigkeit vom Wohlwollen der Machthaber wohl aufgrund der ihnen eingeräumten, in Wirklichkeit geringen politischen Spielräume nicht wahrnahm und sich teilweise im Einklang mit dem konfuzianischen Ideal des politisch tätigen Gelehrten, der den Kaiser notfalls auch auf seine Pflichten hinweist, wenn dieser den richtigen Weg verläßt, berechtigt fühlten, die Herrschenden offen zu tadeln.

Dies führte zur berühmten Katastrophe anläßlich des Geburtstagsbanketts von -213, die von den Konfuzianern später zur Vergrößerung ihres Einflusses in recht schöpferischen Versionen immer wieder erwähnt wurde und das schlechte Bild, das die Geschichtsschreibung im allgemeinen von Qin Shi Huang Di zeichnet, bestimmte. Seine Vorstellung von sich selbst oder zumindest die Vorstellung, die er verbreiten ließ, war angesichts seiner Macht über ganz China die eines Herrscher, dem in der Geschichte kaum jemand an Tugend, Ruhm und Verdienst gleichgekommen sei. Was klassisch orientierte Gebildete, die sich gern auf die unerreichbaren Beispiele sittlichen Verhaltens aus einer legendären Vorzeit zu berufen pflegten, während die Gegenwart ihnen als Epoche bedauernswerten Verfalls erschien, natürlich ergrimmen mußte. Bei dem Bankett tadelte denn angeblich auch einer der Konfuzianer die Lobesreden auf Qin Shi Huang Di, indem er zahlreiche Beispiele aus der Geschichte anführte, die zeigen sollten, daß sein Vorredner den Kaiser zu Unrecht ermutigt habe, seine Regierung in der bisherigen Weise fortzusetzen. Vor allem behauptete er angeblich auch, die Dynastien Shang und Zhou hätten sich so lange an der Macht gehalten, weil sie ihre Unterstützer mit Lehen belohnt hätten, eine Sitte, die Qin Shi Huang Di, der mächtige Fürsten neben sich fürchten mußte wie der Teufel das Weihwasser, doch wieder einführen solle. Das war ein Frontalangriff gegen das Herrschaftssystem der Qin, den sich diese natürlich nicht bieten lassen konnten. Kanzler Li Si, ganz legalistischer Gelehrter, wies in seiner Erwiderung darauf hin, daß sich die bisherigen Regierungen, auch die erfolgreichen, nicht völlig geglichen hätten; vielmehr lebe man jetzt in einer neuen Zeit, nur seien die Gelehrten zu dieser Einsicht unfähig und könnten deshalb die Leistungen des Herrschers nicht gebührend würdigen. Sie seien daher gefährliche Störenfriede.

Li Sis Vorschlag, eine umfassende Vernichtung gelehrter Schriften vorzunehmen, um diesem Gerede ein Ende zu machen, wurde akzeptiert und ein entsprechendes Dekret erlassen: »Alle Chroniken der verschiedenen Staaten bzw. Dynastien, sind, sofern sie sich nicht im Kaiserlichen Archiv befinden, zu vernichten; alle Bücher außer denen im Kaiserlichen Studienkolleg sind örtlichen Beamten zu übergeben und in deren Gegenwart zu vernichten. Lediglich Bücher über Medizin, Wahrsagekunst und Landwirtschaft sind von diesem Befehl ausgenommen. Wer es wagt, öffentlich über die verbotenen Bücher zu sprechen, wird getötet. Wer das Altertum lobt, um damit die gegenwärtige Regierung zu tadeln, wird getötet.«[8]

An diesem Dekret ist einiges zu beachten: Von einer Bestrafung oder Entlassung der Hofgelehrten ist nicht die Rede, außerdem ist es ihnen weiterhin gestattet, ihre Schriften in der Bibliothek zu behalten. Die Stoßrichtung der kaiserlichen Politik und der sie beeinflussenden legalistischen Kreise ist vielmehr eine andere: es geht ihnen um die Zerschlagung der Hundert Schulen und die Verhinderung einer eventuellen Breitenwirkung des politischen Gedankengutes der nicht-legalistischen Intelligenz. Dies soll durch die Vernichtung der privaten Exemplare der Werke, auf die sich die momentane Kritik an der Regierung stützt, geschehen. Gleichzeitig war damit die staatliche Reglementierung des Geisteslebens und die indirekte Etablierung einer offiziellen Staatstheorie beabsichtigt. Es ist ferner darauf hinzuweisen, daß zu den Büchern, die ausdrücklich von der Vernichtung ausgenommen waren, nicht nur naturwissenschaftlich-technische gehören, sondern auch solche über Wahrsagerei, was darauf schließen läßt, daß sie zu dieser Zeit für den Hof bedeutsam war und als Lebensorientierung für alle Gelehrten als politisch gefahrlos angesehen wurde.

Genannte Maßnahmen waren aber keineswegs geeignet, den völligen Abbruch der Gelehrtentraditionen zu bewirken. Zum einen wurde die Qin-Dynastie schon kurz darauf handlungsunfähig, so daß der Aktion kaum flächendeckender Erfolg beschieden gewesen sein dürfte, zum anderen blieben die Exemplare klassischer Schriften, die sich in der Hofbibliothek befanden, erhalten. Außerdem konnten die Gelehrten am Hof ihre Tätigkeit fortsetzen, wenn sie auch auf die öffentliche Verbreitung ihrer Lehren zu verzichten hatten.[9]

Mit der Schriftenvernichtung wird meistens eine andere Strafaktion in Beziehung gesetzt, die ihr aber wahrscheinlich nur zeitlich folgte, ohne mit ihr in einem ursächlichen Zusammenhang zu stehen: die Beerdigung der Gelehrten bei lebendigem Leibe, mit der dieses Buch begann. Sima Qian berichtet den Vorfall so: der sehr abergläubische Erste Kaiser hatte einige Magier mit beträchtlichen Finanzmitteln ausgestattet, weil sie behaupteten, das Elixier der Unsterblichkeit beschaffen zu können. Einige von ihnen kritisierten den Herrscher trotzdem in aller Öffentlichkeit und ergriffen dann vorsichtshalber die Flucht. Bei der folgenden strengen (und, wie man vermuten darf: hochnotpeinlichen) Untersuchung des Ereignisses denunzierten sich viele Gelehrte gegenseitig, woraufhin sie allesamt exekutiert wurden.

Diese Maßnahme wurde später fälschlicherweise als ausschließlich gegen die Konfuzianer gerichtet hingestellt, da diese dem Befehl, ihre Bücher abzuliefern, nicht nachgekommen seien. Tatsächlich dürfte es sich bei den Opfern aber eher um Zauberer gehandelt haben, die aus der von Zou Yan angeregten naturphilosophischen Schule hervorgegangen waren, sowie um Daoisten, die ebenfalls auf diesem Gebiet tätig waren.

Nach dem Tode Qin Shi Huang Dis begannen fünfzehn Bürgerkriegsjahre, in denen Liu Bang -206 unter dem Namen Gaozu die Han-Dynastie gründete. In dieses Jahr fällt auch ein Ereignis, dessen katastrophale Wirkung auf die chinesische Geistesgeschichte die der Maßnahmen von -213 übertrifft: Gaozu brannte die Hauptstadt der Qin samt ihrer Archive nieder und vernichtete so sehr viel alte Literatur. Mit diesem Ereignis lassen sich auch einige der philosophischen und philologischen Schwierigkeiten, mit denen die Philosophen der Han-Ära zu kämpfen hatten, erklären.

Mit der Han-Dynastie begannen der Aufstieg und die innere Verwandlung des Konfuzianismus und eine einmalige Aufwertung der Gelehrten. Daß die Konfuzianer für sich reklamierten, von Anfang an gegen die Qin gewesen zu sein, und Liu Bang unterstützten, ist nach den Erfahrungen unter Qin Shi Huang Di nicht weiter verwunderlich. Der Prozeß allerdings, in dem es ihnen innerhalb von knapp zweihundert Jahren gelang, zur einzigen großen, politisch mitbestimmenden philosophischen Schule aufzusteigen, die den Zugang zu sehr vielen Machtpositionen kontrollierte, bedarf einer eingehenden Betrachtung. Dieser Prozeß war nach Dubs zur Regierungszeit des Kaisers Yuan Di (-49 bis -33) abgeschlossen.[10]

IV.

Der Sieger des Bürgerkrieges, der wohl eher eine Auseinandersetzung mächtiger lokaler Kriegsherren war, die ihre Stellung von Qin Shi Huang Di bedroht sahen, kam wie seine Umgebung aus niedrigen Verhältnissen, für die Gelehrten am Hof hatte er nur bloße Verachtung übrig, unabhängig davon, welcher Schule sie nun angehören mochten - ideologische Fragen waren für ihn kein

Thema. Angesichts der ungeheuren Verwüstungen, der materiellen Not, die selbst die Entfaltung des Hofpomps behinderte, und der praktischen Orientierung der neuen herrschenden Schicht bestand kein Interesse daran, ein neues Regierungssystem theoretisch zu fundieren oder eine neue Schule politischen Denkens am Hof zu etablieren. Aus verschiedenen Gründen hatte damals während der ersten siebzig Jahre dieser Dynastie der Daoismus einen starken Rückhalt in den oberen Regierungsrängen; so weigerte sich dem Vernehmen nach ein früher Premierminister, sich überhaupt mit Staatsgeschäften zu befassen - er war Schüler eines Daoisten und hing einem bewundernswert vulgären Verständnis des wu wei an.

Um den Gründer der Han-Dynastie bildeten sich Mythen, die sein Ansehen steigerten. So wurde behauptet, seine Mutter habe ihn im Traum von einem Geist empfangen, und bei seiner Geburt sei ein Drache über ihr geschwebt - dies dürfte eine volkstümliche Version der Theorie vom himmlischen Mandat gewesen sein.[11] Einer ähnlichen Legende waren wir schon bei der Geburt des Konfuzius begegnet. Gerade für solche Formen der Legitimation seiner Herrschaft war Gaozu empfänglich, und die klassischen Gelehrten lieferten sie ihm mit Vergnügen. Sie vertraten die Theorie, das himmlische Mandat sei von den Qin wegen ihrer Verfehlungen an die Han übergegangen, Gaozu habe also nur dem Willen des Himmels gehorcht.

Außerdem waren Konfuzianer aufgrund ihrer klassischen Bildung Fachleute, was die Einrichtung staatlicher Institutionen sowie soziale, religiöse und höfische Verhaltensformen anbelangte. Es bot sich also geradezu an, nachdem die legalistische Schule durch die Herrschaft und vor allem den Untergang der Qin diskreditiert war, sich zumindest die konfuzianische Kenntnis von Herrschaftstechniken zunutze zu machen. Zwei Episoden charakterisieren dies treffend: »Als der Gelehrte Lu Jia bei verschiedenen Gelegenheiten die Klassiker Shijing und Shujing lobend zitierte und erläuterte, wurde er eines Tages von Gaozu unterbrochen: ›Ich habe alles, was ich besitze, auf dem Rükken eines Pferdes gewonnen,‹ sagte der Kaiser. ›Was sollen mir da deine Klassiker nützen?‹ Lu Jia antwortete: ›Eure Majestät haben es [das Reich] zwar auf dem Rücken eines Pferdes erobert, aber können Sie es auch vom Rücken eines Pferdes herunter regieren? ...Könige in alten Zeiten gewannen zwar das Reich durch das Prinzip der Revolte, aber es war das Prinzip des Gehorsams, das die Dauerhaftigkeit ihrer Dynastien sicherte. Sowohl zivilen als auch militärischen Angelegenheiten die nötige Aufmerksamkeit zu schenken, ist der Weg zu einem langen Leben einer Dynastie. ... Qin stützte sich ganz auf Strafen und Gesetze, ohne sich den Zeiten anzupassen, und grub damit vermutlich der regierenden Familie das Grab. Wenn Qin, nachdem es die Welt unter seiner Herrschaft vereinigt hatte, Wohlwollen und Menschlichkeit geübt und sich an den Weisen des Altertums orientiert hätte, wie wäre Eure Majestät jemals imstande gewesen, in den Besitz des ganzen Reiches zu gelangen?‹ «[12] Der Kaiser war von dieser Antwort sichtlich beeindruckt und beauftragte Lu Jia, ein Werk über die Gründe für den Untergang der Qin zu verfassen, das sein Wohlwollen fand.

Ebenso wichtig für die Rolle der Gelehrten wie diese Denkschrift wurde ein anderes Ereignis: ein Konfuzianer erbot sich, ein System höfischer Umgangsformen zu entwerfen, das er mit anderen Gelehrten einübte und dem Kaiser vorführte, der es schließlich -200 für den Hof verbindlich machte. Dieses System der Etikette regelte detailliert das Verhalten einer jeden Person ihrem sozialen Rang entsprechend. Dieser Gelehrte wurde kaiserlicher Zeremonienmeister und behielt großen Einfluß am Hof. Hier schmeichelte ein Konfuzianer ganz offen dem Bedürfnis nach imperialer Selbstdarstellung, obwohl sich der Hof zu dieser Zeit in seiner Prachtentfaltung noch zurückhielt, um seinen Rückhalt bei der in den Nachwehen des Krieges hungernden Bevölkerung nicht zu verspielen.

Auch in einem anderen Punkt traf sich die Praxis Gaozus mit konfuzianischen Doktrinen. Der Absolutismus der sich am Legalismus orientierenden Qin war wohl auch im Volk wegen seiner rigiden Überwachungsmaßnahmen verhaßt. Der zukünftige Kaiser hatte schon mitten im Krieg das für jene Zeit recht kompliziert gewordene und umfangreiche Gesetzessystem der Qin für ungültig erklärt und durch eine kleine Zahl einfacher Gesetze ersetzt, die lange Zeit über weitgehend unverändert gültig blieben. Es gelang ihm auch, die vor allem durch Militärausgaben gestiegenen Steuern zu senken, wenn auch vorwiegend zugunsten des Grundbesitzes. Das Regierungssystem hingegen wurde bis auf erwähnte Äußerlichkeiten zum größten Teil von den Vorgängern übernommen, was bedeutet, daß auch der Han-Staat zentral organisiert war und sich auf eine umfangreiche Bürokratie stützte, die de facto mitregierte. Eine maßvolle Restauration des Lehenssystems, die für Gaozu eine politische Notwendigkeit zur Befriedung seiner Anhänger war, brachte ihm außerdem den Beifall der Konfuzianer ein.

Vor allem legte dieser Kaiser, wenn auch kaum bewußt, den Grundstein für die spätere Dominanz der konfuzianischen Schule, denn er ließ sich als erster Herrscher aus den Provinzen begabte Beamte in die Hauptstadt schicken, um sich einige für den Verwaltungsnachwuchs in der Zentrale auszusuchen, womit er einen Vorläufer des Examenssystems schuf, das später für die Konfuzianer ein wichtiges Werkzeug wurde, denn in einem bürokratischen System besitzt derjenige großen Einfluß, der die Bürokraten ausbildet und auswählt.

-195 dann opferte Gaozu am Tempel des Konfuzius, ein Akt, der als Integrationsversuch zu verstehen ist, nicht aber als Zeichen für seine konfuzianische Gesinnung. Er ließ sich zwar von Konfuzianern beraten, hörte aber ebenso auf Daoisten. Vor allem weigerte er sich, das besagte Bücherverbot aufzuheben, er hielt also an den gegen die (Privat-) Gelehrten gerichteten Maßnahmen fest.

Allerdings begann schon zu seiner Zeit das Klassikerstudium wieder aufzublühen. Ein Minister sammelte in einem zu diesem Zweck errichteten Gebäude die erhaltenen Fragmente alter Texte, die meist auf Bambusstreifen geschrieben waren, was ihrer Verstümmelung Vorschub leistete.

Die Situation der Konfuzianer läßt sich am Beginn der Han-Dynastie am besten so zusammenfassen: Der erste Han-Kaiser Gaozu »kam aus dem gewöhnlichen Volk, ebenso seine Minister und der Adel. Sie waren mit den Riten und Umgangsformen nicht vertraut ... . [Ein ehemaliger Hofbeamter der Qin] überzeugte den Herrscher davon, ein Hofritual einzuführen. Dem System der Qin wurde in Verwaltung und Gesetzgebung gefolgt. ... Das feudale System wurde wiederbelebt, mit der kaiserlichen Familie an der Spitze und bevorzugten Höflingen als neuem Adel ... . Daoismus und Legalismus herrschten vor.«[13]

Der nächste bedeutende Einflußzuwachs gelang den Konfuzianern unter Wu Di (-141 bis -87), der Schüler eines Yijing-Experten gewesen war. Sein Vorgänger Wen Di (-180 bis -157) hatte Hofgelehrte für jede der alten philosophischen Schulen eingesetzt und ein erstes Prüfungssystem eingeführt, indem er Kandidaten für den Staatsdienst nach von ihnen verfaßten Essays über Regierungsfragen auswählen ließ. Wu Di selbst war gebildet, hatte die Klassiker studiert und verfaßte Gedichte - Voraussetzungen, die ihn dem Konfuzianismus gegenüber aufgeschlossen machten, auch wenn er die Macht zu Beginn seiner Regierung noch mit seiner daoistischen Großmutter zu teilen hatte. Anfänglich gelang den Konfuzianern an seinem Hofe ein Kompromiß: sie setzten die Entlassung der letzten legalistisch eingestellten Beamten durch und bemächtigten sich durch eine geschickte Personalpolitik der frei gewordenen Posten.

Der Versuch allerdings, die großmütterliche Kaiserinwitwe durch ein Gesetz, das weiblichen Einfluß auf den Hof unterbinden sollte, zu entmachten, scheiterte und setzte konfuzianischem Wirken bis zu ihrem Tode -136 enge Grenzen.

In diesem Jahr wurde dann, und damit beginnt (rückwirkend betrachtet) eine neuer Abschnitt des Einflusses der Intelligenz in China, ein kaiserliches Kolleg zum Studium der Klassiker eingerichtet, an dem -125 auch die ersten 50 Studenten zugelassen wurden. Am wichtigsten an dieser Einrichtung war, daß sie das Studium der fünf Klassiker Shujing, Shijing, Liji, Chunqiu und Yijing endgültig zur entscheidenden Zugangsvoraussetzung für den Staatsdienst machte, abgesehen von den höchsten Posten, die nach politischen Kriterien besetzt wurden. Diese Examina öffneten den Zugang zumindest theoretisch Gebildeten aus allen sozialen Schichten, natürlich mit der Einschränkung, daß ökonomische Macht den Bildungsstand positiv beeinflußt, und daß das für das Bestehen der Prüfungen notwendige Wissen Monopol einer an konfuzianischen Werten orientierten Bildung war. Auf diesem Wege gelangten immer mehr konfuzianisch inspirierte Gelehrte in den Staatsdienst, was den Aufstieg dieser Schule ungemein förderte.

V.

Kaiser Wu Di war ein Anhänger von Pomp und Zeremonien, weshalb ihm in Fragen der Umgangsformen erfahrene Konfuzianer willkommen waren. Daneben konnten die Konfuzianer einige Argumente für sich anführen, die ihrer Bedeutung am Hofe der Han-Kaiser aufhalfen.

Erstens hatte der prompte Untergang der Qin-Dynastie bewiesen, daß deren Regierungsmethoden und -prinzipien falsch, verwerflich und lasterhaft waren. Zweitens stellten sich Konfuzianer als *die* ideologische Alternative zum Legalismus dar, weshalb ihnen der Platz der Legalisten zukäme. Drittens waren die Konfuzianer spezialisiert auf Fragen von Opfern und Zeremonien, auf die der abergläubische Wu Di großen Wert legte, da es vor seiner Thronbesteigung böse Omina gegeben hatte, die ihn ängstigten. Und viertens hatten sich die Differenzen zwischen Gelehrten und Herrscher verringert, da der Antiintellektualismus der frühen Han-Zeit verschwunden war.[14]

Unter Wu Di gewannen Gelehrte bedeutend an Einfluß, die Rekonstruktion, Kommentierung und Interpretation alter Texte machte Fortschritte und wurde staatlich gefördert. Da die Glaubwürdigkeit von Texten aber vielen Gelehrten durch ihr möglichst hohes Alter am besten gesichert schien, wurden Kommentare und Interpretationen, die erst in dieser Zeit entstanden, alten Philosophen zugeschrieben, und die Zahl der angeblich von Konfuzius selbst verfaßten oder zumindest bearbeiteten Texte stieg ständig an – so gehörten dann schließlich auch die vorkonfuzianischen Klassiker zu diesen von seiner Hand redigierten Werken. Es scheint so, als habe man in dieser Zeit die alten Schriften für so unverständlich gehalten, daß man sie unter einem Wust von Kommentaren ersticken und zum Teil so gründlich umarbeiten mußte, daß von ihrer ursprünglichen Form nun gerade gar nichts mehr übrigblieb. Mit der Hochschätzung der Vergangenheit begann man auch, die Ursprünge der Zeremonien wie der staatlichen Insitutionen wieder direkt im Altertum zu suchen, Neuerer wie Qin Shi Huang Di galten als verwerflich.

Andererseits verwischten sich die Grenzen zwischen den Schulen zunehmend - es ist allerdings anzumerken, daß sie in der Praxis so scharf wie in einer solch knappen Darstellung sowieso nie anzutreffen waren. Die Konfuzianer zeigten sich auch, sei es freiwillig oder notgedrungen, bereit, gegen ihre eigenen Grundsätze zu verstoßen; so akzeptierten sie vom Kaiser selbst entworfene und eingeführte Opferzeremonien, für die es das erforderliche Vorbild im Altertum nicht gab, und gingen in ihrer Anpassung noch weiter, indem sie einen Konfuziuskult mitmachten, der den Kong zu einem beinahe göttlichen Wesen entrückte und von diesem zu Lebzeiten in seiner Lehre verdammt wurde. Seine Schüler brachten dem Meister jetzt an allen Ecken und Enden des Landes posthume Opfer wie für einen Vater dar.

Solche Aufweichungserscheinungen lagen im Trend des zeitgenössischen Denkens, dem auch der Han-Konfuzianismus folgte. Aberglaube und Okkultismus blühten allerorten in allen möglichen lokalen Varianten und allen sozialen Schichten. Als der erste Han-Kaiser Qin eroberte, hatte er ausdrücklich die Fortführung aller Arten von Opfern und Verehrung erlaubt. Auch am Hofe wimmelte es von Abergläubigen, und Wu Di hing Alchemie, Magie, Geisterbeschwörungen und Unsterblichkeitshoffnungen an. Wie weit diese Einstellung ging, zeigt sich daran, daß -91 mehrere tausend Personen, auch Angehörige der kaiserlichen Familie, vom Leben zum Tode befördert wurden, da sie durch Zauberei eine schwere Erkrankung des Kaisers verursacht hätten.[15] Ein weiteres illustres Beispiel ist das Schicksal des Alchemisten Luan Da. Er überzeugte den Kaiser davon, daß es ihm möglich sei, Gold aus schlichterem Metall herzustellen, das Elixier ewigen Lebens von den Inseln der Unsterblichen, die man irgendwo im Pazifik vermutete, zu beschaffen sowie alle Überschwemmungskatastrophen am Gelben Fluß, die als schlechte Omina den Kaiser zu dieser Zeit besonders ängstigten, in Zukunft zu verhindern. Innerhalb weniger Monate war er mit Titeln und Reichtümern überschüttet und Schwiegersohn des Kaisers. Als sich seine Ratschläge und Maßnahmen aber als wirkungslos erwiesen, wurde er -112 liquidiert. Auch Dong Zhongshu, der größte Gelehrte seiner Zeit, der den bedeutendsten Beitrag einer Einzelperson zur Institutionalisierung des Konfuzianismus geleistet hat und dessen Denkschriften an den Thron typische Dokumente des Han-Konfuzianismus sind, war berühmt für seine Regenbeschwörung: er ließ dazu die südlichen Stadttore schließen und in der ganzen Stadt jeglichen Gebrauch von Feuer untersagen, während der ernste Mann am nördlichen Stadttor eigenhändig die Reisenden mit Wasser besprengte.

Parallel dazu vermehrte sich die Zahl der Tempel, Schreine usf. gewaltig: -31 gab es allein in der Hauptstadt 638 davon, von denen in diesem Jahr 475 geschlossen wurden, im Jahr +20 waren es dann schon wieder 1700, und die Zahl der Tiere, die für ein großes kaiserliches Opferfest benötigt wurden, lag bei über 3000, so daß man aus schlichtem Wildmangel dazu übergehen mußte, Hähne statt Enten und Hunde statt Rehen darzubringen.[16]

Angesichts dieser Verhältnisse ist es nicht verwunderlich, daß auch Konfuzius seinen eigenen Kult erhielt. Vor den Han hatte sich die Verehrung des

Ahnherrn aller Scholaren auf die üblichen Opfer im Familienkreis beschränkt, und Gaozus Opfer -195 war ein politischer Akt, der sich unter den Früheren Han nicht wiederholen sollte. +37, zu Beginn der östlichen Han-Dynastie also, wurden dann zwei Ahnen des Konfuzius geadelt und +58 wurde angeordnet, die Schulen aller größeren Städte sollten Konfuzius zusammen mit dem Herzog von Zhou, dem Teile des Yijing zugeschrieben wurden, opfern. Im Gegensatz zu Daoismus und Buddhismus entwickelte dieser Kult aber keine eigene Priesterschaft, sondern es blieb ein Kult der Gelehrten. +1906, in einer Zeit völligen inneren Verfalls, wurde dieser Kult den Opfern von Himmel und Erde gleichgestellt.

Welche überragende Bedeutung für die Politik der Konfuzianismus unter den Han hatte, zeigen frühe Bemühungen des Hofes, seinerseits auf die offizielle Ideologie einzuwirken: der -74 an die Macht gelangte, klassisch gebildete Xuan Di befahl zehn Gelehrten, die Kommentare zum Chunqiu zu studieren. Ihre jahrelangen Bemühungen förderten denn auch Diskrepanzen zwischen den Kommentaren zutage, worauf der Kaiser eine Konferenz hervorragender Gelehrter einberief, deren Ergebnisse von ihm selbst als offizielle Interpretation der Klassiker gebilligt wurden, was sie zur Grundlage der Examina machte. Noch bekannter wurde der Bericht der unter kaiserlicher Förderung +79 abgehaltenen Konferenz, der ein gutes Bild des Han-Konfuzianismus vermittelt,[17] von dem Hu Shih behauptet, er sei »ein großes Mischmasch volkstümlicher Glaubenselemente und -praktiken, die einen schwachen und oberflächlichen Prozeß der Rationalisierung durchlaufen haben.«[18]

VI.

Das Hauptanliegen vieler Philosophen unter der Han-Dynastie[19] war es, die ihrer Meinung nach engen Verbindungen zwischen Himmel und Mensch, Natur und sozialem Leben zu untersuchen. Den Hauptanstoß dazu hatte Dong Zhongshu gegeben, der erfolgreichste Vertreter des eklektischen Konfuzianismus, der vor allem die Rolle des Herrschers, des Himmelssohnes, festzulegen suchte, die dieser in seiner Mittlerfunktion zwischen kosmischem Geschehen und menschlichem Leben und Handeln zu spielen hatte. Bei der Entwicklung seines zumindest für die Frühere Han-Dynastie verbindlichen soziokosmischen Modells griff er auch auf die Theorie von yin, yang und den fünf Elementen zurück, die ursprünglich in keiner näheren Verbindung mit dem konfuzianischen Denken gestanden hatte und selbst aus der Verschmelzung zweier Schulen entstanden war.

Die für Dong wichtigste klassische Quelle war das Chunqiu, die angeblich von Konfuzius selbst verfaßte oder zumindest edierte Chronik des Staates Lu, die Ereignisse der Jahre -722 - -481 überlieferte. Besondere Bedeutung maß Dong dieser Chronik auch deshalb bei, weil er meinte, das Erscheinen eines Einhornes in Lu kurz vor dem Tode des Konfuzius (traditionell -479), das das Chunqiu selbst berichtet, habe gezeigt, daß die Abfassung des Chunqiu mit himmlischer Billigung geschehen sei, da die Zhou abgewirtschaftet hätten und es galt, die Institutionen einer neuen Regierung zu entwerfen. Die Textstelle, die ihm dies zeigte: »Im ... vierzehnten Jahr [der Regierungszeit eines bestimmten Herrschers] fingen Jäger im Westen ein Einhorn.«[20] Eine derart gründliche Textexegese kann schließlich nur zu richtigen Ergebnissen führen. Dong verfaßte zu diesen Frühlings- und Herbstannalen sein Chunqiu fanlu und legte das Chunqiu seinen Denkschriften an den kaiserlichen Hof über die richtige Führung der Regierungsgeschäfte zugrunde, da er meinte, im Chunqiu seien die für alle Zeiten gültigen Prinzipien des sozialen Lebens festgehalten, insbesondere die Pflichten, die der Himmel dem Herrscher mit der Übergabe des Mandates auferlegt habe. Eine Skizze dieses soziokosmischen Entwurfes mag das Verständnis dieser seltsam anmutenden Behauptungen erleichtern.

»Die Männer des Altertums haben ein Wort, welches heißt: ›Wenn man die Zukunft nicht kennt, dann ersehe man sie aus der Vergangenheit.‹ Nun: Der Frühlings- und Herbstklassiker [Chunqiu] ist als Lehre ein Werk, das von der Vergangenheit berichtet und dabei das Zukünftige erklärt. Dennoch verkörpern seine Formulierungen das Geheimnisvolle des Himmels und sind daher schwer zu verstehen. Wer dieses nicht ergründen kann, für den schweigt der Text und ist so gut wie nicht vorhanden; wer es aber ergründen kann, für den gibt es nichts, was nicht darin enthalten wäre. Aus diesem Grunde: Wenn derjenige, der den Frühlings- und Herbstklassiker studiert, eine Ecke zu fassen kriegt und diese vielfältig verknüpft, wenn er eine Lücke sieht und diese umfassend durchdringt, dann wird die Welt ausgeschöpft sein.«[21] Aus der Geschichte zu lernen, ist zuerst einmal natürlich ein löblicher Ansatz, doch bei Dong steckt einiges mehr dahinter, an Methodik wie an Vorstellungen darüber, wie politisches Leben überhaupt denn funktioniere. Es geht ihm nicht darum, zu lernen, daß auf Dürre Hunger folgt und daß übertriebene Ausplünderung des Volkes Aufstände nach sich zieht. Dong will vielmehr durch die Interpretation geschichtlicher Ereignisse die Bedingungen für die Wiederherstellung einer verloren geglaubten Harmonie zwischen Himmel/Natur und Mensch gewinnen. Diesem Versuch liegt die Annahme einer Wechselwirkung zwischen beiden und einer Resonanz des Himmels bzw. der Natur auf Handlungen des Menschen zugrunde. Das ist aber nicht so banal zu verstehen wie das Ozonloch, das aufgrund der Umweltverschmutzung entsteht, sondern meint eine enge Beziehung zwischen beiden, die nicht rein naturwissenschaftlich begriffen wird, sondern eine teils nach dem Muster menschlichen Denkens gedachte Natur/Himmel voraussetzt, die auch auf Aktionen des Menschen zu reagieren vermag, die im Bereich des geistigen Geschehens liegen. Dies erklärt die Wichtigkeit, die Riten, Wahrsagerei, als unnatürlich begriffenen Naturphänomenen wie Erdbeben, Sonnenfinsternissen etc. und der Entwicklung entsprechender Beobachtungsmethoden beigemessen wurde. Es finden sich hier oft Theorieelemente aus den vorkonfuzianischen Klassikern wieder, die dort im Umfeld der Theorie des himmlischen Mandates stehen, jetzt aber zugespitzt werden; aber auch die Werke der eigentlichen klassischen Epoche finden breiten Raum.

Der wichtigste Bestandteil dieses Netzwerkes ist der Himmel (tian), ein mehrdeutiger Begriff. Einerseits meint er einen in vielen Zügen dem Menschen ähnlich gedachten Himmel, der vor allem als moralische Instanz *bewußt* auf die Handlungen und Einstellungen von Menschen reagiert und sie im Falle von Verstößen gegen seine Normen bestraft bzw. für besondere Folgsamkeit belohnt. Andererseits bezeichnet »tian« in Dongs Philosophie auch die gesamte materielle Natur, die sich in seiner Sicht aus yin, yang und den fünf Elementen zusammensetzt. Es ist kennzeichnend für sein Denken in Korrelationen, daß diese beiden Konzepte, das des anthropomorphen Himmels und das der materiellen Natur, nicht als miteinander unvereinbar begriffen werden, sondern ein Gesamtkonzept bilden, in dem in unserem Sinne natürliches Geschehen als soziales interpretiert wird und soziales Handeln direkt oder durch Vermittlung des Himmels auf die Naturabläufe wirkt. Dieses Netzwerk gegenseitiger Beeinflussung, das schließlich als »Einheit von Himmel und Mensch« eine entscheidende Rolle in der westlichen Rekonstruktion chinesischen Denkens spielen sollte,[22] besteht in der interaktiven Verknüpfung von zehn Bestandteilen: »Der Himmel, die Erde, das yin und yang und [die fünf Elemente] Holz, Feuer, Erde, Metall und Wasser sind neun; zusammen mit dem Menschen sind sie zehn. Damit ist die Zahl des Himmels vollständig.«[23]

Alles im Universum ist nach Dong von den Äthern (qi) von yin (weiblich, weich, dunkel, feucht, kalt, zerstörerisch) und yang (männlich, fest, hart, hell, trocken, fruchtbar) durchdrungen. Diese lösen einander wie die fünf Elemente, mit denen sie in einer nicht allzu genau analysierten Beziehung stehen, in bestimmten Zyklen ab und erzeugen sich dabei zugleich gegenseitig. Die fünf Elemente, die an den Veränderungen in der Natur beteiligt sind, dienen vor allem der Erklärung der Aufeinanderfolge der Jahreszeiten. Aber - der Phantasie sind keine Grenzen gesetzt - darüber hinaus wurden Entsprechungsschemata entwickelt, nach denen die gegenseitige Ablösung der fünf Elemente auch mit Dynastiewechseln, Sternbildern, Geschmacksempfindungen, Gerüchen, Himmelsrichtungen, Tönen, Planeten, Staaten, Herrschern, Farben, Tieren, Gefühlen usw. assoziiert wurde.[24]

Dafür müssen auch Geschichte und soziales Geschehen in Zyklen beschrieben werden, die sich ebenso regelmäßig ablösen und wiederholen wie die natürlichen. Dies ist ein Konzept, das Zahlenspekulationen erforderlich macht, die denn auch besonders in apokryphen Texten, die unter den Han zuhauf entstanden, eine bedeutende Rolle spielen.

Um einmal eine Vorstellung davon zu geben, wie sich Zahlenspielerei virtuos mit Naturforschung verbinden läßt, hier einige Auszüge aus einem Text:

»Das Prinzip des Wandels hat Menschen, Vögel, Tiere und alle Arten kriechender Dinge hervorgebracht; einige leben allein, einige in Paaren, einige fliegen und andere rennen auf dem Boden umher. Und niemand weiß, wie die Dinge ihnen erscheinen. Allein, wer tief in die Tugend des dao eindringt, kann ihre Grundlage und ihren Ursprung verstehen.

Der Himmel ist 1, die Erde 2 und der Mensch 3. 3 x 3 ergibt 9. 9 x 9 ergibt 81. 1 beherrscht die Sonne. Die Zahl der Sonne ist 10. Darum wird der Mensch im 10. Monat seiner Entwicklung [Schwangerschaft] geboren.

8 x 9 ergibt 72. Hier folgt eine gerade Zahl nach einer ungeraden. Ungerade Zahlen beherrschen die Zeit. Zeit beherrscht den Mond. Der Mond beherrscht das Pferd. Darum [weshalb, verdammt noch mal?!] hat das Pferd eine Tragzeit von 11 Monaten.

7 x 9 ergibt 63. 3 beherrscht den Großen Bären. Diese Konstellation beherrscht den Hund. Darum wird der Hund nach nur 3 Monaten geboren.

5 x 9 ergibt 45. 5 beherrscht die Musiknoten. Die Noten beherrschen den Affen. Darum wird der Affe nach einer Entwicklungszeit von 5 Monaten geboren.

[...]

Vögel und Fische werden unter dem Zeichen des yin geboren, gehören aber zum yang. Daher legen sie beide Eier. Fische schwimmen im Wasser, Vögel fliegen zwischen den Wolken. Aber im Winter gehen die Schwalben und Stare in das Meer und verwandeln sich in Muscheln.

[...]

Was die Erde anbelangt, ist die Ost-West-Richtung der Einschlagfaden und die Nord-Süd-Richtung der Kettenfaden. In den Bergen steigen die Tugenden, und die Flüsse bringen Profit. Höhenzüge entsprechen dem Leben, Täler dem Tod. Berge und Hügel sind männlich, Schluchten und Täler weiblich.

Muscheln, Schildkröten und Perlaustern nehmen mit den Mondphasen zu und ab.

Menschen, die auf fester Erde leben, werden dick, die auf lockerem Boden leben sind schlank, jene auf Sandboden dünn. Wohl aussehende Menschen entstehen in Gegenden, wo die Erde fruchtbar ist, aber ein unfruchtbarer Boden bringt häßliche hervor.

[...]

Es gibt 360 Arten gefiederter Tiere, und der Phönix steht an ihrer Spitze; 360 Arten behaarter Tiere mit dem Einhorn an ihrer Spitze; an Tieren mit Rückenschilden 360 Arten mit der Schildkröte an ihrer Spitze; 360 Arten von Tieren mit Schuppen, und der Drache steht an ihrer Spitze; 360 Arten nackter Lebewesen, und der Weise [nicht: der Mensch!] steht an ihrer Spitze. Dies sind die schönen Dinge, die Himmel und Erde hervorgebracht haben und die Zahlen der Tiere unter den zehntausend Wesen.

Gefällt es einem menschlichen Herrscher, Nester und Eier zu zerstören, steigt der Phönix nicht auf. Legt er die Wasser trocken und nimmt alle Fische heraus, wird der Drache nicht kommen. Bringt er schwangere Tiere und ihre Jungen um, erscheint das Einhorn nicht. Gefällt es ihm, die Wasserläufe anzuhalten und die Täler [mit Wasser] zu füllen, zeigt sich die Schildkröte nicht.

Darum bewegt sich ein wirklicher König nur in Übereinstimmung mit dem dao und ruht nur in Übereinstimmung mit dem li (den Prinzipien der Dinge und der Tendenz des Universums). Wenn er ihnen zuwiderhandelt, sendet der Himmel ihm kein langes Leben, böse Vorzeichen erscheinen, die Geister verbergen sich, Wind und Regen kommen nicht zu ihrer gewöhnlichen Zeit, es gibt Stürme, Überflutungen und Dürren, die Menschen sterben, die Ernte reift nicht, und die Haustiere vermehren sich nicht.«[25]

Dieser Text gibt viel her: Neben kruder Zahlenmystik, die mit durchaus zutreffenden Beobachtungen verbunden wird, stehen Versuche der Naturklassifikation, es gibt etwas, das man als Ökologie deuten kann, und am Ende folgt die (soziokosmische) Moral. Der Text zeigt auf jeden Fall die schon relativ weit entwickelte Naturforschung. Wer darüber lächelt, lese einmal zum Vergleich des Aristoteles zoologische Schriften oder schaue in den schon erwähnten Physiologus, um sich von dem hohen Kenntnisstand zum Beispiel dieses Textes zu überzeugen.

Nach diesem Ausflug in die rauhe Wirklichkeit harter Wissenschaft zurück an den Ausgangspunkt. Die Elemente, Holz, Feuer, Erde, Metall und Wasser, sind nach Dongs Ansicht vom Himmel in dieser Reihenfolge angeordnet worden. Aus Holz entsteht Feuer, aus Feuer Erde [es bleibt Asche zurück], aus Erde [Erz] Metall, aus Metall Wasser [spielt vielleicht auf flüssiges Metall an], während Wasser wiederum Holz [Bäume?] hervorbringt. Es gibt aber auch eine ganze Reihe anderer Anordnungen, in die die Elemente damals gebracht wurden. Forke führt in erwähntem Anhang zum Lunheng einige dieser Systeme an. Diese Beziehungen der Elemente untereinander mögen zwar auf den ersten Blick recht naturalistisch formuliert sein, werden aber sofort mit sozialen Verhältnissen verbunden. Solche Beziehungen zwischen Elementen werden als konfuzianische Vater-Sohn-Beziehung interpretiert: »Ihre Hierarchie ist wie die von Vätern und Söhnen, jeder empfängt und gibt dem anderen ... .«[26]

Das Holz hat seinen Platz im Osten, wo es den Frühling regiert, das Feuer im Süden beherrscht den Sommer, das Metall im Westen den Herbst, das Wasser im Norden den Winter. Deshalb ist das Element Holz für die Entstehung von Leben verantwortlich, Feuer für die Hitze, Metall für den Tod und Wasser für die Kälte. Die fünf Elemente sind bei ihrem ständigen Wechsel auch mit yin und yang verbunden: das zunehmende yang stützt sich im Frühjahr auf das Element Holz, wenn das yang im Sommer vollends dominiert, stützt es sich auf das Feuer usw..

Wie diese wechselseitige Beziehung der verschiedenen Elemente und Äther allerdings zustande kommt und funktioniert, bleibt dunkel. Es werden keine physikalisch-chemischen Prozesse beschrieben, die zur Ablösung der Elemente untereinander beitragen, und wir sind gewöhnt, uns derartige Vorgänge als kausales Geschehen vorzustellen. Es geht Dong Zhongshu und seiner Schule aber auch nicht um mechanische oder ähnliche Erklärungen, sondern um die Darstellung von Korrelationen, die gemäß der Struktur der kosmischen Ordnung zielgerichtet und regelmäßig ablaufen, ohne daß es dafür eine Ursache-Wirkung-Beziehung im modernen Sinn geben müßte. Die Äther werden zwar stofflich beschrieben (sie sind viel flüssiger als Wasser, aber am ehesten mit ihm zu vergleichen), ihre Interaktionen sind aber kein physikalischer Prozeß mehr, sondern lassen sich am besten als soziale Prozesse innerhalb der festliegenden kosmischen Hierarchie beschreiben.

Die Erde hat nach Dongs Ansicht eine herausragende Stellung, sie ist nicht nur eines der fünf Elemente mit einer eigenen Himmelsrichtung (Mitte), einer eigenen Jahreszeit (der sechste Monat) usw., sondern herrscht (und hierbei ist statt an das Element Erde an den Himmelskörper zu denken) über die Elemente und ist eine direkte Ergänzung des Himmels: der Himmel bringt die Dinge hervor, die Erde ernährt sie, sie vervollständigt und ergänzt also das Tun des Himmels. Die Diskussionen der kaiserlichen Konferenz +79 ergänzten später Dongs Lehre insofern, als sie betonten, daß bei den fünf Elementen weniger an Substanzen zu denken sei als an die bewegenden Kräfte des Himmels.[27] Auch die Erde fungiert als Glied der sozialen kosmischen Hierarchie, sie gehorcht dem Himmel, wie eine Frau ihrem Ehemann dient oder ein Minister seinem Herrscher. Da ihre Position niedrig ist, kümmert sie sich um ihre eigenen Angelegenheiten, ohne den Himmel damit zu belästigen; sie identifiziert sich dabei mit einem Element, dem Element Erde, um dem Himmel ihren Respekt zu erweisen.[28]

Ebenso steht der Mensch in einer engen Beziehung zum Himmel, der ihn geschaffen hat. Gerade die Ähnlichkeiten zwischen Mensch und Himmel machen deutlich, wie sehr Dong Zhongshu der Zahlenmystik verpflichtet war: nach seiner Ansicht besteht der menschliche Körper aus ebenso vielen Teilen, wie das Jahr Tage hat (360 bzw. 366), die größeren Glieder des Körpers setzen sich aus zwölf Teilen zusammen wie das Jahr aus zwölf Monaten, der Körper hat fünf Organe (Herz, Leber, Lungen, Nieren, Milz) analog den fünf Elementen, die vier Gliedmaßen entsprechen den vier Jahreszeiten, Öffnen und Schließen der Augen Tag und Nacht, Härte und Weichheit des Körpers (Knochen und Fleisch?) Winter und Sommer. Auch das Psychische ist dem Kosmischen verwandt: Traurigkeit und Freude yin und yang, die Fähigkeit zu denken dem Überlegen und Abwägen des Himmels. Das richtige Verhalten der Menschen aber muß sich an der Beziehung zwischen Himmel und Erde orientieren.

Es gibt verschiedene Arten der Korrespondenz zwischen Dingen: »In dem, was gezählt werden kann, gibt es eine Entsprechung in der Zahl. In dem, was nicht gezählt werden kann, eine solche der Art.«[29] Physiologisch steht der Mensch mit dem Kosmos in einer Korrespondenz der Zahl, seine Psyche und sein Sozialleben entsprechen ihm, da eine Korrespondenz der Art vorliegt. Der Mensch ist also in mancher Hinsicht ein Duplikat des Himmels und diesem verpflichtet. Er steht in der kosmischen Hierarchie in einer Reihe mit Himmel und Erde, die der Ursprung aller Dinge sind. Der Himmel bringt sie hervor, indem er ihnen Respekt vor Älteren und Sohnesliebe einpflanzt, die Erde nährt und kleidet sie, der Mensch vervollkommnet sie durch Musik und angemessene Umgangsformen.[30]

Das hier entworfene System ähnelt in keiner Weise einem naturwissenschaftlichen Ansatz, in dem der Mensch nur insofern eine Rolle spielt, als er selbst ein mit den Naturgesetzen beschreibbarer und ihnen unterworfener Gegenstand ist und in seiner Eigenschaft als soziales Wesen keine Rolle spielt. Für Dong Zhongshu hingegen, der ein (wie man heute zu sagen pflegt) ganzheitliches Weltbild anstrebte, ist die Natur ein soziales System und keine rein physikalische Angelegenheit, da die Veränderungen, die permanent in ihr geschehen, für ihn sozialen, streng hierarchischen Mustern folgen und umgekehrt soziale Handlungen durch die Äther, aus denen der Mensch wie alle anderen Teile des Netzwerkes besteht, auf die (für uns) physikalische Welt wirken. Deshalb ist seiner Meinung nach auch die direkte Beeinflussung z.B. des Wetters möglich: yin und yang durchdringen Mensch und Natur, wenn das yin des Himmels zunimmt, steigert sich auch das des Menschen und umgekehrt; das heißt, wenn die Verstärkung des menschlichen yin gelingt, kann der Mensch Regen hervorrufen, und zwar auf direktem Wege über den Äther des yin ohne Vermittlung des Himmels, allein aufgrund seiner strukturellen Verwandtschaft mit der Natur. Dong selbst praktizierte zu diesem Zweck die von Sima Qian beschriebene unfehlbare Regenbeschwörung, deren einzelne Maßnahmen durch Entsprechungen zwischen Elementen und Himmelsrichtungen verständlich werden. Ähnlich verhält es sich in den Fällen, in denen unzeitgemäßes menschliches Handeln die Ordnung der Natur stört und zu für den Menschen nachteiligen Naturereignissen führt: Herbst und Winter sind die Zeiten von Verfall und Tod. Danach muß sich auch die Regierung richten, denn es könnte eine Katastrophe nach sich ziehen, wenn zum Beispiel die Hinrichtungen nicht in dieser Zeit, sondern etwa im Sommer oder Frühjahr, wenn das yang herrscht, stattfänden. Die Nichteinhaltung dieser Regeln bedeutet eine fundamentale Störung der kosmischen Harmonie, worauf die Natur mit außergewöhnlichen Erscheinungen wie Überschwemmungen oder plötzlichem Schneefall im Sommer reagiert.

VII.

Wichtiger für das alltägliche menschliche Leben ist allerdings eine andere, hiermit verwandte Beziehung zwischen Mensch und Kosmos, nämlich die zum Himmel, der bewußt auf menschliches Tun reagiert. Eine solche Beziehung besteht vor allem zwischen dem Himmel und dem jeweiligen Herrscher. Dong behauptet, dies zeige sich schon im Zeichen »wang« für »Herrscher« - es besteht aus drei waagerechten Linien, die durch eine Senkrechte miteinander verbunden werden. Seiner Meinung nach stehen die waagerechten Linien für Himmel, Mensch und Erde, während die senkrechte den Herrscher symbolisiere, der die Verbindung zwischen den drei anderen Bestandteilen herstelle. Diese allegorische Ableitung ist zwar falsch,[31] deutet aber die Funktion des Herrschers in seinem kosmischen Netzwerk an: er ist für die Harmonie der verschiedenen Sphären verantwortlich, denn der Himmel ist von sich aus gütig und um Harmonie bemüht, doch entstehen oft Störungen durch den Menschen, besonders durch den Herrscher, der als Träger des himmlischen Mandates dem Himmel von allen Menschen am nächsten steht.

Diese Überlegungen präsentierte Dong Zhongshu dem Kaiser Wu Di, der über Naturerscheinungen beunruhigt war, die er als böses Omen betrachtete, und deshalb Rat bei den Gelehrten suchte. Dong bestärkte ihn in seiner Auffassung und legte die seiner Meinung nach richtigen Regierungsprinzipien in Denkschriften dar.[32]

Die Gegenwart hält Dong für offensichtlich unzulänglich, wenn man sie »am Altertum prüft, warum ist dann nur ein so großer Abstand zwischen den beiden? ... Soll man meinen, es gäbe irgendwo eine Abirrung vom Weg des Altertums oder gegen das Gesetz des Himmels? Wir wollen versuchen, es zu verfolgen bis ins Altertum und auf den Himmel zurückzuführen; vielleicht ist es dann zu erkennen.«[33] Das Altertum war die Zeit, in der Ordnung und Harmonie herrschten, und zwar sowohl in der Gesellschaft, in der es keine Auseinandersetzungen zwischen Beherrschten und Herrschern gab, da die Herrschenden tugendhaft waren, als auch in der Natur, die aufgrund dieses

Tugendbooms reiche Ernten produzierte, »die Phönixe sammelten sich und die Einhörner wandelten umher.«[34]

Zur Zeit hingegen herrscht Unordnung, obwohl sich der Kaiser (wie Dong betont) nichts vorzuwerfen hat. Die Probleme rührten vielmehr daher, daß die Beamtenschaft korrupt ist und das Volk ausnimmt, diese »Mißstände in den Ämtern sind in vollem Widerspruch zu den Absichten Eurer Majestät. Deswegen sind das yin und das yang in ihrem Gegeneinanderwirken in Unordnung, die atmosphärischen Ausströmungen sind angehäuft und stocken ..., das schwarzhaarige Volk genießt noch kein Glück.«[35] Zur Korruption tritt die Verwirrung der Menschen durch die Hundert Schulen, das heißt die Vielfalt philosophischer und politischer Meinungen - weder Regierung noch Volk kann sich orientieren. Nur das Chunqiu aber »zeigt die Größe der Bedeutung der alles umfassenden Einheitlichkeit, es ist ewige Richtschnur für das Weltall, das alldurchdringende Recht für Altertum und Gegenwart«[36], darum ist es für eine erfolgreiche Regierung nötig, alle anderen Lehren zu unterdrücken und sich nur nach der konfuzianischen zu richten - es ist erschrekkend, daß das Hauptanliegen der Gelehrten meist die Ausschaltung der anderen Intellektuellen ist.

Dong Zhongshu entwickelt für den Herrscher eine Methode, nach der es möglich werden soll, die Gegenwart analog dem Altertum zu gestalten:

Erstens hat jede Katastrophe oder Anomalie, die im Chunqiu berichtet wird, eine Bedeutung, die man herausfindet, indem man diese Katastrophe in einen Zusammenhang mit einem direkt vorhergehenden politischen Ereignis bringt.

Zweitens muß man dann zu einer gegenwärtigen Katastrophe das parallele Ereignis im Chunqiu suchen.

Drittens kann man jetzt, wenn man das entsprechende Ereignis im Chunqiu kennt, auch nach Schritt eins die Bedeutung der momentanen Katastrophe bestimmen, das heißt, den politischen Fehler angeben, auf den sie zurückzuführen ist.[37]

Dong geht bei seiner Methode davon aus, daß das Chunqiu nicht nur eine einfache Chronik sei, sondern einen geheimen, für ihn entschlüsselbaren Subtext enthalte, der sich aus dem zeitlichen und soziokosmischen Zusammenhang der festgehaltenen Ereignisse ergibt. Tatsächlich läßt sich das Chunqiu, das auch Anomalien zuhauf überliefert, oft so lesen, auch wenn es diesen Zusammenhang beim besten Willen selbst nicht herstellt. Dongs Interpretation wird zwar gern für mit dem recht trockenen Text nicht vereinbar gehalten, ist aber, wenn man seine Voraussetzungen über die Struktur der Welt zu akzeptieren bereit ist, nicht abwegig. Abwegig ist allerdings die Vorstellung von Geschichte, die Voraussetzung einer solchen Interpretation der Gegenwart anhand eines deskriptiven Geschichtswerkes ist. Hu Shih bezeichnet Dongs

Geschichtslehre treffend als »Wissenschaft der Katastrophen und Unregelmäßigkeiten«.

VIII.

Die legendären Herrscher empfingen das himmlische Mandat als eine Last, aber sie gehorchten dem Himmel und gaben sich dem wu wei hin, dem Nicht handeln, das im Unterlassen aller störender Eingriffe in das Leben der Menschen besteht. Als schließlich der letzte Herrscher der Shang widersetzlich gegen den Himmel war, wurde das Mandat an die Zhou weitergegeben. Der Himmel, der den Herrscher unterstützt, so lange dieser nicht vom vorgeschriebenen Weg abweicht, und ihn durch zahlreiche böse Omina warnt, gibt, falls der Herrscher sich nicht bessert, sein Mandat an einen anderen weiter.

Für die Entstehung solcher Omina findet Dong Zhongshu zwei Erklärungen: erstens stellt er sie als bewußte Inszenierungen des Himmels dar, zweitens können sie durch Störungen von yin und yang entstehen. Der Nachfolger eines verkommenen Herrschers und Gründer einer neuen Dynastie wird vom Himmel ganz bewußt ausgesucht und mit der Regierung durch ein untrügliches Omen betraut. So soll in das Boot des zukünftigen ersten Zhou-Kaisers ein weißer Fisch gesprungen sein, »ein Feuer kam auf des Königs Haus zu und zerfloß in Gestalt eines Raben.«[38] Da weiß die Farbe der Yin-(späten Shang-) Dynastie war, rot (Feuer) die der Zhou und der Rabe Zeichen kindlicher Ehrfurcht, zeigte dies den Übergang der Herrschaft an die Zhou an. Ein solches Omen mußte vor allem, um anerkannt zu werden, so beschaffen sein, daß es von Menschen nicht manipuliert werden konnte.

Die Theorie vom himmlischen Mandat legitimierte einerseits die Herrschaft, andererseits diente sie den Gelehrten aber auch zur Einflußnahme auf die Politik, da sie die dem Herrscher vom Himmel auferlegten Pflichten aus den Omina zu interpretieren hatten und ihm allein darlegen konnten, wie er dem dao des Himmels folgen mußte. Die Theorie vom himmlischen Mandat ging immer davon aus, daß auf dem Tiefpunkt eines Regimes ein anderes, moralisch nicht so fehlbares mit der Regierung betraut würde. Die Vertreter dieser Theorie vermieden aber die Frage, wieso die Qin, die schon bei der Verwaltung ihres Kleinstaates nach legalistischen Prinzipien vom dao des Himmels abgewichen waren, in den Besitz der Herrschaft über ganz China kommen konnten. Ihre Herrschaft war für die Konfuzianer zwar einerseits Muster moralischer Abirrung, andererseits neigten sie aber dazu, die Qin vor ihrem Fall als nicht vorhanden zu betrachten - hier wurde um der Einheitlichkeit der Theorie willen ein bedeutender Teil historischer Realität schlichtweg ignoriert.

Das Prinzip einer guten Regierung ist nach Dong das yang, auf das sich auch der Himmel stützt, nicht das zerstörerische yin. Das heißt für den Herrscher, er hat sich um vorbildliche Tugend zu bemühen, statt mittels Strafen zu regieren: ein altes konfuzianisches Ideal. Diese Regierung wird Harmonie von yin und yang erzeugen, so daß die Natur prächtig gedeiht und reiche Ernten hervorbringt. Das dao des Himmels, dem der Machthaber zu folgen hat, bleibt immer gleich, das heißt, die Prinzipien der Regierung liegen fest und sind von einer höheren Instanz erlassen worden. Die praktischen Vorschläge Dongs allerdings, wie der Wille des Himmels in die Tat umzusetzen sei, wirken unzureichend, er fordert den Herrscher lediglich auf, weise Männer (= konfuzianische Gelehrte wie ihn selbst) mit den Regierungsgeschäften zu betrauen, dem Beamtentum jede Art von Nebenerwerb zu untersagen und für einen gewissen Ausgleich zwischen den sozialen Klassen zu sorgen. Dafür sind seine Vorschläge in anderer Hinsicht umfassender: »Der Zweck der Staatsordnung, des ›Zeremoniells‹, der Farbenpracht ist, das Erhabene und das Gewöhnliche deutlich zu machen: hoch und niedrig zu unterscheiden und dadurch die Tugendhaften anzufeuern. Was daher nach dem ... [Chunqiu] der vom Himmel Auserwählte zuerst zu ordnen hat, das ist: den Jahresbeginn anders zu legen [und] die Kleiderfarben zu ändern, um so dem Himmel zu entsprechen. Es haben also die Einrichtungen der Palastbauten und Staatsbanner eine Gesetzlichkeit, nach der sie sich richten.«[39] Außerdem muß eine neue Regierungsmaxime gefunden werden: An die Stelle der Verfeinerung der Sitten, die die Zhou propagierten, muß wieder die Betonung der Loyalität, wie sie die Xia-Dynastie (ca. -2200 bis ca. -1766) betrieben hatte, treten. Dong Zhongshu verbindet hier geschickt das konfuzianische Herrscherideal mit seinem soziokosmischen Ansatz und stellt den nach konfuzianischen Prinzipien Regierenden als den vom Himmel gewünschten und eingesetzten Herrscher dar. Dieser muß dafür sorgen, daß die mit dem dao des Himmels festgelegten Hierarchien auch in der menschlichen Gesellschaft vorhanden sind. Das heißt, Dong Zhongshu versucht, alte gesellschaftliche Schranken als vom Himmel geschickt und auch für die Gegenwart verbindlich zu zementieren und die Gesellschaft alter Zeiten als für alle Tage der Menschheit unüberwindbar vorzuschreiben. Das geht einher mit der Beachtung der Symbole und Zeremonien, die die Lehre von yin, yang und den fünf Elementen vorschreibt, um die kosmische Harmonie aufrechtzuerhalten. Die konfuzianischen Regierungsprinzipien sind für ihn letztlich nur ein Mittel, das Gesamtkunstwerk Welt durch die Harmonie von Mensch und Kosmos vor dem Zusammenbruch zu retten.

Sein auch im Hinblick auf Herrschaftsformen, gesellschaftliche Hierarchien usw. strenge Normen setzendes System sieht Ethik nicht als Teil gesellschaftlichen Handelns, Gesellschaftsformen nicht als Ergebnis historischer

Prozesse, sondern projiziert (fiktive) historische Erfahrungen gesellschaftlicher Harmonie als statisches Normengerüst in die Struktur der Natur. Die Welt ist für Dong Zhongshu ein Netz gleichgeordneter Faktoren, die nicht durch kausale Beziehungen, sondern durch dunkle Analogien miteinander verbunden sind. »Konzeptionen werden nicht einander untergeordnet, sondern Seite an Seite in ein Muster gesetzt, die Dinge reagieren auf einander nicht so sehr durch eine äußere Ursache-Wirkung-Beziehung als vielmehr durch eine Art von ›Induktanz‹ ... . Das Schlüsselwort ... ist Ordnung und über allem Muster ... . Dinge sind so Teil der existentiellen Abhängigkeit vom gesamten Weltorganismus.«[40] Dieses System ist gegen jegliche Einsicht in historische Veränderungen blind und schließt die Möglichkeit aus, daß Menschen durch ihre Erfahrungen in die Lage versetzt werden könnten, andere gesellschaftliche Ziele oder Lebensformen anzustreben, da der Himmel das Abweichen von seinem Weg durch ihre Vernichtung per Erdbeben usw. verhinderte. Kleine Veränderungen, die notwendig sind, um sich dem dao des Himmels noch ein wenig besser anzuschmiegen, bestätigen den Geltungsanspruch dieser politischen Ethik.

Der einflußreiche Sinologe de Groot hat dieses Konzept noch zu Beginn unseres Jahrhunderts, und zwar fälschlich, für das Grundkonzept *allen* chinesischen Denkens gehalten, aber zumindest auf Dong Zhongshu trifft zu, was er von ganz Ostasien behauptet: »Das Hauptprinzip menschlichen Lebens in Ostasien, das bestimmt, daß der Mensch sich in Einklang mit dem dao oder der Ordnung des Universums verhalten soll, zwang ihn für Tausende von Jahren, gebannt auf das Universum zu starren, um zu lernen, ob außerordentliche Phänomene irgendeine Unordnung im dao des Menschen anzeigten, was das dao des Universums schrecken, verletzen und in Unordnung bringen könnte, so daß Unheil die Folge wäre.«[41]

Wang Chong ist ein gutes Beispiel dafür, daß man dieses vermeintliche Hauptprinzip allen Lebens in Ostasien schon im +1. Jahrhundert genüßlich zerfetzen konnte, ohne daß einem der Himmel auf den Kopf gefallen wäre.

WANG CHONG

Der Kritiker und Spötter

(Wang Ch'ung, Wang Chung, Wang-Thschung)
Geboren +27 südwestlich von Shanghai (Südostchina)
Gestorben ca. +100

I.

»Wang Chong wurde in einem Ort in Zhejiang geboren. Seine Familie stammt aus dem Bezirk Wei. Einer aus seinem Clan diente sein Leben lang als Soldat und zeichnete sich so sehr aus, daß er zum Bezirksgouverneur ernannt wurde. Als allerdings eines Tages ein Aufstand diesen Staat zerrüttete, blieb er dort, wurde Bauer und züchtete Maulbeer-Bäume.

Sein Urgroßvater war ausfallend und gewalttätig und schreckte, wenn er in Rage kam, vor nichts zurück. In einem Mangeljahr benahm er sich als Schurke und verwundete und tötete Menschen. Die, denen er Schaden zugefügt hatte, und die auf eine Gelegenheit warteten, ihren Rachedurst zu stillen, waren sehr zahlreich. Da in dieser Gegend Revolten regelmäßig an der Tagesordnung waren und Gefahr bestand, daß er seinen Feinden in die Hände fiele, zog sein Großvater mit der Familie in eine andere Präfektur von Zhejiang, wo er als Händler lebte. Sein Großvater hatte ein gewalttätiges Temperament, das in seinen beiden Söhnen so übermächtig wurde, daß viele Menschen unter ihnen zu leiden hatten. Schließlich gerieten sie mit einigen einflußreichen Clans in eine Fehde, in deren Folge sie mit ihren Familien auswanderten.«[1]

Das klingt sehr nach dem Historiker Sima Qian, ist aber nicht von ihm, denn als dieser Text geschrieben wurde, war der schon längst bei seinen Ahnen an den gelben Quellen versammelt. Nein, Wang Chong ist der erste chinesische Philosoph, der eine regelrechte Autobiographie hinterlassen hat, eine recht umfangreiche noch dazu (sie umfaßt in der englischen Version von Forke 28 eng bedruckte Seiten). Aber wie es sich für Intellektuelle gehört, schielt er darin mehr auf den Nachruhm seines Werkes, als frank und frei die auserlesensten Peinlichkeiten aus seinem, wenn man ihm denn Glauben schenken darf, unglücklichen Leben zu erzählen. Die naheliegende Frage: »und, wie war's denn?« läßt er im wesentlichen unbeantwortet.

Einiges sollte man sich aber nicht entgehen lassen bei diesem ersten Abschnitt: Gehört es sich für einen gemäß seinen Sohnespflichten ehrerbietig den Ahnen dienenden Gelehrten, seine Vorväter ziemlich unverhohlen als ungesittete Räuberbande aus der Hefe des Volkes darzustellen? Nein. Aber Wang Chong kümmert sich in seinem ganzen voluminösen opus nur selten um die Frage, was sich denn gezieme, er gehört zu den wenigen Denkern, die sich tatsächlich um eine Überwindung von Vorurteilen bemühen, selbst wenn es sich dabei um die eigenen handelte.

So weit allerdings, sich frei aller literarischen Konventionen als unabhängigen Denker, der auf den ganzen Sittlichkeits-Plunder der Alten nicht allzuviel gibt, darzustellen, geht Wang Chong nicht. Die Darstellung seiner Ausbildung jedenfalls läßt erkennen, daß er wußte, wie Biographien zu schreiben sind, auch wenn er's mangels Anerkennung in seinem Fall eben selbst tun mußte:

»Im Jahr +27 wurde Wang Chong geboren. Beim Spiel mit seinen Gefährten verabscheute er alle frivolen Spiele. Seine Spielkameraden fingen Vögel und Heuschrecken, spielten um Geld und liefen auf Stelzen. Allein, Wang Chong lehnte es zur großen Freude seines Vaters ab, an diesen Spielen teilzunehmen.

Mit sechs Jahren erhielt er seinen ersten Unterricht und lernte, sich höflich, ehrenhaft, wohlwollend, gehorsam, angemessen und ehrerbietig zu betragen. Er war nachdenklich, ernst und sehr ruhig und willensstark. Sein Vater mußte ihn niemals prügeln, seine Mutter gab ihm niemals ein harsches Wort, und die Nachbarn schalten ihn nie. Mit acht Jahren kam er in die Schule. In diese Schule gingen über einhundert Jungen. Als Strafe für Vergehen oder schlechtes Schreiben wurden sie ausgezogen und durchgebleut. Wang Chong aber machte täglich Fortschritte und ließ sich niemals etwas zuschulden kommen.

Als er Sätze schreiben konnte, lehrte der Lehrer ihn das Lunyu [von Konfuzius] und das Shujing, von dem er täglich eintausend Zeichen las. Als er die Klassiker gelernt und sich so seine Fähigkeiten entwickelt hatten, verließ er seinen Lehrer und beschäftigte sich privat mit Schreiben und Studieren, so daß jedermann über seine Fortschritte erstaunt war; seine Belesenheit mehrte sich von Tag zu Tag. Aber er mißbrauchte seine Talente nicht, und obwohl er große rednerische Begabung besaß, hatte er kein Vergnügen an Streitgesprächen. Fand er kein angemessenes Publikum, sprach er den ganzen Tag über kein Wort. Seine Art zu reden war bemerkenswert und nicht wie die der anderen, aber wer ihm bis zum Schluß zuhörte, mußte ihm zustimmen. Das zeichnete auch seine Schriften, sein Benehmen und sein Verhalten gegenüber Vorgesetzten aus.«[2]

Abgesehen davon, daß Wang Chong gewiß ein wenig übertreibt, wenn er behauptet, schon als Kind alle Spiele abgelehnt und voll konfuzianischer Ehrsamkeit umhergewandelt zu sein; abgesehen davon, daß ein so weit vom Stamm gefallener Sprößling seinen rauflustigen Vater wohl eher erschreckt als erfreut haben dürfte; und abgesehen davon, daß Wang hier das Klischee des klassisch Gebildeten, der seinen Posten im Staatsdienst einnimmt und sich Vorgesetzten gegenüber wie ein tugendsamer Sohn aufführt, bis zur Lächerlichkeit überstrapaziert - so etwa könnte sein Schulbesuch verlaufen sein, denn noch im vorrevolutionären China dieses Jahrhunderts sah das noch nicht viel anders aus. Aus der beliebten Reihe »mein erster Schultag«:

»›Jetzt bist Du ein Schüler.‹

›Mit Kindereien und Nichtstun ist jetzt Schluß.‹

›Jetzt heißt's lernen‹, - so begleiten mich ihre vor verhaltener Aufregung zitternden Stimmen auf den Weg.

Zur Schule bringt mich der jüngere Onkel. Ich gehe neben ihm, ohne zurückzubleiben und ohne mich nach unserem Tor umzudrehen ... .

Auf der Schwelle des Hauses machen Onkel und Lehrer halt. Jeder verneigt sich lange vor dem anderen, zeigt mit der einen Hand ins Haus und versucht mit der anderen, den neben ihm Stehenden vor sich herzuschieben... .

... Jetzt sind der Onkel, der Lehrer und ich im Litan, dem Paradesaal der Schule. Vor uns steht ein Altärchen, mit Räuchergefäßen und Blumen in Vasen, und hinter dem Altar, an der Wand, eine lange, von oben nach unten gehende Inschrift. Die Zeichen bedeuten: ›Hier ist der Altar des vollkommensten Weisen und Lehrers des Altertums - Konfuzius.‹ ...

Lange verneigen sich Onkel und Lehrer voreinander, die ineinandergelegten Hände vor der Brust schüttelnd. Dann sagt der Onkel, indem er auf mich zeigt:

›Das ist mein kleiner dummer Neffe. Ich übergebe ihn Ihnen, als dem besten aller Lehrer; vielleicht gelingt es ihm, unter Ihrem Einfluß ein guter Junge zu werden.‹

Der Lehrer antwortet:

›Ihr Neffe ist, wie ich sehe, ein sehr gescheiter Junge und viel klüger als andere in seinem Alter. Ich bin überzeugt, daß aus ihm ein ebenso ehrwürdiger Mensch wird, wie Sie und Ihr hochverehrter älterer Bruder es sind.‹ ...

Nach diesen Reden verneige ich mich bis zur Erde vor den Hieroglyphen des Konfuzius und kniee dann der Reihe nach vor den Lehrer und seine Frau hin: Die Frau des Lehrers ist für den Schüler soviel wie eine zweite Mutter.«[3]

Erstaunlich, wie sehr sich die Vorstellungen, die man sich aufgrund solcher Texte macht, doch gleichen, obwohl zwischen beiden Ereignissen ziemlich exakt 1876 Jahre liegen.

Aber Wang Chongs Leben verlief nicht gradlinig weiter bis zum Premierminister, doch der Einbruch scheint ebenfalls typisiert zu sein - er ähnelt den Karrierekatastrophen, wie sie Männer auf dem Weg im Staatsdienst, wie hoch auch immer ihre Posten nun jeweils sein mögen, seit Jahrhunderten schildern - Schilderungen, die vor allem eins bezwecken: ihre moralische Lauterkeit in hellem Licht erscheinen zu lassen und sie als treue Konfuzianer auszuweisen, die den Herrscher oder Vorgesetzten geradeheraus ermahnen und sich, wenn dieser sich nicht bessert, lieber aus dem Staatsdienst zurückziehen, als einer nicht guten Sache zu dienen:

»In einem Bezirk stieg er bis zum Sekretär auf und hatte denselben Posten in der Verwaltung eines Militärgouverneurs inne. In einer Präfektur war er einer der fünf Chefsekretäre, in einer Abteilung wurde er zum Assistenz-Magistrat ernannt. Er strebte nicht nach Ruhm und richtete sein Verhalten nicht nach seinem eigenen Vorteil. Er sprach von den Verdiensten der Menschen und selten von ihren Fehlern. Die in ihrer Karriere noch nicht weit gekommen waren, empfahl er und legte nur die Fehler jener in gesicherter Position dar. Hielt er etwas für falsch, pries er es nicht, wurde ein Fehler nicht behoben, tadelte er den Verantwortlichen nicht ein zweites Mal. Er konnte die großen Fehler eines Menschen verzeihen und ihn für seine kleinen bemitleiden. Er selbst wollte untadelig sein, aber nicht, um sich hervorzutun. Er gründete seine Ansprüche auf seine Handlungen und hätte sich geschämt, auf seine Talente zu verweisen.

In öffentlichen Versammlungen ergriff er das Wort nicht, wenn er nicht gefragt wurde, und in Gegenwart von Prinzen und Generälen antwortete er nur, wenn man ihn zu sprechen aufforderte.

Wurde er beschuldigt, unternahm er keinen Versuch, sich reinzuwaschen, ging es mit seiner Karriere nicht voran, war er nicht bekümmert. Obwohl er arm war und keinen Quadratmeter besaß, um darauf zu wohnen, war sein Geist freier als der von Königen und Herzögen, und obwohl er keinerlei Einkommen hatte, fühlte er sich, als verfüge er über ein Vermögen. Erhielt er einen Posten, freute er sich nicht über Gebühr, verlor er ihn, war er nicht betrübt. Er genoß ein ruhiges Glück, seine Begierden gingen nicht mit ihm durch, und obwohl er ärmlich lebte, fehlte es ihm niemals an Energie. Das Studium der Klassiker war seine Ausschweifung. In den gegenwärtigen Büchern und Aussprüchen fand er viel, dem er nicht zustimmen konnte. Als Einsiedler suchte er in seiner Zurückgezogenheit nach wahr und falsch.

Wang Chong hatte einen reinen Charakter. Er machte sich Freunde, wohin auch immer er kam, schloß seine Freundschaften aber nicht sorglos. Die Position von Menschen mochte noch so niedrig sein, sie konnten noch so jung sein - erhoben sie sich nur über das allgemeine Mittelmaß, suchte er ihre Freundschaft. Er bewunderte gelehrte Männer und gesellte sich gern zu hervorragenden Menschen, während er nur selten mit solchen von gewöhnlichen Gaben vertraut wurde. Falls diese letzteren ihn aber für ein Versehen oder einen unbedeutenden Irrtum schalten, verteidigte er sich nicht gegen die Anschuldigungen und hegte auch keinen Groll gegen sie.

Man mag fragen, warum ein Mensch von bemerkenswerten Gaben und außerordentlichem literarischen Talent sich nicht gegen falsche Beschuldigungen verteidigte. Ich antworte, daß niemand als der Reine Schmutz bemerkt und niemand als der Hochstehende Gefahren wahrnimmt. Nur, wer in Reichtum lebt, fühlt Beschränkungen, nur die im Überfluß wissen, was Bedürfnis ist. Die Gelehrten der Gegenwart machen zuviel Aufhebens von sich selbst und werden darum von anderen verleumdet, wie es ihnen gebührt. Begierig, voranzukommen, exponieren sie sich, und ärgerlich über Nichtbeachtung verteidigen sie sich selbst. Frei von diesen Wünschen bleibe ich still.

Konfuzius sprach vom Schicksal, Menzius vom Himmel. Glück und Unglück, Ruhe und Gefahr liegen nicht in der Hand des Menschen. Die Alten waren sich dessen bewußt, darum schrieben sie diese Dinge dem Schicksal und der Zeit zu. Ruhig und gleichmütig, beklagten sie sich nicht über Ungerechtigkeit. Wenn Glück kam, bildeten sie sich nicht ein, es hervorgebracht zu haben, stürzte das Unglück über sie herein, hielten sie es nicht für ihr eigenes Werk. Hatten sie Erfolg, war ihre Freude nicht unmäßig, erlitten sie Rückschläge, verließ der Mut sie nicht. Sie verkauften ihre Weisheit nicht für Geld und befleckten ihre Ehre nicht, um berühmt zu werden. Ruhe und Aufregung, Leben und Tod, Glück und Unglück, Sieg oder Niederlage galten ihnen als gleich. Sie überließen alles dem Himmel und versuchten folglich nicht, sich hervorzutun.

Wang Chong war von freundlicher und leichter Veranlagung und strebte nicht nach Reichtum und Ehre. Wenn seine Vorgesetzten auf ihn aufmerksam wurden und ihn über die Köpfe anderer hinweg förderten, hing er nicht an seinem hohen Posten, wurde er zurückgesetzt, verleumdet und degradiert, grämte er sich nicht über seinen niedrigen Rang.

Shun [einer der legendären Herrscher] beackerte das Land, als sollte er für immer damit fortfahren; als er von Yao zu dessen Nachfolger ernannt wurde, verhielt er sich, als sei das ganz selbstverständlich. Wir müssen die Unvollkommenheit unserer Tugend bedauern, nicht unsere niedrige Stellung. Wir müssen beschämt sein, wenn unser Name nicht ohne Makel ist, aber nicht, weil unsere Karriere nicht vorankommt. So lange die Tugend von Menschen in niedriger Position und solchen von adligem Rang verglichen werden können, ist alles in Ordnung.

Die Welt hofiert die Erfolgreichen und verläßt die Erfolglosen. So lange Wang Chong aufstieg und in Amt und Würden war, umschwärmten ihn die Menschen wie Ameisen, aber als er seinen Posten verlor und in Armut lebte, wandten sich seine früheren Freunde von ihm ab. Er sann über die Herzlosigkeit der Welt nach und schrieb in seiner Muße zwölf Kapitel über die allgemeine Moral, in der Hoffnung, daß dies das öffentliche Bewußtsein aufrütteln würde. Darum wählte er bewußt einen einfachen, allgemein verständlichen Stil. Ein ausgefeilter, rhetorischer, wissenschaftlicher Stil eignet sich für die oberen Klassen der Gesellschaft, ist aber für ungebildete Menschen unangebracht. Es geschieht selten, daß jene, die, ob sie nun wollen oder nicht, etwas hören müssen, es sich zu Herzen nehmen.

Als Konfuzius auf dem Lande ein Pferd verloren hatte, versteckten es die Leute und gaben es nicht zurück. Ein Schüler sprach zu ihnen in wohlgebauten Sätzen, aber das machte sie nur ärgerlich. Doch als der Diener mit ihnen in einem vertrauten, jovialen Ton redete, gaben sie das Tier heraus.

Um jeden Preis hochfliegende Ausdrücke zu verwenden statt der einfachen und geraden Sprache des Volkes ist wie mit einer Mütze von Zobelpelz Brennholz sammeln zu gehen. Was unnötig ist, ist auch unangemessen.

Was ist das Prinzip des Gespräches? Tiefe Gedanken durch einfache zu illustrieren. Und wie zeigen wir Wissen? Indem wir Schwieriges durch Einfaches erklären. Weise Männer pflegen abzuwägen, was den verschiedenen Talenten angemessen ist. Daher der Unterschied im Stil, sei er nun schwierig oder einfach.

Da Wang Chong das allgemeine Empfinden bedauerte, kritisierte er die öffentliche Moral. Und da er die vergeblichen Anstrengungen der Regierung beklagte, die das Volk zu lenken versuchte, aber traurig und entmutigt den rechten Weg dazu nicht fand und nicht sah, was erforderlich wäre, verfaßte er das Buch über die Regierung. Angewidert von zahlreichen verlogenen Büchern und ebensolcher volkstümlichen Literatur ohne jegliche Glaubwürdigkeit und Wahrheitsliebe, schrieb er seine »Abhandlungen« (Lunheng).

»Die Edlen und Weisen sind tot, und ihre großen Lehren sind in Schulen zerfallen. Es wurden viele neue Pfade gebahnt, auf denen viele Menschen gestrauchelt sind. Jeder mußte seine eigene Schule gründen. Kluge Menschen haben dies erkannt, aber den rechten Weg nicht gefunden. Alte Traditionen wurden schriftlich überliefert oder durch Hörensagen verbreitet. Da diese mehr als hundert Jahre alt waren und von Tag zu Tag an Alter gewannen, haben die Menschen sie als antike Überlieferung und darum der Wahrheit nahe betrachtet. Dieser Glaube wurde in ihren Köpfen so fest verwurzelt, daß sie unfähig waren, ihn wieder auszurotten.

Darum wurden diese Abhandlungen verfaßt, um die Wahrheit zu zeigen. Sie sind lebendig geschrieben und voller Kontroversen.«[4]

II.

Diesem letzten Satz ist unbedingt zuzustimmen. Auf den ersten neuzeitlichen und westlichen Blick hin mag dies zwar eine ausgefallene Form der Selbstbescheidung sein, die vor Eigenlob regelrecht stinkt und eigentlich eher einen paranoiden Schönredner seiner selbst vermuten ließe, wie er sich gelegentlich in der Klasse der Kleinunternehmer findet. Aber abgesehen davon, daß heutzutage bei seriösen Bewerbungsgesprächen deutlich dicker aufgetragen werden muß, und das nicht nur schriftlich, sondern auch Aug' in Aug' mit dem eventuellen zukünftigen Verwerter der Arbeitskraft, der argwöhnisch beobachtet, ob man bei all den Lügen auch nicht ein einziges Mal grinsen muß - es ist einfach zu bedenken, daß es in dieser Autobiographie schließlich nicht um einen Job geht, sondern um den noch dazu durch die Schriften durchaus gerechtfertigten ewigen Nachruhm. Und vor allem: bei näherer Betrachtung erfüllt diese Autobiographie alle Ansprüche, die man an sie nur haben kann: Sie stellt den perfekten, untadeligen Staatsbeamten dar, der an seiner Ehrlichkeit zugrunde ging, ohne an seiner Bildung und Aufrichtigkeit zu verzweifeln, als sich die Welt von ihm abwandte - ein Topos, der sich durch die gesamte konfuzianische Gelehrtentradition seit Konfuzius selbst zog.

Das Lunheng, eine (in der Übersetzung von Forke mit rund 900 Seiten) ungewöhnlich lange Essaysammlung, wimmelt nur so von Eskapaden und dem genüßlichen Auskosten perfekt ausgearbeiteter Widersprüche in irgendwelchen Philosophemen, und Wang erkannte selbst den Knackpunkt seines Werkes. Er verstand sich als Aufklärer, wie seine Debatten über den Stil gezeigt haben, in denen er eine einfache, verständliche Sprache verteidigte, die den Gelehrten seiner Zeit offensichtlich suspekt war. Daß »hohe« Themen in einem gedrechselten Stil zu verfassen seien, galt den esoterischen Beamten der Epoche als ausgemacht, aber Wangs Anliegen war deutlich universeller: Er verstand Bildung und Aufklärung, den sattsam bekannten Ausgang des Menschen aus seiner selbstverschuldeten Unmündigkeit, als ein Anliegen zumindest prinzipiell aller Menschen - sie müßten mithin auch allen ermöglicht und zugänglich gemacht werden. Auf diesem Hintergrund ist verständlich, weshalb er neben dem Verweis auf seine Schriften, wie die Regierung vorzugehen habe, um die Welt wieder halbwegs zu ordnen, den Kampf gegen den volkstümlichen Aberglauben und die Hebung der öffentliche Moral als seine Themen benennt. Auch er also ein Streiter im Kampf für das Gute in der Welt, nur daß seine Welt ein bißchen größer ist als die der Konkurrenz, deren Konzepte von Herrschern, Weisen, Planeten, Zahlen, Drachen, Einhörnern, Phönixen und dem fernen Altertum besiedelt sind, während er auch noch seine Zeitgenossen allesamt ohne Standesrücksichten mit einbezieht, wobei er natürlich nicht verabsäumt, das ganze Repertoire von den legendären Kaisern bis zu Konfuzius aufmarschieren zu lassen?

Etwas stört an diesem Bild, zumal, wenn man das Lunheng gelesen hat. Gewiß, Wang kämpft eifrig und ohne Ansehen der Person gegen so ziemlich alle und jeden, zumal wenn die Esoterik oder auch tradiertere Formen des Aberglaubens keck irgendwo ihr Gorgonenhaupt zu erheben wagen; sein

Buch hat einen persönlichen Ton, der ihn von anderen Denkern unterscheidet, und Unverständlichkeit kann man ihm wahrlich nicht vorwerfen, höchstens ausladende Redelust und den Zwang, sein gesamtes Wissen vor dem Leser auszubreiten, auch, wo es eher unangebracht und langatmig ist - aber Schluß mit dieser (Selbst-) Kritik in Darstellungsfragen. Begraben liegt das Problem an anderer Stelle. Ein Intellektueller, der die Sache aller Menschen zu vertreten meint, vertritt damit im allgemeinen nichts weiter als eine mögliche Position in der Auseinandersetzung mit seinesgleichen um irgendeine Form der Anerkennung. Intellektuelle Debatten gehen fast nie um das, was ihr Thema ist, und verteidigen schon gar nicht die Sache *aller* Menschen; sie erweist sich als eher unbeabsichtigtes Nebenprodukt. Wang sieht bereits deutlich genug, daß die meisten anderen Philosophen seiner Zeit, nämlich die des institutionalisierten Han-Konfuzianismus, durch Unverständlichkeit gedankliche Tiefe vorzutäuschen trachten. Dies ist auch das Ergebnis einer immer dasselbe wiederholenden Ausbildung, die über nunmehr zwei Jahrhunderte hinweg inhaltlich nicht wesentlich fortentwickelt wurde (man las die Klassiker und überhäufte sie mit immer neuen, immer abstruseren Interpretationen). Es traten immer mehr formale Aspekte in den Vordergrund, da die Ideologen einer sich von ihren Regierungsgrundsätzen her als statisch begreifenden Dynastie im Interesse ihrer Geltung gezwungen sind so zu tun, als täte sich in ihren Köpfen gesellschaftlich-ethisch nichts Neues. Sie hatten ideologische Veränderungen zu unterlassen oder zumindest zu bemänteln und blieben andererseits zu ohnmächtig, selbst wirklichen politischen oder theoretischen Wandel zu bewirken oder zu fordern, falls sie überhaupt ein Interesse daran hatten. Widrigenfalls war man auch einmal bereit, einen allzu aufmüpfigen Kopf abzuschlagen, um dem Rest der Bande das Maul zu stopfen.

Von der frischen Luft der Diskussion, wie sie die Zeit der Streitenden Reiche durchwehte und zum Beispiel Lehren wie die Lao Zis oder Mo Dis kennzeichnet, ist jedenfalls nicht mehr viel zu spüren, kurzum: das Bildungssystem ist fest in der Hand des Staates und mit der herrschenden Politik auf Gedeih und Verderb assoziiert, Berufsverbot droht allerorten. So sehr damit Wangs Kritik an der Versponnenheit und Unfruchtbarkeit des offiziellen Denkens seiner Zeit auch berechtigt sein mag - sein Anspruch auf Breitenwirkung, der ihm in den nächsten Jahrtausenden einiges an Verachtung seitens der Gelehrten eintrug, ist nicht ernst zu nehmen, seine Ansprechpartner und Gegner sind die offiziellen Philosophen, die, die's geschafft haben, sich den Traum vom wohl besoldeten Staatsjob, womöglich noch als Lehrer an der Kaiserlichen Akademie, zu erfüllen. Auch Wang kann kaum übersehen haben, daß die durch philosophische Literatur zu erreichende Schicht der Bevölkerung schon aus Gründen des für Normalsterbliche recht beschränkten Zugangs zu Bildungsmöglichkeiten klein war und sich auf eben diese Gelehrten beschränkte - wir haben es also mit einer Debatte zwischen Intellektuellen zu tun und keinesfalls mit einer aufklärerischen Lehrschrift wider die verkommenen Sitten, die sich an Analphabeten gerichtet hätte. Wang Chong geht es weniger um den Volksaberglauben als vielmehr um die offizielle Ideologie, die Züge des Aberglaubens aufgenommen und erweitert hatte. Wang schlägt lieber stellvertretend das wehrlose Kätzchen statt des daneben stehenden Tigers, der Angriffe auf die staatstragenden Theorien mitunter recht persönlich nahm.

Man hat später sogar versucht, die Echtheit einiger Kapitel des Lunheng anzuzweifeln, insbesondere jener, die sich gegen Konfuzius und Menzius, die beiden konfuzianischen Säulenheiligen, richten und eine wichtige Ursache für die Nichtbeachtung des Werkes in der chinesischen Philosophiegeschichte sind. Zweifellos geschah das mit der Absicht, Wang zu retten, doch kann man nicht übersehen, daß diese Kapitel, auch wenn sie nicht zu den stärksten des Werkes gehören, da sie vor allem ad hominem argumentieren, in anderen Abschnitten Entsprechungen finden und von ihren Argumentationsstrategien her keinen Fremdkörper im Text bilden. Deshalb ist an ihrer Echtheit nicht sinnvoll zu zweifeln und in neuerer Zeit auch nicht mehr gezweifelt worden. Aber wovon hat man das nicht schon behauptet!

Wie man sich denken kann, gibt es kaum Zeugnisse einer frühen Lektüre Wang Chongs; die Gründe dafür liegen nicht nur in seinen Ansichten, sondern auch in seiner Person: Er hatte weder einen bekannten, allseits geachteten Lehrer noch Schüler, sondern war allem Anschein nach ein Einzelgänger, der allerdings die Lehren anderer intensiv studiert hatte. Er übernahm einiges von seinen Vorgängern und Zeitgenossen: so ist sein Basiskonzept »zi ran«[5] (s.u.) daoistisch, während andere seiner Orientierungen dem konfuzianischen Denken entstammen. Gerade dieses Basiskonzept macht klar, warum eine typische Einschätzung Wangs Unrecht hat: »Die meisten Sprüche des Lunyu [von Konfuzius] haben ethische Bedeutung, und der absolute Vorrang humanistischer Ethik in einer menschenzentrierten Welt mag als der Prüfstein des Konfuzianismus gelten. Wenn spätere Gelehrte mutmaßen, Xun Zi sei ›legalistisch‹ oder Wang Chong ›daoistisch‹, müssen wir nur diesen Maßstab anlegen, um zu erkennen, daß sie trotz allem Konfuzianer waren.«[6] Gerade dieser Prüfstein zeigt, daß Wang keinesfalls so einfach unter die Konfuzianer gepackt werden kann, denn Wang zeigte die Unhaltbarkeit der Annahme einer menschenzentrierten oder gar soziokosmischen Welt, und darin liegt seine größte Leistung.

Damit soll aber nicht behauptet werden, Wang sei Daoist gewesen - er war so ziemlich alles mögliche, wenn es nur jemanden ärgerte: Der gern behauptete Dualismus Konfuzianer-Daoist trifft auf ihn nicht zu, er ist vielmehr ein radikaler Querdenker und gerade seine Originalität und seine Skepsis gegenüber jeglicher Tradition sind es, die seine Bedeutung ausmachen und ihm den Beinamen des »vielleicht originellsten und witzigsten Metaphysikers, den China hervorgebracht hat«[7] eingetragen haben. Selbst seine Einschätzung als unorthodoxer Konfuzianer wäre nicht ganz unproblematisch, wenn auch nicht zu leugnen ist, daß er trotz aller Angriffe auf Konfuzius diesen gern als Autorität zitiert, wo es ihm gelegen kommt. Gerade die kritische Auseinandersetzung mit der neueren, sich als konfuzianisch verstehenden Tradition machte ihn in den Augen der wenigen Denker verhaßt, die ihn überhaupt zur Kenntnis nahmen. Ersparen wir uns die Mühe, auch für ihn noch ein Schächtelchen zu finden.

Trotzdem war wohl der Skeptiker Xun Yue (+148 - +209) von Wang beeinflußt, außerdem ist bekannt, daß Cai Yong (+2. Jahrhundert) und Wang Lang, der +228 starb, das Lunheng als Konversationslexikon und eine Art Argumentationsschule benutzten, wobei sie die Quelle ihres Wissens vergeblich geheimzuhalten suchten, was dem Lunheng zu einer kurzfristigen, auf einen kleinen Kreis beschränkten Popularität verhalf.[8] An einer systematischen Beschäftigung mit dem Denken Wang Chongs scheint ihnen aber nichts gelegen zu haben.

Eines der wenigen positiven Urteile über Wang erwähnt Needham, danach hat ein Autor des +17. Jahrhunderts, der gegen Astrologie und Phänomenalismus kämpfte als einzigen klassischen Autor, den er mehr pries als tadelte, Wang herausgehoben.

Wurde bis ins 20. Jahrhundert das Verdikt gegen Wang mit seiner Bereitschaft zu impertinenter Kritik an der geheiligten philosophischen Tradition begründet, war es gerade dieses Charakteristikum seines Denkens, das im Rahmen politisch-ideologischer Veränderungen als fortschrittlich begriffen wurde und zum Beispiel in der Kampagne zur Kritik an Lin Biao und Konfuzius Anfang der siebziger Jahre auch auf aktuelle Bezüge hin untersucht wurde - dabei erscheint Wang in der ungewohnten Rolle des Vorkämpfers der aktuellen Politik Mao Zedongs, was denn doch ein wenig überzogen ist.[9] Die Einbeziehung des philosophischen Erbes in aktuelle politische Auseinandersetzungen und die Neubewertung dieser Tradition nach aktuellen politischen Erwägungen, wie sie in der VR China üblich ist, hat einiges Neue zutage gefördert und vor allem den Blick für die politischen Implikationen von Wangs Denken geschärft. »Wang Ch'ung rebellierte gegen das orthodoxe feudalistische Denken der reaktionären herrschenden Klassen der Han-Dynastie; dies war sein herausragendes Merkmal. Folglich litt er während seines ganzen Lebens unter fortgesetzten Repressionen, und seine Theorie wurde von der Welt nicht akzeptiert. Nach seinem Tod bewerteten Generationen von feudalistischen, reaktionären Gelehrten seine Schriften als verwerflich und wertlos und attackierten sie.«[10]

Es wäre für einen Rezeptionsästhetiker ein Festschmaus, einmal zu verfolgen, wie Wang Chong sein eigenes Bild über fast zwei Jahrtausende mit seiner Autobiographie gelenkt hat, und zwar für alle Lager verbindlich, vom Kolonialbeamten des letzten Jahrhunderts bis zum maoistischen Theoretiker dieser Tage. Wo auch immer er erwähnt wird, folgt unweigerlich auf dem Fuße nach, er habe für seine Offenheit und radikale Kritik schwer büßen müssen. Hätte Wang Chong diese Legende (ob sie nun stimmt oder nicht, dürfte kaum zu überprüfen sein, er kann auch wegen simpler Unterschlagung gefeuert worden sein) nicht selbst in die Welt gesetzt, käme nun wahrlich niemand auf den Gedanken, ihn als einen der zahlreichen Märtyrer des Kampfes um die Wahrheit zu feiern. Hätte er sonst nichts geschrieben, wäre also allein schon seine Autobiographie als Meisterstück zu feiern.

III.

Den Anspruch, mit dem Lunheng etwas Neues geschaffen zu haben, weist Wang zurück, es handele sich dabei nicht um eine echte Schöpfung von etwas, das nicht schon zuvor existiert habe[11], eine Äußerung, die erst dann verständlich wird, wenn man bedenkt, daß damals die Literatur in verschiedene Klassen unterteilt wurde und daß gemäß dieser Einteilung das Lunheng nicht als originäres Werk galt, da es sich vorwiegend mit fremden Meinungen auseinandersetzte. In der Beurteilung von Vorgegebenem sieht der Meister denn auch die Bedeutung seiner Schrift: Das Lunheng »mit seinen detaillierten Untersuchungen und scharfen Argumenten beabsichtigt, allgemein verbreitete Irrtümer zu erklären und die Prinzipien von wahr und falsch so zu erhellen, daß künftige Generationen klar den Unterschied zwischen Wahrheit und Falschheit erkennen können«.[12] Das heißt, Wang will nicht nur seine Meinung sagen, sondern Methoden zur Wahrheitsfindung vorschlagen.

Im Lunheng findet sich ein denkbar breites Spektrum des chinesischen Weltbildes bis auf seine Zeit; bei der Bewertung dieser Meinungen hat Wang natürlich trotz seines Anspruches keinerlei systematische Anstrengungen unternommen, sondern vor allem nach Ungereimtheiten in ihm nicht genehmen Ansichten gefahndet. Methodische Überlegungen sind dem Text höchstens implizit. Was aber macht ihn für moderne Leser so interessant?

Es ist in erster Linie sein Versuch, die Wahrheit (oder was auch immer er dafür hält) radikal offenzulegen. Aber auch die von ihm kritisierten Philosophen befanden sich unzweifelhaft auf der Suche nach Wahrheit und verstanden sich nicht als Lügenbolde reinsten Wassers - so darf zumindest vermutet werden. Wangs Ansätze unterscheiden sich in mancher Hinsicht von den

Bemühungen anderer: Die Vertreter des Han-Konfuzianismus, allen voran Dong Zhongshu, der wunderliche Meister der Esoterik, sehen Wahrheit als etwas durch Autoritäten vermitteltes an. Ihrer Meinung nach enthielten die Klassiker und die Aussprüche des Konfuzius ausschließlich wahre Sätze, auch wenn diese erst durch hartes Interpretieren verständlich und für die heutige Situation fruchtbar gemacht werden müssen; die Richtigkeit dieser Klassiker wird durch meist ihnen selbst entnommene historische Beispiele belegt.

Wichtig ist dabei, daß wir uns nach dieser Ansicht schon im Besitz der Wahrheit befinden, wir müssen nur noch unsere Verstocktheit ablegen, um sie auch zu sehen, und zu erkennen, daß, was wahr ist, für alle Zeiten festliegt. Dagegen ist alles, was diesem Klassikerkanon nicht entspricht, großer Mist, und zwar ohne weitere Prüfung, allein schon, weil es mit den Klassikern nicht übereinstimmt. Ein gutes Beispiel dafür ist Dong Zhongshus Behauptung, angesichts des Chunqiu seien die anderen philosophischen Schulen überflüssig und wegen ihres abweichenden Geredes schädlich, weshalb sie umgehend zu verbieten seien. Das erinnert an die Bemerkung eines arabischen Gelehrten über den Brand einer Bibliothek: enthielten die verbrannten Bücher etwas, das vom Koran abwich, sei es ohnehin gut, daß es sie nicht mehr gibt, stimmten sie mit dem Koran überein, seien sie ohnehin nutzlos gewesen.

Dem entwickelten menschlichen Denken bleibt im System des Han-Konfuzianismus nur noch die eine Aufgabe, zumindest in seinem theoretischen Bemühen: Durch Interpretation die in den Klassikern niedergelegte Wahrheit offenzulegen und auf einzelne Situationen anwendbar zu machen. Ein, so mag es heute erscheinen, etwas eingeschränktes Unterfangen. Daß angesichts der Widersprüchlichkeit, des oftmals kryptischen Stils der Texte und der Tatsache, daß die Texte das ganz einfach nicht hergaben, die Interpretation bald den wichtigsten Anteil an der Wahrheitsfindung hatte, wurde von den Gelehrten der Zeit wohlwollend übersehen oder wohlweislich verschwiegen. Konstitutiv für diesen Wahrheitsbegriff ist jedenfalls die vorgegebene, unwandelbare Wahrheit für alle Lebenslagen, die keiner kritischen Überprüfung mehr bedarf. Ein Unterfangen, das auch einen aufrechten und schriftgläubigen christlichen Theologen unserer Tage noch reizen könnte. Die Validität von Sätzen entscheidet sich für einen echten Han-Konfuzianer nicht im möglichst unvernebelten menschlichen Kopf, sondern im Lesesaal des kaiserlichen Hauptarchivs (unter dem Tisch natürlich immer die gerade gültige Interpretationsmaxime).

Wang Chong ist damit ganz und gar nicht einverstanden - er fordert die nie erlahmende kritische Überprüfung sämtlicher Behauptungen und Texte, und dies ist eine Aufgabe, die er jedem stellt, der sich damit befaßt. Zur Lösung eines philosophischen Problems »bedarf es zuerst eines tugendhaften Herzens und eines weisen Verstandes, und dann muß man auf Erfahrungen und Analogien zurückgreifen. Läßt jemand beim Nachdenken nicht größte Sorgfalt walten ... und nimmt seine Beweise wahllos von anderen, um wahr und falsch zu ergründen, glaubt er an das, was er von anderen gehört oder gesehen hat, und überprüft es nicht. Das hieße, mit Augen und Ohren zu denken, und nicht mit dem Herzen [in China Sitz des Denkens] und dem Verstand. Das Denken mit Augen und Ohren führt zu bloßem Anschein, und wenn der als Beweis benutzt wird, gehen reale Dinge als Fiktionen durch. Also: wahr und falsch sind unabhängig von Augen und Ohren und erfordern den Einsatz des Intellektes.«[13] Dies ist das Gegenpostulat zur Klassikergläubigkeit seiner Zeit: Mit der Warnung, sich nicht auf Augen und Ohren zu verlassen, will Wang nicht etwa die Bedeutung der Wahrnehmung für den Erkenntnisprozeß bestreiten, sondern er wendet sich gegen den Glauben, alles Gehörte oder Gelesene sei wahr, sofern ihm irgendeine durch die Tradition gestützte Autorität zukomme. Nur der Zweifel und die ständige Prüfung führen zur Wahrheit.

Damit stellt Wang einige Grundlagen der damaligen Philosophie, der Beamtenausbildung, kurz, der gesamten offiziellen Ideologie in Frage, die das Klassikerstudium in der Form des Auswendiglernens und Interpretierens nach starren Mustern als einzige Form der Gelehrsamkeit pries, kritische Beschäftigung mit diesen Texten aber ausschloß (wenn sie unter der Hand damit auch recht frei umsprang). Stattdessen fordert Wang die Untersuchung auf Widerspruchsfreiheit und das Heranschaffen von Fakten. Er gibt mit seinem Werk selbst ein erfreuliches Beispiel für die Anwendung dieser Prinzipien. Es geht ihm primär darum, historische Berichte und Erzähltraditionen, welche die offizielle Philosophie als Belege für die Richtigkeit ihrer Behauptungen benutzt, an der Empirie zu überprüfen oder zu zeigen, daß sie widersprüchlich sind oder zu mit der Realität nicht zu vereinbarenden Konsequenzen führen. Die Herausarbeitung solcher Absurditäten ist dabei Wangs liebstes Mittel. Er überwindet den sich auf die Tradition berufenden Mystizismus der Han-Konfuzianer, indem er einen neuen, skeptischen Standpunkt bezieht und versucht, einen unkonventionellen Wahrheitsbegriff durchzusetzen, der sich auf die vernünftige Prüfung von Aussagen durch jeden einzelnen stützt.

Wangs Skeptizismus richtet sich aber nicht gegen jede Möglichkeit von Erkenntnis überhaupt, sondern gegen die bisher praktizierten Erkenntnisformen, -methoden und -interessen, deren Unhaltbarkeit er von einem rationalistischen und empiristischen Standpunkt aus nachzuweisen gedenkt. Er sucht objektive Erkenntnis der Realität, vor allem der Natur, und zwar so, wie sie unabhängig vom Menschen ist. Ein, wie man heute vielleicht sagen würde, widerspruchsfreies System von Erfahrungstatsachen steht ihm vor Augen.

Angelpunkt Wangschen Denkens ist seine Auffassung von der Natur, vor allem das daoistische Konzept ihrer Spontaneität (zi ran), das Wang Chong eine umfassende Kritik am soziokosmischen Weltbild ermöglicht. Hier scheinen Ansätze eines naturwissenschaftlichen Weltbildes auf, das die Stelle der dem Menschen nachgebildeten soziokosmischen Naturauffassung vieler seiner Zeitgenossen einnehmen soll. Wang sucht nach einer vom Menschen unabhängigen natürlichen Welt, was zum Beispiel einen Zusammenhang zwischen der moralischen Gesinnung des Herrschers und der physischen Vernichtung seiner Untertanen durch Überflutungen ausschließt - damit trennt er sozialen und natürlichen und auch kosmischen Bereich.

IV.

Wie mehrfach erwähnt, steht zi ran im Mittelpunkt von Wangs Philosophie und ist das Fundament seiner Kritik am Mystizismus. Zi ran ist ein daoistisches Konzept, das häufig als Attribut des dao, der Natur und einer idealen Lebensweise fungiert. So heißt es bei Zhuang Zi: »Das Wahre (= das Leben) ist etwas von der Natur Verliehenes. Es ist von selbst so und unveränderbar.«[14] Ursprünglich bedeutete dieser Ausdruck so viel wie »von selbst so sein«, später wurde diese Adverb-Verb-Konstruktion zu einem naturphilosophischen und ontologischen Terminus »das aus sich selbst Seiende...«.[15] Hier wird darauf als »Spontaneität« Bezug genommen. Es ist allerdings vor Mißverständnissen zu warnen, die durch ein umgangssprachliches Verständnis dieses Begriffs entstehen könnten: Es ist dabei keineswegs an Spontaneität im Sinne eines regellosen oder zufälligen Verhaltens oder Geschehens zu denken, das unberechenbar und ungeordnet zu sein scheint. Der Gedanke an eine Hippie-WG, wo mal ganz spontan zum Frühstück gegen 18 Uhr einer durchgezogen wird, ist völlig fehl am Platze. Hier geht es vielmehr um Naturgeschehen, das ohne Absicht und Ziel ist, von selbst also. Dem steht eine Vorstellung von Natur entgegen, nach der diese bewußt handelt und dem Menschen ähnlich gedacht wird. Das zi ran wird in vielen Punkten für Wang entscheidend: Vor allem für seine Theorie von der Struktur des Universums, seine Ansicht über die Entstehung des Menschen, aber auch seine Ablehnung von Omina (die wiederum als Beleg für die These vom himmlischen Mandat herhalten mußten). Wang Chongs Denken läßt sich von dieser Trennung von Kosmischem und Sozialem her verstehen. Lediglich seine Theorie eines naturalistischen Fatalismus enthält, wenn sie auch weitgehend mit der Spontaneität vereinbar ist, Anklänge an Soziokosmik.

Nach Wang entstanden Himmel und Erde aus den Fluida von yin und yang, aus denen alle Dinge bestehen. Himmel und Erde sind selbst ausschließlich materielle Natur und unterscheiden sich darin nicht von der uns vertrauten

Natur auf der Erde. Sie haben auch keine besondere hierarchische Rangordnung wie in einem soziokosmischen System, sondern sind nur normale Bestandteile eines nach Regeln ablaufenden materiellen Geschehens, das von keiner metaphysischen Instanz beeinflußt wird. Die drei Kategorien von Dingen, die Wang Chong unterscheidet, Himmel/Erde, die Dinge und der Mensch, bestehen aus der selben Lebensenergie wie die gesamte physikalische Welt.

Daß der Himmel keine besondere Funktion hat und spontan, in Wangs Terminologie auch »inaktiv« ist, zeigt sich an seinem Äußeren. Aktivität dient dem Erreichen von Handlungszielen und wird von Bedürfnissen gelenkt, was sich auch in der physischen Erscheinung manifestieren muß: »Aktivität steht mit Mund und Augen in Verbindung: der Mund will essen und das Auge sehen. Diese inneren Bedürfnisse zeigen sich außen.«[16] Daraus, daß der Himmel aber keine solchen Organe besitzt, in dieser Hinsicht also völlig anders ist als der durch seine körperlichen Bedürfnisse zur Aktivität verdammte Mensch und daraus, daß der Himmel keine Wahrnehmungsfähigkeit besitzt, schließt Wang Chong darauf, daß er folglich auch keine menschlichen Handlungen ähnliche Aktivität entwickeln kann. Er weist damit deutlich auf die anthropomorphe Grundlage eines Systems hin, das die zielgerichtete Tätigkeit der Natur behauptet.

Daß der Himmel diese Organe nicht besitzt, kann man auch aus der Erde schließen, denn beide sind prinzipiell gleich aufgebaut: »Angenommen, der Himmel habe einen Körper, dann muß er wie der der Erde sein, und würde er nur aus Luft bestehen, wäre diese wie Wolken und Nebel. Wie kann eine Nebel-Substanz einen Mund oder ein Auge haben?«[17] Da der Himmel diese Organe nicht besitzt, kann er auch nicht auf den Menschen reagieren. Wangs Ansicht, Himmel und Erde seien materielle Körper, die dem Menschen weder äußerlich ähnlich seien noch gleich ihm irgendeine Form von Bewußtsein besäßen, ist mit Dong Zhongshus Behauptung, der Mensch habe eben deshalb ein Bewußtsein, weil er dem Himmel gleiche, unvereinbar.

Wang Chong stellt zwar keine Hypothese über den Ursprung des Universums auf, hat aber eine naturalistische Erklärung für die Entstehung von Himmel und Erde, die er auf die neuesten Klassiker stützt: »Die Kommentatoren des Yijing sagen, daß es vor der Trennung der ersten Dämpfe eine chaotische, einheitliche Masse gab. ... Als sie sich trennte, formten die reinen Elemente den Himmel, die unreinen die Erde. ... [Nach diesen Quellen] waren Himmel und Erde, als sie erstmals getrennt waren, noch sehr klein und nicht weit voneinander entfernt ... .«[18] (Diese These zu überprüfen, erspart sich Wang allerdings.) Danach entstand der Kosmos aus einem Nebel, dessen Bestandteile sich trennten und zu Himmelskörpern verfestigten. Obwohl Wang Chong mit den Gelehrten der Ansicht ist, daß die reinen Nebel oder Dämpfe den Himmel bilden, die unreinen aber die Erde, ist er trotzdem nicht der

Meinung, der Himmel bestehe aus Gasen - er hält ihn für einen festen Körper, der sich in einer bestimmten Entfernung von der Erde befindet.

Interessanterweise bestreitet Wang mit durchaus *einsichtigen* Argumenten, daß Sonne und Mond rund seien. »In Wirklichkeit sind Sonne und Mond nicht rund, wie aus dem folgenden erhellt: - Die Sonne ist die Essenz des Feuers, der Mond jene des Wassers. Auf der Erde sind Feuer und Wasser nicht rund, warum sollten sie dann ausgerechnet am Himmel rund sein?«[19] Hier spielt Wang die auch von ihm in einer (aber was heißt das schon?) halbwegs vernünftigen Variante vertretene Fünf-Elemente-Theorie einen Streich. Zusätzlich liefert er noch eine Beobachtung, die seine Behauptung belegt: Sonne und Mond müssen den fünf Planeten Venus, Jupiter, Merkur, Mars und Saturn ähneln, die wiederum genauso beschaffen sind wie die Sterne. Im Chunqiu, dem von Dong Zhongshu so geschätzten Klassiker heißt es: »In [eines Herzogs] sechzehntem Jahr ... fielen Steine in Song vom Himmel.«[20] Diese Meteoriten hielt Wang offensichtlich für Sterne, denn er schließt aus diesem Bericht auf die tatsächliche Form von Sternen. Obwohl das Chunqiu nichts davon berichtet, behauptet er, diese Steine seien unregelmäßig geformt gewesen (vielleicht kannte er Meteoriten ja auch aus eigener Anschauung). Da seiner Meinung nach Sonne und Mond den Planeten und diese den Sternen gleichen, schließt Wang darauf, daß all diese Himmelskörper nicht rund seien.

Eine große Rolle spielt in diesem kosmischen System die Bewegung. In der Mitte des Universums ruht die Erde, die flach wie eine Flunder ist, und über der sich der Himmel von Osten nach Westen bewegt. Diese Bewegung geschieht spontan, sie ist regelmäßig, vom Menschen nicht zu beeinflussen und ein dem Himmel eigenes Charakteristikum. Da die Bewegung nicht Ausdruck eines himmlischen Wollens ist, kann sie auch nicht als Reaktion des Himmels auf soziales Geschehen interpretiert werden. Für Wang ist klar, daß man sich diese Bewegung nicht als ähnlich der menschlichen Fortbewegung vorzustellen habe.

Bei seiner Bewegung verströmt der Himmel das yang-Fluidum, das zur Entstehung der Dinge beiträgt. Genauso verhält es sich, wie er anmerkt, auch beim Menschen: »Wenn der Mann sein Fluidum bewegt, bewegt sich sein Körper, das Fluidum tritt aus, und wenn es ausgetreten ist, wird das Kind von sich aus geboren.«[21] Das meint Wang Chong, wenn er davon spricht, daß das Kind nach der Zeugung ohne weiteres Zutun »von selbst« entstehe. Ein Vergleich zwischen Himmel und Mensch, der die These einer anthropomorphen Welt nicht stützt.

Durch die Bewegung des Himmels entstehen also die Dinge, aber unbeabsichtigt; der Himmel hat keineswegs den Wunsch, irgendetwas zu produzieren. Dies ist es, was Wang unter »Nichthandeln« oder »Spontaneität« der Natur versteht. Daß dieses Konzept daoistisch sei, betont er mehrfach.

»Die Bewegung des Himmels besteht in dem spontanen Verströmen von Fluidum. Wird das Fluidum verströmt, werden die Dinge von sich aus hervorgebracht, aber das Fluidum wird nicht mit Absicht verströmt, um Dinge zu erzeugen. Ohne Bewegung kann das Fluidum nicht ausströmen, und die Dinge können nicht entstehen. Diese Bewegung ist von der menschlichen verschieden. Die Bewegungen der Sonne, des Mondes und der fünf Planeten bestehen alle im Ausströmen von Fluidum.«[22]

Allerdings ist der Eindruck nicht von der Hand zu weisen, daß Begriffe wie »Fluidum«, »Äther« usw., so plastisch sie sein mögen, auch von Wang dazu benutzt werden, Leerstellen in der Erklärung der Natur zu kaschieren, die mit dem damaligen Wissensstand zu begründen sind. Wenn nichts mehr hilft, liegt die Annahme einer gasförmigen Ausdünstung immer nahe.

Wang Chong dachte sich die Erde als Mittelpunkt des Universums, über ihr befindet sich in einer Entfernung von 30000 km (wie man damals berechnete) der feste Himmelskörper, an dem auch die Sterne befestigt sind. Trifft das himmlische yang-Fluidum mit dem yin-Fluidum der Erde zusammen, entstehen die Dinge von selbst wie das Kind im Mutterleib. Dieser Vergleich bestätigt Needhams Feststellung: »Die fundamentalen wissenschaftlichen oder protowissenschaftlichen Ideen der Chinesen zogen zwei fundamentale Prinzipien oder Kräfte im Universum in Betracht, yin und yang, negative und positive Projektionen der eigenen geschlechtlichen Erfahrungen des Menschen.«[23] Wang schließt in seinem Konzept einen gewissen Kompromiß: einerseits kann er sich Entstehen und permanentes Wachstum und Absterben von Flora und Fauna nicht allein als irdisches Geschehen vorstellen, sondern räumt dem Himmel, der im chinesischen Denken eine zentrale Funktion hat, eine ebenfalls entscheidende Position ein, allerdings eine rein materielle, andererseits steht er vor dem Problem, die Interaktion zwischen Himmel und Erde, zwischen denen keinerlei wahrnehmbare Verbindung besteht, materiell erklären zu müssen, ohne auf irgendeine mystische Theorie abstrakter Prinzipien zurückzugreifen - da bieten sich gasförmige Fluida geradezu an.

V.

Der Mensch besteht wie alle anderen Dinge aus besagten Fluida, die sich verdichtet und vereinigt haben: »Während der frostigen Wintermonate hält die kalte Luft an, und das Wasser wird zu Eis ... . Der Mensch wird im Kosmos geboren wie Eis entsteht. Die yin- und yang-Fluida kristallisieren und erzeugen den Menschen. Sind seine Jahre gezählt, und er kommt ans Ende, stirbt er und wird wieder zu diesen Fluida. Wie Frühlingswasser nicht erneut frieren kann, kann die Seele eines Toten nicht erneut ein Körper werden.«[24]

Auf dieser Theorie basiert Wang Chongs naturalistischer Fatalismus: je nach der Menge und Qualität des Lebensfluidums, das einen Menschen bildet, wird auch sein Geschick gut oder schlecht sein; das wird aber nicht vom Himmel bewußt festgelegt, sondern ergibt sich aus der jeweils zufälligen Beschaffenheit des Fluidums - das damit verliehene Schicksal, z.B. Lebenslänge, körperliche Gesundheit, Physiognomie ist für den Menschen unveränderlich. Je mehr ein Mensch von diesem Fluidum erhalten hat, desto mehr wird er sich in seiner Lebensführung am dao orientieren, der Weise, der natürlich die größte Portion abbekommen hat, wird deshalb inaktiv wie der Himmel sein und das wu wei leben, während derjenige, der wenig Fluidum bekam, Himmel und Erde denkbar unähnlich wird und Aktivität entwickelt. Wangs Lebensideal ist das des daoistischen Weisen, der nicht ins Getümmel der Welt eingreift, und sich und die Welt darum auch nicht weiter stört. Er hat eingesehen, daß sein Schicksal unabwendbar ist (und daß es keinen Sinn macht, sich Unsterblichkeit zu erhoffen). »Ein Mensch, der bei seiner Geburt zu Wohlstand und Ehre vorherbestimmt ist, ist von Anfang an mit dem spontanen Fluidum ausgestattet. Nachdem er erwachsen ist, zeigt sich sein glückliches Schicksal. ... Das Schicksal ist, was die Menschen bei ihrer Entstehung erhalten. Sie erhalten bei dieser Gelegenheit ihren Geist wie ihr Schicksal. Geist und Schicksal kommen zusammen und im gleichen Augenblick. Der Geist geht dem Schicksal nicht voraus und folgt ihm nicht.«[25] An diese Version des Fatalismus schließt Wang Chong längere Untersuchungen des Fatums an, die aber in Spitzfindigkeiten enden und zum Teil die naturalistische Basis verlassen. Daß die Lebenslänge nun doch nicht so ganz unveränderlich sei, wird wohl dadurch nahegelegt, daß Wang Chong sich auch über Makrobiotik ausgelassen hat - was leider nicht erhalten ist.

Der Mensch unterscheidet sich also in nichts von den anderen materiellen Dingen. Seine geistigen Fähigkeiten erklärt Wang Chong ebenfalls mit dem yang-Fluidum, das sich in seinem Blut befinde - so haben alle Bewußtseins- und Wahrnehmungsleistungen eine materielle Basis.[26]

Ist das yang-Fluidum des Himmels für das Geistige verantwortlich, bildet das yin-Fluidum der Erde den Körper. Der Mensch lebt nur, so lange beide miteinander verbunden sind und nicht ernsthaft geschädigt. Stirbt er, trennen sich die beiden wieder. Ein Weiterleben nach dem Tode ist darum ganz ausgeschlossen. Zu Wangs Zeiten wurde allgemein angenommen, daß Menschen nach ihrem Tode als Geister weiterleben und in diesem Zustand auch in der Lage sind, Lebende zu verletzen. Gegen diese Ansicht findet sich im Lunheng eine Menge an Polemik. Ein genüßliches Beispiel für Wang Chongs Methode, die einige Facetten seiner manchmal geradezu perfiden Argumentationsstrategien beleuchtet:

»Von König Xuan aus der Zhou-Dynastie wird berichtet, er habe seinen

Minister, den Herzog von Du getötet, obwohl der unschuldig war. Als König Xuan zur Jagd in seinem Park unterwegs war, erschien plötzlich der Herzog von Du mit einem roten Bogen in seiner linken Hand. Er schoß einen Pfeil ab auf den König, der unter seinem eigenen Bogenköcher starb.«[27]

Wang Chong liefert mit größter Akribie einige dieser Geschichten, die damals mannigfach kursierten und allgemein geglaubt wurden, wenn man ihm wiederum in dieser Frage Vertrauen schenken will. In diesen Erzählungen werden Könige auf alle möglichen Arten als Strafe für ungerechte Handlungen ins Jenseits befördert: Eine Psychoanalytikerin hätte jedenfalls ihre helle Freude an den Mordphantasien gegenüber diesen Personen, denen man doch eigentlich etwas ähnliches wie die Verehrung des Sohnes für seinen Vater entgegenbringen sollte.

Diese Legenden hatten ein Ziel: zu beweisen, daß Tote zu Gespenstern werden, die Bewußtsein haben, und deren Rache man schutzlos ausgeliefert ist. Wang argumentiert ausführlich und mit Freude an Absurditäten dagegen:

Erstens ist der Mensch von den anderen Geschöpfen nicht prinzipiell verschieden. Deshalb ist es nicht einzusehen, weshalb allein ein Mensch nach seinem Tod zu einem Gespenst werden sollte. Die Verfechter der These, tote Menschen würden Geister, haben dies aber niemals von anderen Lebewesen behauptet.

Zweitens sei einmal angenommen, der Mensch werde als einziges Wesen nach seinem Tode doch zu einem Gespenst, dann müßte dies von allen Menschen gelten. Es wird aber nur von einigen Menschen behauptet, was nicht logisch ist.

Drittens wäre es, wenn nur die, die durch ein Unrecht zu Tode kamen, zu Geistern würden, unverständlich, warum sich nur einige von diesen gerächt haben sollten, während andere unschuldige Opfer, denen größeres Unrecht widerfuhr, keine Rache übten.

Viertens handelt ein Minister, der seinen Herrscher tötet, unmoralisch. Voller Rachsucht und Bosheit seinen Herrscher umzubringen, ist auch für einen Geist ein Kapitalverbrechen. Darum würde der Geist sich einer zweiten strengen Bestrafung aussetzen, und das wird er nicht wagen.

Fünftens (und hier vermag man sich des Gefühls, daß Meister Wang langsam mächtig am Grienen ist, kaum noch zu erwehren) muß man, wenn jemand einen anderen tötet, annehmen, daß der Getötete seinen Mörder haßt und nicht mehr sehen will. Menschen und Gespenster leben nun, wie erzählt wird, an verschiedenen Orten, da Tod und Leben verschiedene Sphären sind. Darum hätte ein zu Unrecht getöteter Minister seinen Herrscher auf keinen Fall umbringen dürfen, da der dann ja auch in die Sphäre der Toten gelangt und ihm nahegekommen wäre. Wäre der Minister tatsächlich ein Geist geworden, hätte er schon aus diesem Grund seinen Herrscher keinesfalls getötet. War er aber kein Geist, konnte er sich an seinem Herrscher nicht rächen.

Sechstens sind schon viel mehr Menschen gestorben als heute leben; würden Tote zu Geistern, müßte man ihnen auf Schritt und Tritt begegnen, sie würden die Hallen füllen, die Höfe und Straßen verstopfen, statt sich höchstens ganz vereinzelt bemerkbar zu machen.

Siebtens ist, wenn Tote zu Geistern werden, nicht einzusehen, warum so viele große und mächtige Kaiser nach ihrem Tode nicht einmal in der Lage gewesen sind, sich gegen Grabräuber zu wehren.

Achtens begibt sich jemand, wenn er überfallen und verletzt wird, zu den Behörden, um den Täter anzuzeigen und bestrafen zu lassen, denn er hat Bewußtsein und kann sprechen. Wenn nun jemand aber ermordet wird, und die Täter seine Leiche verstecken, würde er auf jeden Fall großen Zorn gegen seine Mörder hegen und sie, wenn er ein Geist wäre, beim Magistrat anzeigen und seiner Familie den Weg zu seiner Leiche weisen, damit sie ihn beerdigen kann. Ein solcher Fall aber wird nicht berichtet.

Neuntens hält man Geister für die Lebenskräfte von Toten [die wieder in ihre yin- und yang-Fluida zerfallen]. Wäre das aber tatsächlich so, müßten sie nackt sein, da die Kleidung keine Lebenskraft besitzt und mit dem Körper zusammen zerfällt. Wenn man Gespenster sieht, die etwas ähnliches wie Kleidung tragen, müßten sie auch Körper haben, weshalb sich unschwer ergibt, daß es sich bei ihnen nicht um die Lebensenergie von Toten handeln kann.[28]

Hier gibt Wang Chong ein glänzendes Beispiel dafür, wie er sich die kritische Überprüfung von Tradiertem vorstellt. Er untersucht alle ihm bekannten Aspekte einer Behauptung, indem er zeigt, daß das Behauptete empirisch unmöglich ist oder zu Widersprüchen führt.

Seine Argumentation gegen ein Fortleben nach dem Tod entwickelt er aber noch viel weiter, und die folgenden Gründe sind noch befriedigender. Wang geht es darum zu zeigen, daß ein Fortleben nach dem Tode durch die Beschaffenheit unserer Natur ausgeschlossen ist, da nach dem Tode die physiologischen Grundlagen jeder Lebensäußerung fehlen. Aber er sucht auch nach Ursachen für die Entstehung dieses Irrglaubens und findet einerseits ein sinnesphysiologisches Faktum, auf dem er beruht, und andererseits ein sozialethisches Interesse, das Volk wider besseres Wissen in diesem Glauben zu belassen.

Nach Wang hört, wenn der Mensch stirbt, der Puls zu schlagen auf und die Lebensfluida zersetzen sich, der Körper zerfällt, der Mensch hat nach dem Tode kein Bewußtsein mehr. Darum könnte er auch keine Erinnerungen an sein früheres Leben in ein eventuelles Leben als Geist mit hinübernehmen. Nur solange die Organe intakt sind, ist es auch sein Intellekt, der Körper und seine Organe brauchen aber zu ihrem Fortbestand Lebensfluidum, und just das ist weg. Schon bei einer gewöhnlichen Krankheit trübt sich das Bewußtsein, der Tod ist aber die höchste Stufe von Krankheit und wirkt darum noch zerstörerischer als eine der üblichen Erkrankungen, bei denen man ja auch schon das Bewußtsein verliert. Der Tod ist dem Verlöschen des Feuers ähnlich - geht es aus, scheint auch das Licht nicht weiter, und ein Häufchen Asche bleibt zurück. Stirbt ein Mensch, verschwindet sein Lebensfluidum, und sein übrigbleibender Körper zerfällt. Ein Fortleben nach dem Tode wäre wie ein Licht, das nach Erlöschen der Kerze weiterbrennt. Wang zieht einen Hirsesack als Vergleich heran: Wenn er voll ist, steht er und ist noch aus einiger Entfernung zu sehen, läuft die Hirse aber durch ein Loch heraus, schrumpft er zusammen und ist aus derselben Entfernung nicht mehr sichtbar. Die Hirse symbolisiert hier das Lebensfluidum, der Sack den menschlichen Körper.

Wang Chong hat im Mittelpunkt seiner Untersuchung erkannt, daß das Bewußtsein, obwohl es in einem gewissen Sinn immateriell ist, eine materielle Basis hat, weshalb mit dem Körper auch das Bewußtsein verschwindet, was die Existenz rächender Geister ausschließt, deren Körper ja, wie allgemein zugegeben, verrottet sind. Als ahne er, was sich wenige Jahrzehnte vor der Abfassung des Lunheng am östlichen Rand des Mittelmeeres zutrug und welche Folgen damit auf das Abendland und später auf China zukämen, fügt er hinzu: »Die Natur von Himmel und Erde ist so beschaffen, daß ... zwar ein neuer Mensch geboren werden, ein Toter aber nicht wiederauferstehen kann.«[29]

Und weiter mit Wang auf der Reise durch das vom Mystizismus überschattete Land der lebenden Toten. Wenn an einsamen Plätzen gebleichte Knochen liegen, kann es angeblich manchmal geschehen, daß man dort Klagelaute hört. Geschieht dies in der Nacht, sagt man, es sei die Stimme des Toten, aber das ist falsch, Knochen können nicht jammern ohne Atemorgane, Mund und Rachen. Oft wird auch behauptet, und hier begibt sich Wang Chong wegen des Opferwesens auf rundum vermintes Gelände, die Toten könnten doch noch sprechen, da sie sich vom Geruch des Opferfleisches und von der Luft nährten. Aber Wang schlägt eine empirische Überprüfung des Falles vor: Da die Lebensenergie der Toten von derselben Sorte sein müßte wie die der Lebenden, solle man doch mal einen Lebendigen sich einige Zeit lang vom Geruch des Opferfleisches und Luft ernähren lassen, um festzustellen, wie sich diese Diät auf die Lebensenergie auswirkt. Die Vorstellungen von Gespenstern haben nach Wang ihre Ursache in den Visionen Kranker, die meinen von Geistern gepeinigt zu werden, wenn sie halb in Bewußtlosigkeit dahinsiechen.

Man mag sich, des Themas Tod überdrüssig und vor dem eigenen Ende erbebend, fragen, ob Wang Chong nicht auch über andere Themen geschrieben habe. Man kann sich trösten: ja, er hat, zum Beispiel über Wunder, Omina, Konfuzius, Glück und Unglück, Gift und - Begräbnisse.

VI.

Welche Bedeutung diese Erörterungen haben, und zwar auch als Kritik an anderen philosophischen Schulen, wird in Wangs Argumentation für die Einfachheit der Begräbnisse[30] einsichtig, die zugleich ein gutes Beispiel für den aufklärerischen Impetus Wangs ist. Alle Weisen fordern zwar seit jeher zu würdigen, aber sparsamen Beerdigungen auf, geholfen hat das aber bisher nichts, der oft ruinöse Pomp geht weiter. Der Grund dafür laut Wang Chong: Die Konfuzianer, um die es sich hier eindeutig handelt, haben sich zu diesem Problem nicht mit der gebotenen Klarheit geäußert, die Mohisten aber haben falsche Argumente vorgebracht, als sie behaupteten, es gebe Geister, Tote lebten weiter, besäßen Wissen usw.. Die Konfuzianer sind zwar gegenteiliger Meinung, beteiligen sich aber trotzdem am Pomp. Um ihre Dankbarkeit gegenüber den Verstorbenen zu beweisen, tun sie, als seien diese noch am Leben. Angesichts dieser Vielfalt falscher Meinungen ist es für Wang Chong kein Wunder, daß die Menschen noch immer derart aufwendige Begräbnisse veranstalten, weil sie glauben, die Toten seien sonst in ihren Gräbern einsam, müßten hungern usw., weshalb sie ihnen Puppen und Nahrungsmittel mit ins Grab geben und den Aufwand so weit treiben, daß manche Familien aller Mittel ledig zurückbleiben. Aber, wie Wang richtig anmerkt, das geschieht um der Vorurteile der Lebenden willen, und nicht für die Toten. Konfuzius habe diese Praktiken zwar verurteilt, konnte dafür aber keinen vernünftigen Grund angeben, weshalb die Leute sich durch ihn in ihrem Tun auch nicht beirren ließen. Und die Anhänger des Mo Di behaupteten die Existenz von Geistern, einer Art Fortlebens nach dem Tod also, weshalb sie die Menschen ohnehin nicht zu einfachen Begräbnissen bewegen konnten.

Ein Mann aus Lu beabsichtigte, so will es die Legende, Katzenaugen in ein Grab zu legen. Als Konfuzius davon hörte, ging er zu ihm hin und tadelte ihn heftig, obwohl er damit gegen die Etikette verstieß: Katzenaugen seien wertvolle Edelsteine, die Grabräuber anzögen, die weder Gesetz noch Strafen fürchteten. Dieses Argument aber war zu schwach und wirkungslos, da die Feudalherren so reich waren, daß sie sich solche Grabbeigaben leisten konnten und so mächtig, daß sie keine Grabräuber zu fürchten hatten. Konfuzius konnte sich also mit seiner Meinung nicht durchsetzen, weil er nicht das eigentliche Argument, daß Tote kein Bewußtsein haben und sich darum an Edelsteinen nicht erfreuen können, anführte, sondern zu Ausreden Zuflucht nahm. Er wußte zwar, wie es sich mit Toten verhält, sagte es aber nicht, weil er Angst hatte, Söhne würden dann die Pflichten gegenüber den Vätern vernachlässigen und Untergebene die gegen ihre Vorgesetzten. Darum sagten sie, bei Abschaffung der Begräbnisriten, die diese Liebe ausdrückten, werde auch die Liebe der Söhne und Untergebenen abnehmen.

Für Wang Chong ist dieses Argument nicht schlüssig. Zu moralischer Vervollkommnung führt für ihn die Sorge um die Lebenden, Sorglosigkeit gegenüber den Toten hat nichts damit zu tun: Da Tote kein Bewußtsein haben, können sie sich nicht vernachlässigt fühlen, und man braucht sie ja auch, wenn man dies erkannt hat, nicht unwürdig zu behandeln. Die Unterdrükkung der Wahrheit aber hat immer zur Folge, daß sich die Lebenden ruinieren. Ein pflichtbewußter Sohn, der ein Elternteil vor dem Tode pflegt, ruft Ärzte und Wahrsager, damit die Krankheit verschwindet und die Medizin wirkt; aber nach dem Tode kann seinen Eltern nichts mehr helfen, kein Arzt, kein Wahrsager, keine Medizin. Ähnlich verhält es sich auch mit teuren Begräbnissen, die schließlich nichts bewirken können, sonst würde man ja, wie Wang Chong spöttisch anmerkt, dazu aus Pietät auch die behandelnden Ärzte und Wahrsager einladen. So lange die Eltern leben, haben sie einen erhöhten Platz in der Halle, nach ihrer Beerdigung befinden sie sich, wie die Leute meinen, unter den Gelben Quellen in einer ganz anderen Sphäre. Wollte man sie konsequent wie Lebende behandeln, wäre es nur logisch, sie in ihrem Hause möglichst nahe bei den Lebenden beizusetzen. Konfuzius habe zwar Menschenopfer als Verschwendung von Menschenleben abgelehnt, tat aber, obwohl er nicht an ein Fortleben nach dem Tode glaubte, nichts gegen die Grabbeigaben, die manchen Staat so weit ruinierten, daß er zerfiel, da er sich aufgrund der aufwendigen Begräbnisse keine Verteidigungsausgaben mehr erlauben konnte. Damit hat Konfuzius zwar Ehrfurcht vor dem Individuum bewiesen, aber das Schicksal ganzer Staaten vernachlässigt, aus Angst, die Wahrheit zu sagen.

VII.

Wang Chong ist in einer Zeit des Mystizismus, der aber einen gewissen Fortschritt der Naturforschung mit sich brachte, da er an der Natur als sozialem Phänomen immenses Interesse entwickelte, ganz diesseitig orientiert. Er kümmert sich um die Lebenden, nicht um die Toten, und bemüht sich vor allem, die Grundlagen dieses Aberglaubens nach einer kritischen Analyse zu verwerfen, nicht nur, weil ihm die ganze Richtung nicht paßt, da sie widersinnig ist, sondern auch, weil er sehr klar sieht, welche politischen Auswirkungen und fatalen Folgen auf das Leben der Menschen sie hat. Und er greift fundamental am Allerheiligsten an: Seine Interpretation der ausführlich dargestellten Strafaktion unter Qin Shih Huang Di sucht auch Schuldige unter den Gelehrten und behauptet, es seien genug Warnungen seitens des Hofes vorangegangen, sich zurückzuhalten. Er macht auch vor den legendären Herrschern nicht halt und zeiht die über sie umlaufenden Geschichten der Übertreibung: Er erklärt es schlichtweg für unmöglich, daß ihr moralisches Vorbild so überragend war, daß niemand sich mehr eines Vergehens schuldig machte und alle Strafen unterbleiben konnten.

Vor allem ist ihm der übliche Rummel ums perfekte Altertum, auf das man sich unentwegt zu berufen pflegte, deutlich zuwider, was ein heftiger Seitenhieb gegen Dong Zhongshu, den Vater der Staatsdoktrin, ist. »Man sagt, daß in den alten Zeiten die Menschen groß, gutaussehend und stark waren und etwa einhundert Jahre alt wurden, während die heute klein, häßlich und kurzlebig seien. Als Grund führt man an, in den alten Zeiten sei das harmonische Fluidum reichlich vorhanden gewesen. ... Diese Behauptung ist lächerlich. Die Herrscher in alten Zeiten waren Weise, die heutigen Herrscher sind es auch. Die Tugend der Weisen damals und heute unterscheidet sich nicht, darum kann ihre Regierung damals und heute nicht verschieden sein. Der Himmel des Altertums ist der Himmel unserer Tage. Der Himmel ändert sich nicht und das Fluidum auch nicht. Die Menschen damals waren dieselben wie die heutigen Menschen. Alle haben das gleiche Fluidum, weshalb sollten ihre Körper verschieden sein? ... Die Regeln für Zeremonien und Musik wurden uns bis heute überliefert, aber fügen sich die Menschen ihnen heute? Da sie es heute nicht tun, haben sie es damals auch nicht getan. Von den heutigen Menschen können wir auf die des Altertums schließen.«[31] Wang Chong schaut auf das erste Jahrtausend überlieferten chinesischen Denkens zurück und hat anders als fast alle seiner Vorgänger nicht das wehmütige Gefühl, leider zu spät geboren worden zu sein, um das Goldene Zeitalter noch miterlebt zu haben.

ZEITTAFEL

Entwicklung der ersten bekannten Schriftzeichen um -7500
Legendäre Herrscher und Kulturheroen wie Huang Di, Fu Xi, Yao, Shun, Yu, traditionell etwa -4000 bis -2400
Xia-Dynastie etwa -2200 bis -1766
Shang-/Yin-Dynastie etwa -1766 bis -1040
Älteste Texte aus dem Shijing
Westliche Zhou -1040 bis -771
Östliche Zhou -771 bis -246
Frühlings- und Herbst-Periode -722 bis -481
Konfuzius -551 bis -479
Mo Di zwischen -480 und -380
Streitende Reiche -403 bis -222
Lao Zi ?
Han Fei Zi -280 bis -233/232
Einigung des Reiches unter Qin Shi Huang Di -221
Qin-Dynastie -221 bis -206
Schriftenvernichtung -213
Frühere Han-Dynastie -206 bis +9
Dong Zhongshu etwa -179 bis -104
Interregnum +9 bis +25
Spätere Han-Dynastie +25 bis +220
Wang Chong +27 bis +100

ANMERKUNGEN

VORBEMERKUNG

1 Doderer, 11.
2 Wang Chong, Lunheng, I, 358.

EINLEITUNG

1 Zitiert nach Jenseits der Großen Mauer, 64.
2 Zitiert nach Franke, China und das Abendland, 70.

FRÜHE SCHRIFTEN

1 Needham, Science ...; Schleichert, 12.
2 In Schickel II, 153.
3 Gernet; Needham, Science ..., I, 73-149 (in stark gekürzter deutschsprachiger Version: Needham, Wissenschaft ...); Bauer, China ... .
4 Nach Eberhard, 16-26.
5 Hsu, 109; Roetz, 118.
6 Yang, 106-107.
7 Zitiert bei Chang, Metaphysik ..., 339.
8 Eberhard, 29.
9 Aus dem Shujing, zitiert nach Hsu, 110.
10 Roetz, 121.
11 Übersetzt nach Legge, IV, 432 (Shijing III, I, 2).
12 H. Stumpfeldt, Artikel Shijing, in Harenbergs Lexikon der Weltliteratur, V, 2658.
13 Übersetzt nach Legge, IV, 226-233 (Shijing I, XV, 2).
14 Übersetzt nach Hu Shih, Development ..., Part I, 4 (Shijing I, X, 8).
15 Übersetzt nach Hu Shih, Development ..., Part I, 4 (Shijing II, XII, 10).
16 Übersetzt nach Legge, IV, 221-222 (Shijing I, XIV, 2).
17 Maurer, 57-59; siehe auch Borges/Guerrero, 117-118.
18 Übersetzt nach Legge, IV, 172 (Shijing I, IX, 7).
19 Übersetzt nach Legge, IV, 423 (Shijing II, VIII, 9).
20 Übersetzt nach Legge, IV, 325-326 (Shijing II, IV, 10).
21 Übersetzt nach Legge, IV, 340-342 (Shijing II, V, 4).
22 Übersetzt nach Legge, IV, 34 (Shijing I, II, 12).
23 Übersetzt nach Legge, IV, 147 (Shijing I, VII, 20).
24 Needham, Science ..., II, 307.
25 Hegel I, 116-117.

KONFUZIUS

1 Lunyu XIV, 38. Konfuzius wird, wo nicht ausdrücklich anders vermerkt, nach der Ausgabe und Zählung von Moritz zitiert.

2 Eberhard, 28-42.
3 Die klassische Biographie des Konfuzius nach Sima Qian, dem maßgeblichen Historiker aus dem -1. Jahrhundert, ist übrigens in Konfuzius II nachzulesen.
4 Do-Dinh, 23-24.
5 VII, 1.
6 III, 9.
7 XII, 11.
8 I, 9.
9 Übersetzt nach Legge, IV, 368-373 (Shijing II, VI, 10).
10 Übersetzt nach Legge, IV, 398-400 (Shijing II, VII, 6).
11 XI, 12.
12 XII, 1.
13 IX, 16.
14 XIV, 22.
15 XII, 18; XIII, 1.
16 II, 3.
17 XII, 7.
18 IX, 15; XIII, 10, XVII, 5.
19 III, 21.
20 II, 24.
21 Wolff, 47-49.
22 Michele Ruggieri, zitiert nach Rule, 7.
23 Wolff, 145-155.
24 M. Albrecht, Einleitung, in Wolff, XLVI.
25 Hierzu siehe Leibniz, durchgängig.
26 Montesquieu I, 235-236.
27 Montesquieu, II, 148.
28 Montesquieu, II, 152-153.

MO DI

1 Eine Gesamtübersetzung, die allerdings in Teilen überholt ist, legte Forke vor.
2 Mo Di II, 116.
3 Hobbes, 113-116 (Leviathan I, 13).
4 Mo Di I, 110-111.
5 Mo Di III, 56, 59, 71.
6 Mo Di I, 75-79.
7 Lunyu XII, 7.
8 Mo Di II, 45).
9 Mo Di II, 47-48.
10 D'Amilaville, Artikel Bevölkerung-Population, Enzyklopädie, 686-687.
11 Mo Di I, 77-79.
12 Lindlar, 258.
13 Mo Di II, 112.
14 Montesquieu IV, 174.
15 Montesquieu IV, 176.
16 So das »Lexikon für Theologie und Kirche«.
17 Koch, 17. Man beachte, daß es sich hierbei um eine Rede zum Geburtstag des Königs im Jahr 1914 handelt.

18 Koch, 16.
19 Koch, 21.
20 Koch, 25.
21 Koch, 29 ff..
22 Hou Wai-lu, 7.
23 Nietzsche, I, 905-906 (Menschliches, Allzumenschliches. Zweiter Band. Der Wanderer und sein Schatten, Nr. 61).
24 Nietzsche, ebenda.
25 Mo Di II, 122.
26 Mo Di II, 125.
27 Mo Di II, 120.
28 Mo Di II, 122.
29 Siehe hierzu die entsprechenden Abschnitte in Schleichert, Moritz und Grahams Later Mohist Logic ... .
30 Mo Di, II, 96-97.
31 Mo Di, II, 110.
32 Hsiao, 8.

LAO ZI

1 Brecht, Gesammelte Werke, IX, 723.
2 Schleichert, 1. Auflage, 19.
3 Nach der Einleitung von E. Schwarz in Lao Zi II, 7-12.
4 Lao Zi II, 64, Kapitel 25.
5 Lao Zi I, 29, Kapitel 5.
6 Lao Zi I, 110, Kapitel 81.
7 Lao Zi II, 72, Kapitel 38.
8 Lao Zi II, 57, Kapitel 14.
9 Lao Zi II, 57, Kapitel 15.
10 Lao Zi II, 63, Kapitel 23.
11 Lao Zi II, 105, Kapitel 76.
12 Lao Zi II, 55, Kapitel 10.
13 Needham, II, 56-154, untersucht das Thema erschöpfend.
14 Lao Zi I, 81, Kapitel 52.
15 Lao Zi I, 36, Kapitel 12.
16 Lao Zi II, 55, Kapitel 11.
17 Lao Zi II, 82, Kapitel 53.
18 Lao Zi II, 52, Kapitel 3.
19 Siehe Schickel II, 152.
20 Godwin, 554 (V, 24).
21 Lao Zi II, 100, Kapitel 80.
22 Kropotkin, 60.
23 Lao Zi II, 68, Kapitel 31.
24 Lao Zi, Kapitel 46.
25 Lao Zi I, 54, Kapitel 30.
26 Sun Zi, 63.
27 Sun Zi, 88.
28 ebenda.
29 J. A. Schumpeter, Kapitalismus, Sozialismus und Demokratie, Bern 1946, 236-237

(nach Kuczynski).
30 Kuczynski, 7-10.
31 Djin Ping Meh, II, 436-439.
32 Lao Zi I, 44, Kapitel 20.

HAN FEI ZI

1 Han Fei, I, 49.
2 Han Fei, II, 275.
3 Han Fei, II, 276.
4 Han Fei, II, 298-299, 43.
5 Han Fei, II, 206.
6 Han Fei, II, 276.
7 Han Fei, I, 133.
8 Han Fei, I, 145-146.
9 Han Fei, II, 239.
10 Han Fei, Kapitel XX, übersetzt nach Wu, 42.
11 Han Fei, II, 71.
12 Eikema Hommes, 207-208.
13 Han Fei, I, 47.
14 Machiavelli, 187.
15 Han Fei, I, 54-55.
16 Han Fei, I, 110.
17 Han Fei, I, 124.
18 Hanshu, Buch IX, zitiert bei Wu, 101-102.

DONG ZHONGSHU

1 K. Reich in seiner Einleitung zu Diogenes Laertius, XII.
2 Diogenes Laertius, 19.
3 Ibn Challikan, 29-30.
4 Ibn Challikan, 30-31.
5 Sima Qian, I, 409-411.
6 Gernet, 577.
7 Hierzu vor allem Gernet, 100-147.
8 Die Darstellung dieses Vorfalls und das Dekret nach Hu Shih II, 20-21; ähnlich berichtet das Ereignis auch Wang Chong, Lunheng, I, 449-450, 490-491.
9 Siehe Shryock, 25.
10 Dubs I.
11 Wang Yü-ch'üan, 139.
12 Sima Qian, I, 277-278.
13 Takakuwa, zitiert nach Shryock, 28.
14 Nach Shryock, 38.
15 Loewe, The Case of Witchcraft in 91 BC, in Loewe, 37-90.
16 Nach Hu Shih II, 33-34.
17 Tjan Tjoe Som, Po Hu T'ung.
18 Hu Shih II, 35.
19 Siehe hierzu Fung Yu-lan, II, 1-132; Needham, II, 216-303; und die bereits erwähnten

Untersuchungen.
20 Chunqiu, übersetzt nach Legge, V, 833.
21 Dong Zhongshu, 64, Kapitel 5.10a, leicht verändert.
22 Roetz' Buch ist auch diesem Phänomen gewidmet und dafür grundlegend; vergleiche auch Fung, II, 7-87.
23 Chunqiu fanlu, Kapitel 81, zitiert bei Fung, II, 19.
24 Ein Beispiel findet sich bei Needham, II, 262-263. Forke gibt im Anhang I zum Lunheng eine ähnliche Aufstellung und weist auch auf europäische Parallelen hin: Wang Chong, Lunheng, II, 431-478.
25 Liji, Kapitel 81, übersetzt nach Needham, II, 271-272.
26 Chunqiu fanlu, Kapitel 42, zitiert nach Fung, II, 21.
27 Fung, II, 22.
28 ebenda.
29 Chunqiu fanlu, Kapitel 56, zitiert nach Fung, II, 31.
30 Fung, II, 32.
31 Fung, II, 47.
32 Die Übersetzung von Seufert ist der von Pfizmaier vorzuziehen.
33 Seufert, 47.
34 ebenda.
35 Seufert, 37.
36 Seufert, 50.
37 Hu Shih II, 38.
38 Seufert, 20.
39 Seufert, 33-34.
40 Needham, Relations ..., 166.
41 De Groot, 248.

WANG CHONG

1 Lunheng, I, 64.
2 Lunheng, I, 95.
3 Tretjakow, 47-48.
4 Lunheng, I, 64-70, stark gekürzt und frei übersetzt.
5 In der Bedeutung, die Roetz, 113-117, erläutert.
6 Mote, 45.
7 Mayers, 239.
8 Needham, II, 386.
9 Chung Ta.
10 T'ien Ch'ang-wu, 4.
11 Lunheng, I, 87.
12 Lunheng, I, 88.
13 Lunheng, II, 370-371.
14 Nach Roetz, 113.
15 ebenda.
16 Lunheng, I, 92.
17 Lunheng, I, 93.
18 Lunheng, I, 252.
19 Lunheng, I, 271.
20 Legge, V, 170.

21 Lunheng, I, 93.
22 Lunheng, I, 164.
23 Needham, Relations ..., 164.
24 Lunheng, I, 196.
25 Lunheng, I, 130; vergleiche 97-98, 67.
26 Lunheng, I, 239-240.
27 Lunheng, I, 202.
28 Lunheng, I, 202-219.
29 Lunheng, I, 194.
30 Lunheng, II, 369-375.
31 Lunheng, I, 471-472.

NACHBEMERKUNGEN/LITERATUR

Die Namen zitierter Autoren von Sekundärliteratur werden der leichteren Auffindbarkeit halber im Literaturverzeichnis in der jeweils vorgefundenen Form angegeben. Aus Gründen der bequemeren Lektüre wurden auch Zitate aus dem Englischen ohne weiteren Kommentar ins Deutsche übersetzt.

Als ausführliche Einführung, die insbesondere den Quellen gebührenden Raum gibt, sei vor allem auf Hubert Schleicherts »Klassische chinesische Philosophie« verwiesen. Der Schwerpunkt von Ralf Moritz' »Die Philosophie im alten China« liegt in der Einordnung geistesgeschichtlicher Entwicklungen in historische Abläufe. Vielversprechend ist auch Heiner Roetz' »Die chinesische Ethik der Achsenzeit. Eine Rekonstruktion unter dem Aspekt des Durchbruchs zu postkonventionellem Denken«, Frankfurt 1992, das mir nicht vorlag.

An ausführlichen englischen Gesamtübersichten ist neben dem beinahe klassischen Text von Fung Yu-lan »A History of Chinese Philosophy« A.C. Grahams »Disputers of the Tao« am meisten zu empfehlen. Für einen sehr ausführlichen Einblick, der auch der Wissenschaftsgeschichte gilt, eignen sich die ersten beiden Bände von Needhams »Science and Civilisation ...« ganz außerordentlich.

W. Bauer, China und die Hoffnung auf Glück. Paradiese, Utopien, Idealvorstellungen in der Geistesgeschichte Chinas, München 1988.

J. L. Borges/M. Guerrero, Einhorn, Sphinx und Salamander. Ein Handbuch der phantastischen Zoologie, München 1964.

B. Brecht, Gesammelte Werke, IX, Frankfurt 1967.

T.-T. Chang, Metaphysik, Erkenntnis und Praktische Philosophie im Chuang-Tzu. Zur Neu-Interpretation und systematischen Darstellung der klassischen chinesischen Philosophie, Frankfurt 1982.

Chung Ta, Wang Ch'ung's Anti-Confucian Struggle, Chinese Studies in Philosophy 7, No. 4 (1975/76), 57-68.

Diogenes Laertius, Leben und Meinungen berühmter Philosophen, Buch I-X, übers. O. Apelt, neu hrsg. K. Reich, Hamburg ²1967.

Djin Ping Meh. Schlehenblüten in goldener Vase. Zum ersten Mal vollständig [...] übertragen von O. und A. Kibat, I-VI, Frankfurt/Berlin o.J..

P. Do-Dinh, Konfuzius, Reinbek bei Hamburg ²1981.

H. v. Doderer, Die Dämonen, München 1985.

[Dong Zhongshu] Tung Chung-shu, Ch'un-ch'iu Fan-lu. Üppiger Tau des Frühlings- und Herbstklassikers. Übersetzung und Annotation der Kapitel eins bis sechs von R. H. Gassmann, Bern/Frankfurt/New York 1988.

H. H. Dubs, The Victory of Han Confucianism, Journal of the American Oriental Society

58 (1938), 435-449.
W. Eberhard, Geschichte Chinas. Von den Anfängen bis zur Gegenwart, Stuttgart ^{3}1980.
H. J. van Eikema Hommes, Major Trends in the History of Legal Philosophy. Amsterdam/NewYork/Oxford 1979.
S. N. Eisenstadt (ed.), Kulturen der Achsenzeit. Ihre Ursprünge und ihre Vielfalt. Teil 2. Spätantike, Indien, China, Islam, Frankfurt 1987.
M. Elvin, Hat es in China einen transzendentalen Durchbruch gegeben?, in: S. N. Eisenstadt (ed.), 134-182.
Encyclopédie, ou Dictionnaire raisonné des Sciences, des Arts et des Métiers, par une Societé de Gens de Lettres, eds. Diderot/D'Alembert, Paris 1753.
[Enzyklopädie] Artikel aus der von Diderot und D'Alembert herausgegebenen Enzyklopädie, übers. T. Lücke/H. Bergmann, Frankfurt 1985.
Enzyklopädie Philosophie und Wissenschaftstheorie, in Verbindung mit G. Wolters herausgegeben von J. Mittelstraß, bisher erschienen I-II , Mannheim/Wien/Zürich 1980-1984 (III erscheint ca. 1996).
O. Franke, Studien zur Geschichte des konfuzianischen Dogmas und der chinesischen Staatsreligion: Das Problem des Tsch'un-ts'iu und Tung Tschung-schu's Tsch'un-ts'iu fan lu, Hamburg 1920.
W. Franke, China und das Abendland, Göttingen 1962.
Fung Yu-lan, A History of Chinese Philosophy, I-II, übers. D. Bodde, Princeton 1952 u.ö..
J. Gernet, Die chinesische Welt. Die Geschichte Chinas von den Anfängen bis zur Jetztzeit, Frankfurt ^{3}1983.
W. Godwin, Enquiry Concerning Political Justice and Its Influence on Morals and Happiness, Harmondsworth 1985 [erstmals erschienen 1793].
A. C. Graham, Disputers of the Tao. Philosophical Argument in Ancient China, La Salle 1989.
J. J. M. de Groot, Religion in China. Universism: A Key to the Study of Taoism and Confucianism, New York/London 1912.
[Han Fei] The Complete Works of Han Fei Tzu. A Classic of Chinese Political Science, übers. und hrsg. W. K. Liao, I-II, London 1959.
G. W. F. Hegel, Vorlesungen über die Geschichte der Philosophie, I-III, Berlin 1984.
Hsiao Kung-chuan, A History of Chinese Political Thought, I.: From the Beginnings to the Sixth Century A.D., transl. W. Mote, Princeton, 1979 [Original erschien 1945/46].
C.-Y. Hsu, Historische Bedingungen für die Entstehung und Herauskristallisierung deskonfuzianischen Systems, in: S. N. Eisenstadt (ed.), 108-133.
Hou Wai-lu in Collaboration with Chang Chi-Chih, Li Hsueh-chin, Yang Chao and Lin Ying, A Short History of Chinese Philosophy, Peking 1959.
T. Hobbes, Leviathan. Erster und zweiter Teil. Übers. und hrsg. von J. P. Mayer, Stuttgart 1978.
Hu Shih [I], The Development of the Logical Method in Ancient China, Shanghai 1922, repr. New York 1968.
Hu Shih [II], The Establishment of Confucianism as a State Religion During the Han Dynasty, Journal of the North China Branch of the Royal Asiatic Society 60 (1929), 20-41.
Ibn Challikan, Die Söhne der Zeit. Auszüge aus dem biographischen Lexikon »Die Großen, die dahingegangen«. Aus dem Arabischen übertragen und bearbeitet von H. Fähndrich, Stuttgart 1984.
Jenseits der Großen Mauer. Der Erste Kaiser von China und seine Terrakotta-Armee. Katalog zur Ausstellung im Museum am Ostwall, Dortmund, 12.8. bis 11.11.1990,

ed. L. Ledderose/A. Schlombs, Gütersloh/München 1990.
M. Kaltenmark, Lao-tzu und der Taoismus, übersetzt von M. Porkert, Frankfurt 1981.
A. Koch, Wesen und Wertung des Luxus. Universität Tübingen am Geburtstage des Königs 1914, Rede des Rektors, Tübingen 1914.
Konfuzius (I): Konfuzius, Gespräche (Lun-yu), übersetzt und herausgegeben von R. Moritz, Frankfurt am Main 1982.
Konfuzius (II): Konfuzius, Gespräche des Meisters Kung (Lun Yü). Mit der Biographie des Meisters Kung aus den »Historischen Aufzeichnungen«, übertragen und mit einer Einführung, einem Kommentar und einem Literaturverzeichnis herausgegeben von E. Schwarz, München 1985.
P. Kropotkin, The State. Its Historic Role. A New Translation from the French Original, London 1987 [erstmals erschienen 1897].
J. Kuczynski, Die Intelligenz. Zur Soziologie und Geschichte ihrer Großen, Köln 1987.
Lao Zi (I): Lao-tse, Tao-Te-King. Das Heilige Buch vom Weg und von der Tugend. Übersetzung, Einleitung und Anmerkungen von G. Debon, durchgesehene und verbesserte Auflage, Stuttgart 1981.
Lao Zi (II): Laudse, Daudedsching. Übersetzt und herausgegeben von E. Schwarz, Leipzig [6]1990.
J. Legge (ed./tr.), The Chinese Classics. With a Translation, Critical and Exegetical Notes, Prolegomena, and Copious Indexes.
Vol. III, The Shoo King [Shujing], or The Book of Historical Documents, London o.J. (ca. 1865), repr. Hong Kong 1970.
Vol. IV, The She King [Shijing], or The Book of Poetry, London o.J. (ca. 1872), repr. Hong Kong 1970.
Vol. V, The Cu'un Ts'ew [Chunqiu] with the Tso Chuen, London o.J. (1872), repr. Hong Kong 1970.
G. W. Leibniz, Das Neueste von China (1697). Novissima Sinica, hrsg., übers., erl. Nesselrath/Reinbothe, Köln 1979.
Lexikon für Theologie und Kirche. Zweite, neubearbeitete Auflage des kirchlichen Handlexikons. [...] Hrsg. von M. Buchberger, Freiburg 1934.
H. Lindlar, Wörterbuch der Musik, Frankfurt 1989.
M. Loewe, Crisis and Conflict in Han China 104 BC to AD 9, London 1974.
N. Machiavelli, Il Principe/Der Fürst, Italienisch/Deutsch, übers. und hrsg. P. Rippel, Stuttgart 1986.
B. Mandeville, Die Bienenfabel oder Private Laster, öffentliche Vorteile. Mit einer Einleitung von W. Euchner, Frankfurt 1980.
F. Maurer (hrsg.), Der altdeutsche Physiologus. Die Millstädter Reimfassung und die Wiener Prosa nebst dem lateinischen Text und dem althochdeutschen Physiologus, Tübingen 1967.
W. F. Mayers, The Chinese Reader's Manual. A Handbook of Biographical, Historical, Mythological, and General Literary Reference, Shanghai, London 1874.
Metzlers Philosophenlexikon. Dreihundert biographisch-werkgeschichtliche Porträts von den Vorsokratikern bis zu den Neuen Philosophen, [...] hrsg. B. Lutz, Stuttgart 1989.
[Mo Di I] Mo Ti, Solidarität und allgemeine Menschenliebe, tr./ed. H. Schmidt-Glintzer, Düsseldorf/Köln 1975;
[Mo Di II] Mo Ti, Gegen den Krieg, tr./ed. H. Schmidt-Glintzer, Düsseldorf/Köln 1975. [Diese zweibändige deutsche Ausgabe enthält neben ausführlicher Einleitung und Kommentierung die Bücher I-IX des Mo Di, nicht aber die logischen und militärischen Schriften.]

[Mo Di III] The Ethical and Political Works of Motse, transl. from the Original Chinese Text by Yi-Pao Mei, London 1929, repr. Westport, Conn. 1973.
[Mo Di IV] Mè Ti, des Sozialethikers und seiner Schüler philosophische Werke, übers. A. Forke, Berlin 1922 (Mitteilungen des Seminars für Orientalische Sprachen zu Berlin, Beiband).
[Montesquieu I-III] Montesquieu, Der Geist der Gesetze. Neu übers. und mit berichtigenden Anmerkungen versehen von A. W. Hauswald, I-III, Halle 1829.
[Montesquieu IV] Montesquieu, Vom Geist der Gesetze. Eingeleitet, ausgewählt und übersetzt K. Weigand, Stuttgart 1989.
R. Moritz, Die Philosophie im alten China, Berlin 1990.
F. W. Mote, Intellectual Foundations of China, New York 1971.
J. Needham, Science and Civilisation in China. I. Introductory Orientations, Cambridge 1954, repr. 1965. II. History of Scientific Thought, Cambridge 1956, repr. 1962.
J. Needham, Relations between China and the West in the History of Science and Technology, in: Actes du VIIe Congrès International d'Histoire des Sciences Jérusalem (1953), Paris o.J..
J. Needham, Wissenschaft und Zivilisation in China. Band I der von C. A. Ronan bearbeiteten Ausgabe, Frankfurt am Main 1988. [Stark gekürzte Version von Science ..., I. und II.]
F. Nietzsche, Werke I. Die Geburt der Tragödie. Unzeitgemäße Betrachtungen. Menschliches, Allzumenschliches. Herausgegeben von K. Schlechta, Nachdruck der durchgesehenen Auflage, Frankfurt/Berlin/Wien 1976.
P. J. Opitz, Chinesisches Altertum und konfuzianische Klassik. Politisches Denken in China von der Chou-Zeit bis zum Han-Reich, München 1968.
A. Pfizmaier, Die Antworten Tung-tschung-schü's auf die Umfragen des Himmelssohnes, Sitzungsberichte der Philosophisch-Historischen Classe der Kaiserlichen Akademie der Wissenschaften Wien 39 (1862), 345-384.
H. Roetz, Mensch und Natur im alten China. Zum Subjekt-Objekt-Gegensatz in der klassischen chinesischen Philosophie. Zugleich eine Kritik des Klischees vom chinesischen Universismus, Frankfurt/Bern/New York 1984.
P. A. Rule, K'ung-tzu or Confucius? The Jesuit Interpretation of Confucianism, Sydney/ London/Boston 1986.
[Schickel I] Konfuzius. Materialien zu einer Jahrhundertdebatte. Gesammelt von J. Schickel, Frankfurt 1976.
[Schickel II] J. Schickel, «Wu cheng-fu» oder Anarchismus in China, Kursbuch 19 (Dezember 1969), 151-162.
H. Schleichert, Klassische chinesische Philosophie. Eine Einführung. 2., vollkommen neu bearbeitete Auflage, Frankfurt 1990 (1. Auflage 1980).
W. Seufert, Urkunden zur staatlichen Neuordnung unter der Han-Dynastie. Mitteilungen des Seminars für orientalische Sprachen zu Berlin. Erste Abteilung. Ostasiatische Studien 25 (1922), 1-50.
Shijing: siehe J. Legge.
J. K. Shryock, The Origin and Development of the State Cult of Confucius. An Introductory Study, New York 1966 (repr. von [1]1932).
Shujing: siehe J. Legge.
[Sima Qian] Ssu-ma Ch'ien, Records of the Grand Historian of China. Translated from the Shih chi ... by B. Watson, I-II, New York/London [3]1968.
[Sun Zi] Sun Tzu, The Art of War. Translated and with an introduction by S. B. Griffith [...], Oxford 1963.

T'ien Ch'ang-wu, Wang Ch'ung: An Ancient Chinese Militant Materialist. Chinese Studies in Philosophy 7, No. 1-2 (1975-76), 3-197.
Tjan Tjoe Som, Po Hu T'ung. The Comprehensive Discussions in the White Tiger Hall, I-II, Leiden 1949-1952.
S. Tretjakow, Den Schi-chua. Ein junger Chinese erzählt sein Leben. Bio-Interview. Berlin 1932, repr. Kiel 1988.
Wang Yü-ch'üan, An Outline of the Central Government of the Former Han Dynasty. Harvard Journal of Asiatic Studies 12 (1949), 134-187.
C. Wolff, Oratio de Sinarum philosophia practica/Rede über die praktische Philosophie der Chinesen, übers., eingel. und hrsg. M. Albrecht, Hamburg 1985.
G. Wu, Die Staatslehre des Han Fei. Ein Beitrag zur chinesischen Idee der Staatsräson, Wien/New York 1978.